当代世界经济与政治学术前沿丛书
ACADEMIC FRONTIERS OF CONTEMPORARY WORLD ECONOMICS AND POLITICS

生产网络重构与货币金融合作

全球化视角下东亚地区的研究

赵 颖 △著

PRODUCTION NETWORK
RESTRUCTURING
AND
FINANCIAL CORPORATION:
IN EASTASIAN AREA UNDER GLOBALIZATION

天津外国语大学"十三五"综合投资规划项目资助（项目名称："一带一路"社会与新时代中国特色开放型经济体系建设）

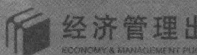
经济管理出版社
ECONOMY & MANAGEMENT PUBLISHING HOUSE

图书在版编目（CIP）数据

生产网络重构与货币金融合作——全球化视角下东亚地区的研究/ 赵颖著 .—北京：经济管理出版社，2018.10
ISBN 978-7-5096-6088-1

Ⅰ.①生… Ⅱ.①赵… Ⅲ.①东亚经济—研究②货币—国际合作—研究—东亚 Ⅳ.①F131②F823.1

中国版本图书馆 CIP 数据核字（2018）第 240749 号

组稿编辑：王光艳
责任编辑：杨雅琳
责任印制：黄章平
责任校对：董杉珊

出版发行：经济管理出版社
　　　　　（北京市海淀区北蜂窝 8 号中雅大厦 A 座 11 层　100038）
网　　　址：www.E-mp.com.cn
电　　　话：（010）51915602
印　　　刷：北京玺诚印务有限公司
经　　　销：新华书店
开　　　本：720mm×1000mm/16
印　　　张：16.75
字　　　数：283 千字
版　　　次：2019 年 3 月第 1 版　2019 年 3 月第 1 次印刷
书　　　号：ISBN 978-7-5096-6088-1
定　　　价：68.00 元

·版权所有　翻印必究·

凡购本社图书，如有印装错误，由本社读者服务部负责调换。
联系地址：北京阜外月坛北小街 2 号
电话：（010）68022974　邮编：100836

前言

本书以东亚经济一体化目标实现为研究宗旨,以20世纪后半期逐渐发展形成的东亚生产网络为出发点和具体研究对象,在世界经济和金融格局不断动态演变的研究框架下,将东亚区域经济、金融合作发展作为研究线索,探讨东亚经济一体化的两个核心内容和演化路径。

东亚经济一体化看似是地理版图中整个东亚区域的合作或者统一,但更是我国在全球范围内展现经济增长潜力、发挥承载和推动作用的重要战场。如果说世界经济这艘巨轮在不断向前航行,那么东亚经济以及中国力量的发展和壮大将为这艘巨轮保驾护航,提供源源不断的推动力。

所以从某些角度而言,对东亚经济一体化的研究将影响、关联着全球化的发展,东亚经贸合作和东亚金融合作不仅具有极为重要的地区意义,还具有一定的全球范围内的辐射力和影响力。

"东亚经济一体化"并不是一个新名词,早在20世纪后半期伴随战后经济的恢复以及"东亚四小龙"的先行发展,东亚地区以地理联系为纽带逐渐交织形成的生产分工网络脱颖而出,在世界经济格局中焕发着青春活力,彰显出强大后劲。在垂直化分工理论和产品内分工理论逐渐成为主导世界贸易的主流逻辑之后,东亚区域经济一体化便作为既能促进区域内经济体发展又增加世界整体贸易经济福利的优质战略选择被逐渐认可和接受,东亚区域各经济体也在生产贸易合作中直接或间接为东亚经济一体化进程添砖加瓦。

在这期间,曾经有过"全球化"和"区域化"作为一对相对理论的争论和对决,有些学者甚至国家决策主体在将二者相提并论的时候,往往更倾向于将它视为一道选择题。一个被很多人接受的观点是,"全球化"趋势下,"区域一体化"的发展目标仿佛是不和谐、不稳定的;在"逆全球化"趋势下,"区域一体化"反而成了主要驱动因素或者是受追捧目标,然而更加复杂的是,在某一时期对于"全球化"还是"逆全球化"这些宏观经济环境特征的界定都是不确定的。值得欣慰的是,很多探讨结果虽然也承认二者之间存在一定的此消彼长关系,但更具价值和意义的是确认了长期视角下二者之间"并无冲突"。国内外很多专家和学者也纷纷辅以实证检验或理论阐释证明了"区域化"形式在"全球化"目标内的包容性,以及这二者之间的一致性、统一性以及相辅相成性。

从实践上看,世界经济格局中的"全球化"和"区域化"在不同时期的表现程度不同,因此看上去此起彼伏,交错主导,但是在实质上,这两对经济发展主线却时刻处在"你中有我,我中有你,互相包含,协同共进"的道路上。不论是"全球化",还是"逆全球化",都是世界贸易在各经济之间发生、发展,形成联系的结果。而在世界贸易发展路线的影响因素中,生产分工性、经济地理性、政治博弈性、主观制约性、行业复杂性等特征共同存在,交替发挥作用。在这些影响因素中,一类是符合生产分工理论、经济利益最大化论、地理经济学理论等社会科学逻辑的,而另一类则是政治战争、国家博弈、利益计较下的产物。前一类是符合人类社会经济发展历史规律的,也是旨在提高世界经济整体财富和个体复利的,而后一类则有一定程度的"损人不利己""两败俱伤""短视效应"的负面影响。

近如2017年,全球贸易保护主义抬头,逆全球化趋势加强①。这一世界宏观经济发展趋势在未来几年中还将占据主流影响因素的位置。那么,"区域经济一体化"或者"区域合作"在这一经济发展趋势中将扮演何种角色?发挥何种作用?相关区域经济体又将如何对待区域经济一体化的进程?其发展前景又有哪些新变化?这些问题无疑成为影响世界经济贸易格局和走向的关键问题,也关系到未来全球化趋势的发展方向和具体形式。

除此之外,就我国在世界经济格局中所处地位以及在东亚区域经济发展中发挥的主导性作用而言,不论是东亚贸易一体化的进一步深化,还是东亚金融合作的实现前景,都将与我国目前推行以及行进中的"一带一路"、人民币国际化、"金融开放"等产生相互影响的化学效应。

本书将从东亚贸易生产网络和东亚金融合作两个视角,分别研究这两方面各自的内容、发展状况和趋势前景。通过梳理相关理论机制,深入剖析东亚区域以生产贸易网络为基础的经济一体化进程中建立起来的相互联系,以及各经济体之间内部依赖和外部依赖特征,并指出在这种相互交织且依赖的关系中蕴藏的东亚生产分工网络的潜在风险。随后从全球经济金融格局不断发生动态演变的框架和视角下,探讨东亚贸易一体化和金融一体化的具体模式与经济效应。希望能给东亚区域各经济体的相关政府部门,特别是我国宏观政策制定者们提供有益的政策建议。

---

① 中华人民共和国商务部.2018年中国外商投资报告[R].2018.12.

目 录

第一章 导 论 …………………………………………………… 1

第一节 选题背景和意义/1

　一、选题背景/1

　二、选题意义/4

第二节 研究思路和结构内容/5

　一、研究思路/6

　二、结构内容/9

第三节 研究方法/12

第四节 主要创新点和不足之处/13

　一、主要创新点/13

　二、不足之处/14

第二章 文献综述 ………………………………………………… 16

第一节 东亚区域生产网络及贸易统计/16

　一、东亚区域生产网络分工结构/16

　二、东亚区域贸易统计方式/18

第二节 全球价值链分工视角下的相关风险/20

　一、价值链中断风险的发生和控制/20

　二、全球经济危机在东亚区域的传导/22

　三、产业升级与分工地位锁定/25

第三节 东亚区域货币金融合作/27

　一、最优货币区标准/28

二、金融一体化标准/30

三、东亚货币金融合作前景/31

第三章 相关理论基础 ……………………………… 33

第一节 全球价值链理论的形成与发展/34

一、全球价值链理论的形成/34

二、贸易附加值理论/38

第二节 对全球价值链分工影响经济整合的理论分析/40

一、上下游分工结构理论/41

二、二维生产分割理论/43

三、空间集聚与分散理论/46

第三节 对全球价值链分工中潜在风险的理论分析/48

一、供应链风险/48

二、"鞭长效应"/50

三、嵌入型依赖风险/51

第四节 国际货币金融合作理论/52

一、货币金融合作/52

二、金融一体化与区域金融深化/54

三、东亚区域货币金融合作的理论基础/55

第五节 本章小结/57

第四章 东亚区域生产分工网络发展现状分析 …………… 59

第一节 东亚区域整体经济实力的上升/60

一、在全球经济中的地位迅速攀升/60

二、区域经济增长潜力逐渐凸显/62

第二节 东亚区域生产分工结构的演变及原因/63

一、东亚区域生产分工结构的变迁/64

二、东亚区域生产分工结构演变的原因/66

第三节 东亚区域贸易一体化的现实特征/68
　　一、区域内 FDI 迅速增长/69
　　二、区域内贸易规模不断扩张/70
　　三、各经济体区域内贸易比重逐渐上升/72
第四节 东亚区域贸易模式重构/74
　　一、中间品贸易分工模式的重构/74
　　二、最终品贸易分工模式的重构/76

第五章　东亚区域经济整合潜在风险及传导机制分析梳理 …… 79

第一节 价值链中断带来的潜在风险/80
　　一、价值链中断风险的含义/80
　　二、价值链中断对东亚区域经济整合的现实影响/81
　　三、价值链中断风险的传导机制分析/83
第二节 最终需求冲击带来的潜在风险/85
　　一、最终需求冲击风险的含义/85
　　二、最终需求冲击对东亚区域经济整合的现实影响/86
　　三、最终需求冲击风险的传导机制分析/88
第三节 全球价值链地位锁定带来的潜在风险/90
　　一、价值链地位锁定风险的含义/90
　　二、分工地位锁定对东亚区域经济整合的现实影响/91
　　三、传导机制分析/93
第四节 本章小结/95

第六章　价值链中断风险的实证分析 …… 97

第一节 东亚区域上下游依赖关系的现实评估/98
　　一、上下游依赖关系的表现形式/99
　　二、指标建立和数据说明/100
　　三、评估结果分析/101

第二节　东亚区域价值链中断风险的实证检验/105

　　一、研究框架分析/105

　　二、模型选取和数据处理/106

　　三、实证检验结果分析/108

第三节　基于具体行业的进一步检验/110

　　一、行业选取和数据处理/110

　　二、实证结果的比较分析/111

第四节　本章小结/115

第七章　最终需求冲击风险的实证分析 …………… 117

第一节　东亚区域最终需求外部依赖的现实评估/118

　　一、最终需求外部依赖的表现形式/119

　　二、指标建立和数据说明/120

　　三、评估结果分析/121

第二节　实证模型的选择/125

　　一、基于 CES 函数的标准贸易引力模型/127

　　二、引入中间品贸易的垂直化引力模型/128

第三节　东亚区域最终需求冲击风险的实证检验/130

　　一、模型构建和变量说明/130

　　二、实证检验结果分析/133

第四节　本章小结/137

第八章　GVC 分工地位锁定风险的实证分析 …………… 139

第一节　GVC 分工地位衡量方法及指标构建/140

　　一、全球价值链分工地位衡量方法/140

　　二、全球价值链地位指标的构建/142

第二节　基于东亚区域各经济体整体层面的 GVC 分工地位考察/143

　　一、数据说明/143

二、东亚区域各经济体在全球价值链中的分工地位/144

第三节 基于东亚区域各经济体行业层面的GVC分工地位考察/146

一、东亚区域各经济体行业GVC分工地位格局/148

二、各经济体在不同行业GVC分工地位的主要变化趋势/149

第四节 实证结果分析/150

第五节 本章小结/152

第九章 东亚区域开展货币金融合作的必要性 ……………… 154

第一节 东亚经济一体化的视角/154

一、概念范畴的包含关系/154

二、为经济增长保驾护航/155

三、抵御经济风险/156

第二节 金融风险的视角/157

一、贸易微观主体的股票风险/157

二、通胀恐慌下的金融风险/158

三、美元依赖下的汇率风险/160

四、外债扩大下的主权债务风险/161

第三节 国际经验的视角/162

一、亚洲金融危机的冲击和"起爆器"/162

二、国际金融危机下暴露的脆弱性/164

三、新兴市场国家货币金融风险的启示/165

第四节 最优货币区的功能视角/165

一、有利于减少外汇储备占款/165

二、有利于减少货币汇兑成本/166

三、可以有效抵御区域外的投机性资本冲击/166

四、降低融资成本/166

五、货币区的建立可能会推动财政一体化/166

第五节 金融一体化的视角/167

一、区域化效应/167

二、帕累托效应/168

第十章 东亚货币金融合作的发展进程 …………………… 169

第一节 溯源"清迈倡议"/169
 一、"清迈倡议"的主要内容/170
 二、"清迈倡议"协议的多边化发展/171
第二节 东亚区域货币金融合作的不断深化/173
 一、亚洲金融危机后的第一阶段/173
 二、美国次贷危机后的第二阶段/174
 三、金融风险不断升级的第三阶段/176
第三节 东亚区域货币金融合作的多方制衡/178
 一、东亚区域内汇率政策的协调统一/178
 二、与区域外部国家和组织的利益权衡/179
第四节 东亚债券市场的发展/182

第十一章 东亚区域继续深化货币金融合作的条件基础 …… 184

第一节 全球化提供了前提条件和发展契机/184
第二节 东亚区域总体经济发展水平和增长前景/185
第三节 东亚区域金融市场发展/187
 一、东亚区域内金融市场资源的优化配置/187
 二、改善东亚区域各国及地区金融市场发展水平/188
 三、提高金融市场的规范化程度/189
 四、东亚区域内部金融市场结构的同质化发展/190

第十二章 东亚货币金融合作前景展望 …………………… 191

第一节 东亚区域经济格局的变化趋势/191

一、全球经济地位快速攀升/191

二、区域内部各经济体之间的依赖关系更加融合/195

三、中国取代日本成为东亚区域经济增长的核心/198

四、东盟国家的经济发展潜力不断凸显/200

五、中、美、日之间经济关系不断调整/202

第二节 东亚货币金融合作的主要趋势/205

一、"清迈倡议"框架下东亚金融合作的四种可能性/205

二、重视与多边金融关系的机构合作/206

三、"东盟+3"机制的凝聚力和权威性仍是主导力量/206

四、建立和谐统一的东亚汇率机制/206

五、中国金融开放为东亚金融合作提供契机/207

第三节 中日货币互换协议的启示/207

一、中日货币互换的经济基础/208

二、推动中日货币互换的主要因素/209

三、中日货币互换协议的重要意义和启示/209

第十三章 中国在东亚金融合作中的角色与作用 ……… 213

第一节 中国在东亚区域内的经济合作进程/213

一、中国在东亚区域的边境经济合作区建设/214

二、跨境经济合作区——中国—东盟经济合作的创新形式/216

三、边（跨）境经济合作区的经验特征/217

四、中日两国的竞争与合作/219

第二节 中国吸收东亚区域对华投资情况/220

一、东亚区域成为中国外商投资的主要来源地/220

二、东亚区域各经济体对中国直接投资增长比较/221

三、来自港澳台地区的投资/223

四、东盟国家对华投资/224

五、日本、韩国对华投资/225

第三节 中国在世界经济变局中的表现和决策/226

一、中国经济发展基础和增长潜力/227

二、新一轮对外开放的经济推动力/228

三、中美贸易摩擦为东亚区域深化合作带来的机会/228

四、中国在全球化必然性发展趋势下的战略选择/229

第四节 中国的"一带一路"倡议为东亚区域注入新活力/230

第十四章 主要结论与相关政策建议 …………………………… 232

第一节 本书主要结论/232

第二节 推动东亚区域生产分工网络的调整与重塑/236

第三节 发挥中国在东亚区域贸易转型中的作用/237

第四节 重视人力资源和科技创新 促进东亚区域的价值链升级/239

第五节 积极向全球价值链主导的新型贸易规则转变/240

一、新型贸易规则发展的必然性趋势/241

二、RCEP 谈判需要积极向新贸易规则靠近/242

参考文献/244

第一章
导 论

本章就本书总体状况进行说明。首先将对本书选题研究的出发点与理论及现实意义进行介绍,其次归纳分析与本书研究主题相关的国内外研究现状,再次较为详细地阐述本书的研究思路和结构安排,最后就本书的研究方法和主要创新点进行说明。

第一节 选题背景和意义

一、选题背景

进入 21 世纪以来,东亚区域[①]在全球经济舞台上表现出极大活力,经济增长速度之快令世界瞩目。2000~2007 年,东亚区域的平均实际 GDP 增长率达到 6.3%,相比之下,具有世界经济霸权地位的美国却只有 2.7%[②]。不仅如此,在 2008 年爆发的以美国次贷危机为导火索的全球经济危机时期,东亚区域在世界经济普遍遭受危机冲击下表现出巨大的经济增长潜力。2008 年和 2009 年,东亚区域的实际 GDP 增长率达到 5.8% 和 7.8%,与此同时,美国和欧盟在 2008 年和 2009 年的 GDP 增长率分别为 0.0% 和 -2.6% 以及 0.4% 和 -4.1%[③]。

---

① 没有特别说明时,本书中的东亚区域主要包括东盟十国(包括新加坡、泰国、马来西亚、印度尼西亚、菲律宾、越南、柬埔寨、文莱、缅甸、老挝,Association of Southeast Asia Nations,简称 ASEAN)、中国、日本、韩国、中国香港和中国澳门。
② 资料来自世界银行 WDI 数据库。
③ 资料来源同上。

从经济总量来看，东亚区域与美国、欧盟一起构成全球经济的三足鼎立之势。随着东亚区域整体经济实力不断增强、经济地位快速上升，东亚区域经济发展前景和区域经济一体化问题逐渐受到国际社会和经济学界的更多关注。就根本而言，东亚区域生产网络以及建立于其上的区域内贸易模式是东亚区域经济发展和一体化进程的市场化基础①，对东亚区域的经济整合②发挥着核心作用，成为这一研究领域的核心课题。

随着东亚地区垂直专业化分工合作不断深入，东亚区域生产网络经历了发展变迁。从20世纪70年代形成的以日本为雁头、"四小龙"和东盟经济体为雁身、中国和东亚其他经济体为雁尾的"雁阵模式"，到90年代后形成的"三角模式"，即日本和新兴经济体（NIEs，包括新加坡、韩国、中国香港、中国台湾）主要向中国和东盟出口中间产品，中国和东盟再对其进行加工生产，然后将最终制成品出口到美国和欧盟，东亚区域各经济体之间形成更加紧密的贸易依存以及经济依赖关系，推动着区域内贸易结构和贸易模式发生变化。2000~2012年，东亚区域内中间品贸易扩大了两倍左右，东亚区域内贸易占总出口的比重从46.68%上升到49.51%，上涨了3个百分点③。

不能忽略的一点是，东亚区域在经济发展中取得的辉煌成绩是与经济全球化背景紧密联系在一起的。而在经济全球化发展趋势中，核心内容当属全球价值链（Global Value Chains，GVC）④ 的广泛覆盖和延伸。进入21世纪以来，全球价值链分工形式的渗透范围更加广泛，成为诸多制造业行业较为流行的国际分工合作方式。全球价值链是实体经济实现全球化的重要途径，它促进了世界范围内生产率的普遍提高，并以此推动世界经济不断增长。而且，全球价值链已经成为紧密联结世界各国（或地区）经济发展的桥梁和纽带。

在参与全球价值链分工的过程中，东亚区域受益匪浅，在全球范围内的诸

---

① 关于东亚区域经济一体化进程的"市场化"概念，请参考第三章中的相关内容。
② 对于"经济整合"概念的理解，请参考第二章第二节的相关内容。
③ 笔者根据RITIE-TID数据库的相关数据计算得到。
④ 除"全球价值链"之外，很多学者在对这一领域的研究中也使用了不同的概念描述。例如"垂直专业化"（Vertical Specialization）（Hummels等，1998）、"全球生产共享"（Global Production Sharing）（Ng和Yeats，2001）、"外包"（Outsourcing）（Grossman G. M.等，2005）、"国际生产网络"或者"全球生产网络"（Global Production Network）（Ernst和Kim，2004；Henderson等，2002）、"多国生产网络"（Multinational Production Networks）（Athukorala，2005），或者"跨境生产网络"（Cross-Border Production Networks）（Ando和Kimura，2005）等。

多区域经济体中,东亚区域在全球生产网络中的活跃程度和发展水平甚至超越了北美和欧盟等发达经济体。随着全球价值链的横向扩张和纵向延伸,日益频繁的中间品贸易直接或间接推动了东亚区域内部各经济体之间贸易以及各经济体与区域外经济体之间贸易的大幅增加,东亚区域不仅从中获得了巨大的经济利益,从而增强了自身经济实力,提高了在全球所处经济地位,更为重要的是,随着东亚区域生产网络逐渐发达与完善,区域内各经济体之间形成了更加紧密的贸易依存以及经济依赖关系,为东亚区域经济一体化进程的加速发展奠定了坚实基础。

但是,正如一枚硬币有正反两面,全球价值链分工在促进东亚区域经济整合的同时,也蕴含着对东亚经济发展不利的一面。正如 Acemoglu 等(2012)和 Levine(2012)在相关研究中所指出的,随着全球价值链长度不断延伸、结构更加复杂,价值链中前后生产环节的波动性越来越高,相关生产模式与贸易模式的稳定性越来越容易受到冲击。2008 年全球经济危机由美国和欧洲等发达经济体波及东亚区域,东亚区域贸易规模出现急剧下降,经济增长受到阻碍。虽然这次冲击只是暂时性的,东亚区域远远早于欧美国家实现了恢复性增长,但是很多学者指出,东亚区域贸易模式存在一定的脆弱性,东亚区域对于外部市场的过度依赖使东亚区域的经济增长极易受到外部冲击。而且,日本在 2011 年 3 月发生大地震后,由于受灾地区生产汽车零部件的企业停产而使整个与汽车相关的生产供应链出现断裂,直接导致日本乃至中国、东南亚的汽车产量严重下降,而且还对美国汽车行业生产造成一定程度的冲击。从根本上看,这两次原始冲击的影响都在全球价值链的传导机制下逐渐被扩散和放大。

除此之外,在全球价值链分工下,"任务贸易"主导了国际贸易发展模式,一国(地区)的要素禀赋成为进行生产任务区位选择的重要衡量标准之一。全球价值链的主导者①更倾向于将相对而言属于劳动密集型的生产环节分散到劳动力充裕、劳动力成本较低的国家,而将相对来说属于资本密集型的生产环节分散到资本充裕的国家。而在东亚区域,以中国为代表的发展中国家正是通过这一渠道融入了全球价值链分工中,进而实现了经济上的快速发展。正如 Athukorala 和 Yamashita(2006)经过实证研究证实的那样,"生产分割"趋势在东亚区域中表现出极强的显著性,劳动密集型的最终装配任务被定位在低工资的

---

① 全球价值链本质上由不同产品的价值链共同构成。这里全球价值链的主导者可以理解为微观意义上的大型跨国企业。

发展中国家,而高技能的中间品生产则被定位在工业化国家。但是,越来越多的研究表明,发展中国家在全球价值链分工中的"低位嵌入"使其在一定程度上面临"分工地位锁定"的风险,直接影响了其未来在国际经济中的竞争力和经济发展潜力。

由此可见,全球价值链就像一把"双刃剑",既在一定程度上促进了东亚区域的经济增长,使东亚区域生产分工网络内各国和地区之间关系更加融洽,也带来了一定潜在风险。那么,全球价值链分工对东亚区域经济整合蕴含着哪些潜在风险,这些风险的传导机制是什么?究竟会给东亚区域经济整合带来哪些影响?这些都是亟待解决的问题,也是本书的主要研究内容。

二、选题意义

本书对东亚区域经济整合中潜在风险的研究是以东亚区域生产分工网络为具体研究对象,以全球价值链分工发展为研究视角,不仅分析全球价值链分工影响东亚区域经济整合的有关机理,还对其中蕴含的潜在风险从形成原因和传导途径等方面进行深入剖析。从整体来看,本书的研究既具有丰富的理论意义,又具有深刻的现实意义。

在理论意义方面,本书的贡献主要表现为以下几点。

第一,本书对全球价值链影响区域经济整合的理论原理进行分析和梳理,不仅较为系统地阐释了东亚区域经济整合的动力机制和过程原理,也有利于为全球价值链分工下潜在风险发生及传导机制的进一步剖析提供比较充足的理论支持。鉴于东亚区域生产网络在很大程度上可以被视为全球价值链不断扩张和延伸之下高度发达的典型代表,本书的这一理论梳理不仅是对全球价值链分工结构理论的发展和延伸,也为东亚区域生产分工结构等问题的研究提供了较系统的理论依据。

第二,对于全球价值链分工带来的潜在风险,大多数学者的研究落脚点主要集中在产业集群风险等层面,而将东亚区域经济整合作为研究客体进行的理论分析还较少。遵循从一般到具体的原则,本书拓展了对全球价值链分工中相关风险的理论分析,并结合东亚区域生产分工结构和布局的具体特征,对东亚区域经济整合中潜在风险的形成和传导进行了深入剖析,在一定程度上为东亚区域经济整合风险的理论研究起到了抛砖引玉的作用。

第三,本书不仅对东亚区域经济整合中潜在风险的形成和传导机制进行了详细梳理,还在此基础上对各个风险进行了实证检验,为理论分析提供了有力佐证。不论是以东亚区域整体作为研究对象进行的实证分析,还是基于区域内各个经济体以及不同行业的进一步检验,都是对前人相关实证研究欠缺之处的一种有益补充。不仅如此,对于东亚区域生产网络中价值链中断风险传导途径的实证检验,更是很大程度上在相应的实证分析领域起到填补空白的作用。

从现实意义来看,本书可以为相关政策的制定提供可资借鉴的指导和建议,从而保障东亚区域经济整合持续、顺利推进,促进东亚区域经济增长以及全球经济发展。

具体而言,从东亚区域在全球经济中的地位来看,全球经济格局发生剧烈变动,世界经济增长的核心已经从西方发达国家转移到东亚区域。东亚区域尤其是东亚新兴经济体表现出的坚挺经济实力以及深厚发展潜力,成为拉动全球新一轮经济增长的生力军。不可否认,东亚区域经济得以快速增长的很大一部分原因是区域贸易的繁荣和扩张。其中既包括区域内贸易,也包括与区域外经济体之间的贸易;不仅包括中间品贸易,还包括最终品贸易。但是,2008年全球经济危机导致的东亚区域贸易量显著减少以及"3·11"日本大地震引发的短期内区域贸易严重下滑都给我们带来警示,全球价值链分工不仅促进了东亚区域的经济增长,还蕴含着潜在风险,对东亚区域的经济发展产生了负面效应。不仅如此,在全球价值链覆盖范围不断扩大的背景下,对于东亚区域而言,更广泛、更深入地融入全球价值链分工不仅是一个必然趋势,还是促进东亚区域经济整合乃至区域经济一体化的一条有效途径。但是,分工地位锁定风险既会在一定程度上削弱东亚区域整体竞争力,也不利于东亚区域价值链的塑造和升级。

因此,在全球价值链分工下,东亚区域经济整合面临哪些潜在风险?这些风险通过何种机制发生或者传导?如何对各种风险是否存在或者发展程度进行衡量和判断?研究这些问题对我们有针对性地制定预防政策或控制措施具有十分重要的指导意义,它们既构成本书的主要内容,也是本书的现实意义所在。

第二节 研究思路和结构内容

本书的主要研究目标是分析东亚区域经济整合过程中生产分工网络的动态

重构和现状特征，以及以此为基础开展东亚区域货币金融合作的必要性和可行性。研究主线则是全球价值链垂直化分工这一主导趋势下的国际化生产分工方式。全书不仅对全球价值链分工影响下东亚区域贸易一体化和金融一体化进行了理论分析，还通过剖析东亚生产分工网络中蕴含的三种潜在风险及相应的实证检验说明了抵御外部金融冲击的必要性。从整体来看，本书运用了多种研究方法，得出了具有一定科学性和说服力的研究结果。

一、研究思路

（一）总体思路

总体而言，本书的研究思路围绕东亚区域生产分工网络重构和东亚区域货币金融合作两部分展开，而这两部分并不是独立的，而是东亚经济一体化目标之下两个相互交织、相辅相成的进程，二者在经济增长框架中存在一定程度的内生性和关联性，对于东亚区域经济一体化问题的探讨而言，二者缺一不可。

东亚区域生产网络分工结构的演变与发展是在全球价值链广泛覆盖与纵向延伸影响下实现的，而东亚区域经济整合则是建立在东亚区域生产网络基础上的各经济体之间融合与统一的过程。在这个过程中，东亚区域实现了以区域贸易扩张为主导力量的经济腾飞，其世界经济地位逐渐提升，区域经济一体化进程也不断推进。但是，全球价值链分工一方面极大地促进了东亚区域经济整合，同时也给东亚区域生产网络及其贸易模式带来一定潜在风险，而且事实上，东亚区域也已经经受过这种风险的冲击，说明其经济发展模式中存在着一定程度的不稳定因素。而这些不稳定因素一部分来自区域与外部的贸易联系，另一部分则源于围绕美元本位以及汇率波动滋生的区域金融市场的脆弱性和风险。在上述概念逻辑的基础上，本书的研究一方面要体现出全球价值链通过东亚区域生产分工网络对东亚区域经济整合的支持与促进，另一方面还要对生产分工、贸易金融等领域的潜在风险从形成原因到传导机制进行较系统的分析。鉴于此，全书将遵循理论综述—东亚区域生产分工网络发展概况—生产网络潜在风险及实证检验—东亚货币金融合作必要性及可行性分析—东亚区域经济一体化前景及中国的角色和应对—结论与政策建议的研究思路依次展开，进行详细论述。

(二) 东亚生产分工网络分析

在理论综述部分，首先，介绍全球价值链理论的形成与发展，从而便于把握全球价值链分工对东亚区域经济整合的影响机制。需要强调的一点是，本书在对潜在风险的实证检验中依据附加值贸易理论的相关原则构建了一系列衡量指标。因此，考虑到后续实证研究的需要，在全球价值链理论发展中，我们对附加值贸易概念以及附加值分解原则进行了详细介绍。其次，对全球价值链影响经济整合的理论与全球价值链分工中风险理论的介绍也是本书理论综述部分的重要内容。全球价值链影响经济整合的相关理论有助于透彻理解东亚区域生产网络演变和发展的内在机制，并且为分析东亚区域经济整合发展问题提供理论证据。对全球价值链风险理论的阐述则与后文对东亚区域潜在风险的分析形成对应，二者之间是一般到具体的关系。不仅如此，前者能够为后者提供理论借鉴，而后者也是前者在区域发展中的一个缩影。最后，基于国际货币金融合作的有关理论，沿袭区域金融深化—货币合作和金融合作—区域金融一体化这一目标推进次序，深入剖析了其中的理论逻辑和联系机理，为后面章节对东亚区域进行现实分析和衡量提供了充足的理论依据。

在相关理论综述基础上，本书对东亚区域生产分工网络的发展概况进行了较为详细的分析，进而对全球价值链促进东亚区域经济整合的主要途径有了一个全面认识。为了对后文的风险传导机制研究以及相关实证检验提供基础铺垫，本书主要分析了全球价值链分工下东亚区域生产分工网络的演变发展，并在此基础上利用数据统计与归集计算对东亚区域贸易一体化的现实特征进行了深入剖析，主要体现在整体区域内贸易密集度以经济体区域内贸易比重两个层次上的衡量和比较。除此之外，该部分利用了大量双边贸易数据从地理流向角度分别刻画了东亚区域的中间品贸易模式重构和最终品贸易模式重构，从而进一步说明全球价值链分工下东亚区域经济整合的发展现状。

在东亚区域生产分工网络发展概况的基础上，结合理论综述部分对全球价值链风险理论进行阐述，引出了对全球价值链分工下东亚区域经济整合潜在风险的分析，作为风险研究部分的总括。并且，基于现实性和重要性的原则，本书主要对价值链中断风险、最终需求冲击风险以及价值链分工地位锁定风险进行了归结和阐述，主要内容包括这三种潜在风险的含义、它们各自对于东亚区域经济整合的影响以及各自在东亚区域的形成机制或传导渠道。这部分对东亚区域潜在风险的研究，一方面，基于已经发生的现实事件。例如，价值链中断风险来源于对"3·11"日本大地震引起东亚区域内贸易短期内严重下滑这一事件的思考,最终需求冲击风险则是来源于2008年全球金融危机波及东亚区域从而导致后者在贸易量和经济总量上受到较大损失的现实表现。另一方面,价值链分工地位锁定风险则是从诸多学者对产业集聚和发展中国家的分工地位研究中归纳得出的潜在风险。

在剖析梳理了东亚区域经济整合中潜在风险的基础上,本书对这三种风险分别进行了实证检验。根据这三种风险各自形成和传导机制的特点,本书采用了不同的实证方法,其中,对于价值链中断风险的实证检验,结合其传导机制,本书首先构造"上下游依赖度指数",对上下游依赖关系进行计算和分析,以便为更加具体直观地说明价值链中断风险的传导机制提供现实佐证。其次,为了检验这种风险对东亚区域经济整合的影响,继续选取一阶滞后模型,分别从整体和行业层面对区域内贸易的波动性进行实证分析,从而得到较为具体和可靠的结果。对于最终需求冲击风险,本书首先基于全球价值链分工的视角对东亚区域的"外部依赖"进行实证分析,从而对最终需求冲击风险的存在基础予以证实;其次通过从微观层面利用市场出清原理来建立中间品贸易的"垂直化引力模型",以此作为东亚区域最终需求冲击风险实证检验的指导思路。在实证检验中,本书将以东亚区域内的总体双边贸易以及中间品双边贸易为研究对象,通过面板数据的实证方法分析美国和欧盟15国的最终需求对东亚区域内贸易的具体影响程度。最后对于价值链分工地位锁定风险,本书将通过"GVC分工地位指数"对东亚区域各经济体在整体层面和行业层面所处的全球价值链分工地位进行深入考察,以便更清晰、更具体地说明东亚区域是否面临分工地位锁定的风险,以及哪个国家在哪些行业中面临分工地位锁定风险。

(三) 东亚区域货币金融合作分析

以东亚区域开展货币金融合作的经济基础为目标,本书的另一主干部分又对东亚国家汇率机制、金融市场发展特征以及区域内外的金融分别进行了较为详尽的分析,以此作为东亚货币金融合作的现实依据,说明实现区域货币金融合作的重要性和意义。联系本书理论综述部分对于国际货币金融理论的总结归纳,在这一部分,将东亚区域作为考察对象,进行了理论的实践推演以及可行性分析,并在此基础上,对东亚区域未来货币金融合作的模式和前景进行分析和展望。

从国内外学者针对此领域开展的研究来看，对东亚货币金融合作问题的分析和讨论主要集中在一体化经济基础以及东亚区域各国家及地区之间的贸易结算、资金交易往来等方面，对区域金融市场的基本面水平分析则有所忽视以及研究不够深入。东亚区域金融市场的基本面条件是未来东亚货币金融合作的基础，在很大程度上影响东亚区域开展货币金融合作的可行性、进程以及具体方式。因此，研究东亚区域货币金融合作未来的发展方向，在此基础上探寻东亚区域经济一体化进程中的工作重点和工作次序，对东亚经济一体化目标的实现具有重要的现实意义与深远的战略意义。

东亚区域各国家或地区的金融市场处于相对割裂的状况，缺乏市场之间的有机整合，区域性金融市场发展极不完善。本书对这一特征进行了分析，并结合区域金融深化理论和货币金融合作理论的标准和条件，说明并体现东亚区域开展货币金融合作的基础、作用和经济影响。与此同时，本书还将对东亚区域金融一体化目标提出伊始的重要议程——清迈倡议进行阐述，通过全面分析清迈倡议提出的背景、意义及其内容的动态演进，说明东亚区域开展货币金融合作的政策统一性与经济自发性，并指出东亚区域金融一体化需要经历从金融合作走向区域金融深化进而实现货币合作的合理路径。

不仅如此，结合中国人民币国际化进程以及实施"一带一路"倡议的目标和绩效，本书还对中国在东亚区域经济格局中的地位、作用以及与区域内外其他国家和地区的经济联系进行了研究，既说明中国在促进东亚区域经济一体化健康、持续、稳定发展中的角色和作用，也提出了中国应采取的一些应对措施。

鉴于篇幅有限，本书主要对东亚区域货币金融合作的可行性与必要性进行理论阐述，从产生机制和影响效应两个方面分别说明东亚区域货币金融合作所具备的条件基础以及功能作用，以期为东亚区域货币金融合作进一步推动的内容和形式提供有益的建议支持。

二、结构内容

根据上述研究思路，本书的研究共分为十四章：第一章导论部分介绍了本书的选题背景和理论意义、现实意义、研究思路和结构、研究方法以及创新之处和不足。最后一章对主要结论进行归纳总结以及提出相关政策建议。中间第二章至第十三章为本书的主体部分。

第二章为文献综述，根据本书研究目标，将该领域内主要的国内外研究进展情况梳理归纳为三个部分，即国内外相关专家和学者对东亚区域生产网络以及贸易统计方式的研究，对全球价值链分工主导的生产网络中蕴含相关风险的研究，对东亚区域货币金融合作理论、基础以及前景等问题的研究。

第三章为相关理论基础，围绕东亚区域经济一体化的全球化背景和具体内容，分别对全球化趋势下全球价值链的形成与内涵、全球化与区域化之间的区别和联系、全球化垂直分工生产网络的风险构成以及区域货币金融合作的经济效应等理论进行了有序阐述。第一节为对于全球价值链理论的形成与发展的论述，按照时间顺序，依次介绍了价值链理论（Value Chains）、全球商品链理论（Global Commodity Chains，GCC）以及全球价值链理论（Global Value Chains，GVC）的提出及发展，在此基础上介绍了附加值贸易理论，并着重介绍了Koopman（2010）的 GVC 分解方法。第二节对全球价值链分工影响经济整合的理论分析中，本书对上下游分工结构理论、二维生产分割理论以及空间集聚与分散理论分别进行了阐述。第三节对全球价值链分工中潜在风险的理论分析包括供应链风险、鞭长效应以及嵌入型依赖风险。最后一节以国际货币金融理论为框架，按照现实发展的逻辑顺序，对区域金融深化、货币合作、金融合作、金融一体化等概念进行详细阐释，并分析其中内涵的层级脉络，以及货币金融合作对区域化经济整合带来的影响。

第四章对全球价值链分工下东亚区域经济整合主要内容进行分析，即东亚区域生产分工网络的发展现状分析。按照分析层次的逐渐深入，该部分内容主要涵盖四个方面。一是对东亚区域整体经济实力上升的总结，其中包括东亚区域在全球经济地位中的迅速攀升以及经济增长潜力的逐渐凸显。二是对全球价值链分工影响下东亚区域生产分工结构演变及原因的分析，其中包括对东亚区域生产分工结构如何变迁的阐述以及对全球价值链分工在其中所起作用的分析。三是对东亚区域贸易一体化现实特征的描述，其中包括对东亚区域 FDI 迅速增长、区域内贸易规模不断扩张以及各经济体区域内贸易比重明显上升等方面的具体分析。四是对东亚区域贸易模式重构的考察，包括中间产品层面的贸易模式重构以及最终产品层面的贸易模式重构。

第五章是对东亚区域经济整合潜在风险及传导机制的分析梳理，包括价值链中断风险、最终需求冲击风险以及价值链分工地位锁定风险三大部分。在每一部分中，本书对每种风险的概念定义、对于东亚区域经济整合的影响以及各自在东亚区域的形成机制或传导渠道进行了深入剖析。

第六章是对东亚区域价值链中断风险的实证分析，在内容上主要分为三部分。第一部分为东亚区域上下游依赖关系的现实评估，包括对上下游依赖关系的内涵进行分析，并在此基础上依据 GVC 分解原理构造了相关衡量指标，进而通过数据计算结果对东亚区域的上下游依赖关系进行分析。第二部分为东亚区域价值链中断风险的实证检验，主要包括研究框架分析、模型选取和数据处理以及实证检验结果分析。第三部分是基于具体行业的进一步分析，分为行业选取和数据处理以及实证结果的比较分析两部分。

第七章为东亚区域最终需求冲击风险的实证分析，主要内容同样分为三部分。首先是对东亚区域最终需求外部依赖的现实评估，其中包括说明全球价值链分工下最终需求外部依赖的内涵，相关指标构造和数据说明以及评估结果分析。其次是研究框架和理论模型分析。最后是实证检验和结果分析。

第八章是对东亚区域 GVC 分工地位锁定风险的实证分析，内容分为四部分。第一部分为 GVC 分工地位衡量方法及指标构建原理，包括对全球价值链分工地位衡量方法的介绍以及在此基础上如何构造全球价值链分工地位指数。第二部分为对东亚区域各经济体在全球价值链中的分工地位及变化趋势的衡量和比较。第三部分为在具体行业层面对东亚区域各经济体在全球价值链中分工地位的进一步分析和比较。第四部分为上述东亚区域 GVC 分工地位评估结果的启示。

第九章是对东亚区域开展货币金融合作的必要性展开讨论。分别从东亚经济一体化的视角、金融风险的视角、国际经验的视角、最优货币区的功能视角以及金融一体化的视角阐述并体现出东亚区域开展货币金融合作的必要性和现实需求。

第十章是对东亚货币金融合作的发展进程的阐述，东亚区域取得的主要进展集中体现在两个方面：一是"清迈倡议"（CMI）框架由双边化向多边化和区域整体化扩展；二是东亚区域各国政府层面对构建东亚债券市场的准备和实施。

第十一章主要分析了东亚区域继续深化货币金融合作的条件基础，以货币金融合作的概念层次为顺序，从理论上分析东亚区域货币金融合作对东亚区域各国家或地区的政策启示。

第十二章是对东亚货币金融合作前景的展望，主要从三个方面进行探讨和延伸，即东亚区域经济格局的变化趋势、东亚货币金融合作的主要趋势、中日货币互换协议的启示。其中既有对宏观经济环境的剖析，也有对理论应用于实践的评价。

第十三章将研究视角聚焦在中国，阐述了中国在东亚金融合作中的角色和作用。其中归纳概述了中国在东亚区域内的经济合作进程、中国吸收东亚区域对华投资情况，分析了中国在世界经济变局中的表现和决策以及面对全球化趋势的战略选择，并探讨了中国的"一带一路"倡议对东亚区域的意义和作用。

第三节　研究方法

为了使分析层次更加深入、研究结果更加准确，本书根据各部分的研究内容和研究目的选择不同的研究方法作为具体操作工具。这一系列的研究方法主要表现在分析方法、数据统计、指标测算和计量方法等方面。

首先，在分析方法上，本书在总体结构中注重理论分析与实证检验相结合。既对东亚区域经济整合中潜在风险的传导机制进行理论梳理，也根据不同风险的自身特点进行了较为细致的实证分析。与此同时，本书在具体研究过程中，采取先整体后个体的分析方法，较全面地反映了东亚区域经济整合中贸易一体化的现实特征。不仅如此，在东亚区域经济整合中潜在风险的实证检验部分，既沿用了先整体后个体的分析方法，又在此基础上加入了行业分析，不仅能从中对比出行业差别，还能找到导致整体特征的一些主要因素。

其次，本书采用了数据统计的方法，利用大量翔实的数据对东亚区域贸易模式的重构特征进行了详细解剖。在某种程度上，客观的数据统计可以更准确、更直观地体现出研究内容，是一种既便于理解又十分可靠的研究方法。具体而言，本书对东亚区域内部各经济体之间的双边中间品贸易数据和最终品贸易数据按照地理流向分别进行归集和计算，进而得到东亚区域贸易分工模式的动态地理矩阵。

再次，在对东亚区域经济整合中三种潜在风险进行实证分析时，一个贯穿始终的研究方法就是指标测算。针对不同风险检验的研究目的，本书根据相关理论构造出较完善的衡量指标，并选用相关数据进行测算，不仅实现了对理论研究的定量分析，也在很大程度上对计量分析起到了辅助作用。

最后，在计量方法的选择上，根据研究的具体内容和可获得数据的特征，本书使用了针对时间序列的一阶自回归方法以及针对面板数据的面板 OLS 方法。适当计量方法的使用极大程度上保证了关于潜在风险是否存在以及传导途径等实证分析结果的正确性，从而得出更加可靠的研究结论以及提出更值得借鉴的政策建议。

第四节　主要创新点和不足之处

本书尝试对全球价值链分工下东亚区域经济整合中的潜在风险进行了较为详细的理论研究和实证分析，在借鉴前人相关研究成果的基础上推陈出新，尝试从不同视角，以不同方法实现研究目的。但是由于个人水平有限以及数据可得性和文章字数限制，本书整体上也存在一定不足之处。

一、主要创新点

通过对国内外研究文献的分析归纳，本书发现以往相关研究对全球价值链影响东亚区域经济整合的理论分析主要集中在以生产分割为基础的垂直化分工层面。同时，很多专家和学者对东亚区域经济整合中潜在风险的研究主要围绕在"外部需求依赖"与分工地位锁定等方面，并且大多属于理论研究或定性分析，缺乏提供佐证的实证研究或定量分析。鉴于此，本书拟从以下几个方面进行尝试性创新。

第一，在对全球价值链分工影响经济整合的理论梳理中，本书没有局限在垂直化分工层面，而是追求分析层次多元化。从内容上看，是产品内分工结构理论、生产分割理论以及空间集聚与分散理论的有机融合；从层次视角上看，又形成了按照宏观、中观和微观有序排列的逻辑更为清晰、结构更为完善的理论体系。

第二，在对价值链中断风险和最终需求冲击风险的传导机制分析中，上下游分工依赖关系和最终品需求外部依赖关系分别是它们的重要传导途径。但是以往研究对这两种依赖关系的分析大多属于定性分析，并没有上升到定量层面。本书在 Koopman（2010）价值附加值分解原理基础上尝试构造了"上下游依赖度"指数和"最终需求贡献度"指数，并利用相关数据进行测算和比较，得到定量分析结果，进而较为充分地证明了相应风险的传导基础。与此同时，这些指标也为全球价值链分工背景下对经济体之间依赖关系的研究提供了相关借鉴。

第三，现有文献对东亚区域贸易模式依赖外部需求的实际分析基本都是通过对贸易数据的现实分析来实现。本书将"垂直化引力模型"引入到对东亚区域最终需求冲击风险的实证分析中，并以此为基础构造了最终品贸易与中间品贸易之间的回归方程，得到了来自欧美国家的最终品需求对东亚区域贸易总量以及对中间品贸易的影响程度。"垂直化引力模型"也为全球价值链分工下贸易模式的相关研究提供了新视角。

第四，以往对东亚区域分工结构的研究大多利用传统贸易统计方式下的中间品贸易数据，其中存在的"重复计算"问题[①]导致其在反映国家间贸易利益和贸易关系时存在信息失真甚至结果扭曲等严重后果。鉴于此，本书在对三种风险的实证检验中均采用了 WTO-OECD 数据库的附加贸易数据进行相关计算和分析，增强了文章理论研究和实证分析的可信度和说服力。

二、不足之处

由于个人能力以及数据制约等客观原因，本书对某些问题还缺乏更加深入透彻的研究，这些都成为笔者在未来研究中需要努力的方向。具体来说，有以下几点：

第一，在对价值链中断风险的实证检验中，本书虽然从"上下游依赖"的角度对风险传导机制或传导基础进行了实证分析，但是由于难以找到合适的衡量指标以及相关数据，本书并没有对风险传导机制中总结的另一方面原因，即"不可替代"生产环节的空间集聚进行具体实证分析，只是简要说明了东亚区域生产网络中日本对核心零部件及中间产品的控制情况。因此，对这一方面的验证还有待进一步的研究。

第二，本书在最终需求冲击风险的分析中，验证了东亚区域确实存在对欧美等国最终需求的"外部依赖"。但是，这也说明了东亚区域的经济快速增长

---

① 关于对"重复计算"问题的解释请参考第二章第一节中的相应内容。

与欧美国家的"外部支持"不可分割。虽然东亚区域贸易模式从"外部依赖"向"内需主导"的方向转型有利于东亚区域经济持续稳定增长以及一体化进程的实现,但是在全球价值链分工的大趋势下,东亚区域与区域外部的经济联系必不可少。因此,如何平衡对区域外部最终需求的依赖以及对区域内部最终需求的依赖,进而促进东亚区域经济发展就成为一个值得进一步深入研究的问题。

第三,在对东亚区域全球价值链分工地位的分析中,由于数据所限,本书只对制造业的分工地位进行了衡量和计算。但是,服务业正在成为全球经济逐渐重视的重要内容,服务业核心实力的提升对于一国或者区域发展都有至关重要的作用。而且,在全球价值链分工下,服务业也正在向生产环节渗透,生产性服务业在价值创造过程中的重要性不断凸显。对服务领域分工地位的进一步分析以及如何提升服务业竞争力也是笔者在未来研究中的主要方向。

第二章
文献综述

从近些年国内外学者的相关研究成果来看,对全球价值链分工下东亚区域经济整合的研究主要集中在东亚区域生产网络的分工结构方面,这部分内容按照研究方法可进一步分为依据中间品贸易数据的研究和利用附加值贸易方法的分析两大类。而对全球价值链相关风险的研究主要涉及价值链中断风险、全球经济危机在东亚区域的传导以及分工地位锁定三个方面。此外,鉴于本书后面实证部分的需要,本章还将对贸易附加值统计方式的相关研究现状进行评述。

第一节 东亚区域生产网络及贸易统计

一、东亚区域生产网络分工结构

对东亚区域生产网络分工结构的相关研究主要集中在国外学者的研究中,其中很多文献证明了生产分割基础上的垂直专业化对于东亚经济体的经济增长以及结构转型越来越重要。随着产品内分工方式在国际生产分工网络中广泛流行,中间品贸易成为国际贸易的主要模式。中间品贸易在东亚区域的贸易扩张中发挥了主力军的作用,很多学者用中间品贸易统计数据来研究东亚区域生产分工网络。

Ng 和 Yeats(2003)发现了东亚地区的零部件供应者之间具有很强的关联性。估计结果显示,1984~1996年亚洲零部件贸易出口增加了500%多,而同期总出口的增加量为300%。

Ando(2006)将1990年、1996年和2000年的东亚国家机械类贸易数据在 HS 六分位基础上分解为单边贸易，水平化区域内贸易和垂直化区域内贸易，结果发现，机械零部件和元器件贸易的爆发式增长主要缘于垂直分割的跨国生产过程中前后向交易的扩大。而且他还证实了 20 世纪 90 年代中国际生产分工已经成为东亚经济的一个重要组成部分。Athukorala 和 Yamashita（2006）利用零部件和元器件贸易数据近似表示垂直专业化，比较了东亚、北美和欧洲各自的贸易中这种新型专业化贸易的比例份额，发现前者明显高于后两者。

利用相似的研究方法，Athukorala（2009）发现，东亚地区零部件出口占全球的比例从 1992 年的 29.3% 增加到 2003 年的 39.2%。事实上，东亚区域内零部件贸易的比重远远高于区域外的零部件贸易比重。

他们的证据显示东亚确实参与了全球供应链贸易，但是既没有说明哪个国家参与了哪些全球供应链生产，也没有显示出某一生产供应链如何在国家之间进行分割。Hummel 等（2001）为了完善这些缺陷进行了较为前沿的研究。他们将投入产出表和贸易数据结合在一起测量垂直专业化（Vertical Specializing，VS），或者是外国要素含量。VS 比值越高，说明进口中间投入品在一国出口中占据的比例越大，进而体现出该国参与全球生产链的程度越深。Hummels 等不仅测量了出口品生产中直接使用的进口投入品，还测量了使用国内中间投入品时间接使用的进口投入品。他们的研究结果表明，20 世纪 70~90 年代，经济合作与发展组织（OECD）国家出口中的国外要素含量迅速增加。但其分析对象主要集中在工业发达国家。

在 Hummels 等（2001）的基础上，Dean 等（2008）衡量了中国出口的 VS 比重。他们利用中国加工贸易数据和联合国 BEC 分类标准改进了确认中间品的方法。通过这种方法，他们发现了亚洲生产网络向中国供应投入品的证据。例如，2002 年日本和"四小虎"在中国进口投入品中占据了一半的比重，其他东南亚国家则提供了 10% 的进口投入品。类似这样加工中间进口品模式逐渐形成，中国几乎有 80% 的进口投入品来自于亚洲生产网络。Dean 等随后又利用中国官方投入产出表，以及由 Koopman 等（2008）研究的分割的中国投入产出表按照出口对象国和行业计算了中国出口的 VS 比重。分割的投入产出表允许加工出口比一般出口或者内销产品具有相对高的进口中间品投入比重。和出口到发展中国家的产品相比，中国向工业国家的出口具有更高的国外要素含量。

Nakgyoon Choi 和 Young Gui Kim（2014）认为，全球价值链的形成和扩大改变了东亚的贸易模式。东亚区域内贸易比重从 1990 年的 33% 增加到 2011 年的43.8%，而在同一时期内，东盟的区域内贸易比重维持在65%左右，北美的区域贸易内比重也只从37.2%增加到39.9%。

以上的研究成果体现了东亚区域生产网络的主要结构，日本和"四小虎"国家生产中间投入品，然后出口到中国进行加工制造，最终由中国出口到美国和欧洲国家。但是，这些文献基本都是在中间品贸易数据基础上进行的研究。随着附加值贸易数据的重要性逐渐凸显，很多学者开始转向通过计算贸易附加值分析东亚区域生产网络。但是迄今为止，这种研究仍然较少，主要有 Zhi Wang、William Powers 和 Shang-Jin Wei（2009）以及 Pula 和 Peltone（2009）。

Zhi Wang, William Powers 和 Shang-Jin Wei（2009）的实证检验结果表明，在20世纪90年代中，东亚发展中经济体更加深入地融入东亚生产网络中，相互之间的一体化程度越来越高。而且这种一体化程度的加深具体体现在以下两个方面：一方面是各经济体在东亚向美国出口最终产品的价值附加值中所占份额的急剧增加，另一方面是东亚各经济体包含在其他东亚经济体出口中的间接价值附加值有所增加。

Pula 和 Peltone（2009）利用最新的东亚投入产出表估计了东亚区域内每个国家价值增值（GDP）对于国内需求、东亚区域内需求和区域外需求的依赖性，认为没有证据表明东亚供应链脱离全球生产网络，他们只是发现东亚没有像传统贸易统计显示的那么与外部一致。

二、东亚区域贸易统计方式

在全球价值链分工下，各参与经济体在一条价值链的某个生产环节上完成生产任务，其生产投入既包括国内资源或中间品，也包括国外进口中间品。在这种生产分工模式下，传统的产品贸易已经不是主要内容，取而代之的是"任务贸易"（Task Trade），各国之间国际贸易利益分配的实质是价值增加值。因此，一国出口总量可能远远大于其创造的价值增值，传统贸易统计方式已经不能准确反映经济体之间的贸易分工，由此促进了贸易附加值统计方式的提出和应用。

就国内外相关文献来看，贸易附加值的研究者主要为国外学者。Koopman 等（2008，2010）和 Benedetto（2012）说明了传统统计方式在 GVC 主导的国际贸易中存在明显的"重复计算"（Double Counting）问题，在一定程度上"扭曲"了各参与国或地区在生产网络中的分工地位及贸易利益。为了克服传统贸易数据对于研究结果的误导，很多学者开始转向利用投入—产出表（Input-

Output Tables）计算"贸易附加值"（Trade in Value Added，TiVA）[①]来研究全球生产网络下的相关问题。Johnson 和 Noguera（2009）利用投入—产出表和 GTAP 数据库中的双边贸易数据，完善了计算出口贸易中国内价值含量的 HIY 方法，分析了传统贸易数据和附加值贸易数据在研究国家间生产分工模式方面存在的差异。他们发现，传统贸易统计对于最终需求的目的地以及国际贸易模式的判断存在误导。

但是，这些文献仍然只停留在总体层面对国家之间的贸易模式进行研究，没有涉及如何具体测量各个国家在全球生产网络中的垂直专业化程度。Robert Koopman、William Powers、Zhi Wang 和 Shang-Jin Wei（2010）提出了按照价值附加值来源对一国总出口进行分解的总体架构，为附加值贸易提供了一套新的双边统计数据。文章将之前所有关于衡量垂直专业化和附加值贸易的文献进行汇总整理。为了具体描述这种附加值分解方法，作者展示了一系列应用，包括重新计算显示性比较优势（RCA），以及构造衡量某国或某行业在全球生产链中处于上游或下游分工地位的相关指数。

全球价值链的迅速发展改变了东亚区域的贸易结构以及贸易模式（Nakgyoon Choi 等，2014）。在中间品贸易或最终产品贸易中，都在一定程度上包含贸易主体之外的其他经济体创造的附加值。可见，利用贸易附加值还原出更为准确的东亚区域贸易结构，对深入分析全球价值链背景下东亚区域与外部的经济联系意义十分重大。

国外很多学者利用附加值贸易数据对东亚生产供应链进行了相关研究。例如，Pula 和 Peltonen（2009）计算了 1995 年、2000 年和 2006 年价值增值的外部需求贡献率，得到东亚新兴经济体的全球贸易一体化程度正在上升的结论，反对了"去耦化"理论。虽然中国和区域其他经济体之间的贸易重要性越来越突出，但是区域经济的自主性并没有得到相应发展。而且，传统贸易统计数据高估了出口部门对区域经济的作用。同时，他们还发现，东亚区域对区域外的 EU15 以及世界其他地区的依赖程度正在加强，而对美国和日本的依赖度正在降低。Zhi Wang，William Powers 和 Shang-Jin Wei（2009）将 Hummels，Ishii 和 Yi（2001）测算垂直专业化的方法扩展到多个国家的框架中。不仅将一国出口

[①] TiVA 是 WTO-OECD 对贸易附加值的名称定义，也有学者或研究机构将其称为 Value-Added Trade（VAT）。

中的国外附加值含量按照对应的最初来源国进行分配,还进一步将一国出口中的国内附加值含量在直接出口目标国以及通过中间品贸易间接出口的第三国之间进行分解,从而完全彻底分割了价值增值链。他对东亚价值链在 1990~2000 年的迅速扩张以及本质特征进行实证分析。数据样本包括东亚区域的九个经济体（日本、中国、韩国、中国台湾、新加坡、泰国、马来西亚、印度尼西亚和菲律宾）和美国。

相比之下,国内涉及该课题的文献还相对较少。国内学者在研究附加值贸易的相关问题时,关注重点还主要集中在分析贸易附加值作为新统计方式的重要性（张磊等,2013；王岚,2013）以及基于附加值贸易数据对中国产业结构的考察（周升起等,2013；樊茂清等,2014）等。

毋庸置疑,在全球价值链分工下,将贸易附加值统计方式应用到国际贸易问题的研究中可以提高分析结果的准确性和科学性。就本质而言,贸易附加值统计方式是一种基础研究工具,它与全球价值链分工方式紧密结合,对于研究贸易利益分配、贸易竞争力、分工地位以及国家间经济依赖关系等方面具有深远的理论意义和重要的现实意义。

第二节 全球价值链分工视角下的相关风险

作为国际生产分工组织结构高度发展的一个新阶段,全球价值链分工在促进经济全球化、国家间分工合作紧密化以及全球贸易和经济增长等方面发挥了突出作用,全球价值链的形成与发展过程也蕴含了很多值得研究的课题,而对全球价值链分工视角下相关风险的研究则是其中的一个重要方面,通过较为准确地对风险加以识别,并深入研究其发生或传导机制,进而防范或解决全球价值链分工带来的潜在风险。在国内外诸多学者对相关风险的研究中,比较集中的研究对象包括价值链中断风险、全球经济危机在东亚区域的传导以及全球价值链分工地位锁定等。

一、价值链中断风险的发生和控制

价值链中断风险是全球价值链分工发展下企业价值链系统不断扩张与延伸

过程中衍生出的新课题。在这一领域中，国外学者的研究起步较早，成果也较为丰富，而国内的相关研究少。其中，对风险来源和风险控制的研究是价值链中断风险研究中的两大重要部分。对于风险来源，很多学者给出了不同的分类方式，分析结果较为一致并便于理解。

其中，Ghoshal（1987）将价值链中断风险类型划分为宏观风险、政策风险、竞争风险以及供应方风险等。但是由于 Ghoshal 对价值链系统的认识缺乏一定的完整性，他并没有将需求方考虑进去，因而也忽略了来自需求方的风险。Mason-Jones 和 Towill（1998）的研究结果对其进行了一定补充，将供应方和需求方共同纳入价值链系统中，并按照价值链的组成结构将价值链风险来源划分为五种，即环境风险、供应风险、需求风险、操作风险以及控制风险。Norrman 和 Lindroth（2004）进一步将对风险来源的分析具体化，并归结为以下三种原因：操作意外、灾难性风险以及策略的不确定性。而 Chopra 和 Sodhi（2004）对风险来源的探讨更加深入和具体，得到的结论更加丰富。他们认为，引发价值链中断风险的原因包括延迟、系统、预测、人力资源、维护与修复、原材料的可获得性、存货以及生产能力等。除此之外，Christopher 和 Peck（2004）、Manuj 和 Mentzer（2008）在各自的研究中均将价值链风险来源划分为三类，即与价值链存在环境相关的风险来源、与供应链网络相关的风险来源以及与管理过程或操作方式相关的风险来源。其中价值链环境风险来源指引起价值链系统出现不确定性或者价值链中断的相关环境扰动因素，例如自然灾害、社会政治活动和意外事件等。与这些研究不同的是，Miller（1991）和 Goldberg 等（1999）研究了几种风险来源的并发现象。

在实际操作中，价值链系统管理水平不断提高，导致价值链中断风险发生的原因更多与自然或社会环境中的扰动因素有关。在 Tang（2006）研究的风险案例中，价值链风险来源主要涉及恐怖袭击、飓风、地震以及 SARS 等不可控因素。而且，正因为这类风险来源的不可控性，价值链风险控制或管理就显得尤为重要，相关研究也更加具有前瞻性和实践意义。

与对风险来源的研究相比，价值链中断风险控制更为复杂，而且在不断发展变化的全球价值链分工系统中表现出一定的动态特征。因此，在风险控制中，透彻分析并理解导致具体风险发生的相关因素是非常重要的一环，即风险评估。Kleindorfer 和 Saad（2005）、Ritchie 和 Brindley（2007）提出了在风险评估时应该注意引发事件和风险之间的内在关联，在此基础上有针对性地研究风险控制措施。Juttner（2003）对价值链风险的不同来源、企业供应链战略的风险动力、价值链战略具体方案以及价值链风险影响后果等方面进行了详细研究，并指出这些内容在价值链风险控制中的相关关系。Juttner 的研究更注重价值链风险的系统化属性，为后人的相关研究提供了有益借鉴，但是其研究落脚点仍是微观企业，并没有将价值链风险扩大到上下游产业链系统的研究视角上。Tang（2006）对近些年来供应链中断现象的原因和结果进行了较为全面的分析，发现突发性的价值链中断风险不仅严重破坏了企业生产的连续性，甚至影响或改变企业的生产行为和战略决策。在某种程度上，价值链风险对企业的影响更加长远，价值链管理的重要性似乎超过了成本递减的意义。值得一提的是，Tse 和 Tan（2012）将价值链网络的复杂性以及风险控制过程可视化程度的降低归结为全球价值链以外包和全球化布局形式不断延伸的结果。

随着诸多专家和学者对价值链网络结构和风险发生机制进行的研究愈加丰富，研究视角不断深入，企业对价值链风险的认识已经不再局限在自身内部，其关注范围逐渐扩大到整个价值链系统。这种对价值链中断风险的研究从微观企业层面扩大到上下游产业分工系统的视角转换，从一个侧面反映了全球价值链分工的影响，也给本书研究带来很大启发。特别是 Fujita Masahita 和 Hamaguchi Nobuaki（2011）从价值链中断风险角度对东亚区域生产网络进行的研究给本书研究内容的选取提供了很好的借鉴。

但是 Fujita 和 Hamaguchi 只是着重指出了东亚区域生产网络中某些关键生产环节过度集中的问题，如全球大约40%动态随机存储器的生产能力集中在韩国首尔以及周边地区等，并没有对东亚区域价值链中断风险的传导机制进行深入分析。在此基础上，本书将价值链中断的系统性风险与东亚区域生产网络的特点相联系，立足于东亚区域的产业分工结构与贸易模式，将价值链中断风险作为全球价值链分工下东亚区域面临的一种潜在风险，进而对其形成原因以及传导机制做进一步的分析。

二、全球经济危机在东亚区域的传导

在2008年以美国次贷危机为导火索的全球经济危机中，东亚区域受到了严重冲击，区域内外进出口贸易出现大幅下降，经济增长速度也有所下滑。与美国和欧洲相比，东亚区域的金融机构系统处于较为良好的运行状况中（ADB，2009），但是为何会受此次经济危机的传染呢？对于该问题的研究视角可以归结为两种：一种是长期以来东亚区域和区域外部欧美等发达国家之间在经济发展中形成的经济关联性，另一种则是东亚区域"三角贸易模式"较为严重的外部依赖特征。

很多研究证明了第一种观点，其中比较有代表性的是 Kim、Lee 和 Park（2009）。该研究得出，东亚新兴经济体的产出冲击对发达经济体产生的影响越来越显著，而后者对前者的影响也更加强烈。这说明东亚区域经济体和区域外发达经济体之间的联系更加紧密，从一个侧面证明了东亚区域的快速经济增长与欧美等发达经济体的外部支持不可分割。

对东亚区域危机传导途径第二种观点的研究则是基于东亚区域生产网络，具体传导渠道为东亚区域中间品和最终品之间的贸易模式。例如，Obashi（2009）认为，随着区域内各经济体之间依赖性的增加，东亚区域内部建立了相对稳定的贸易联系，因此建立在东亚生产网络基础之上的中间品贸易比最终产品贸易更具有持续性。东亚最终产品的贸易格局是整个东亚贸易模式的最大弊端，长期持续的可能性不大。Athukorala（2010）也指出，东亚区域内贸易受到冲击的根源在于东亚区域生产网络存在一定的脆弱性。具体而言，区域最终产品出口过于依赖区域外部市场，尤其是欧美等经济发达国家，由此导致东亚区域在应对外部市场冲击时缺乏一定的抗风险能力，从而受到严重影响。除此之外，证明东亚区域贸易模式具有脆弱性弊端的还有 Ikuo 和 Hiroshi（2010），而且其明确定义了"东亚区域三角贸易模式"，并阐述了其作为全球经济危机在东亚区域传导途径的作用机制。

在实证方法的运用上，Obashi（2009）采用 Kaplan-Meier 估计方法和 Cox 比例风险模型研究了全球经济衰退背景下东亚区域生产网络的稳定性，Ikuo 和 Hiroshi（2010）利用最新的亚洲国际投入—产出表研究了 2008 年全球金融危机在东亚地区的传播机制，发现区域内各经济体受到的冲击影响与其各自融入区域生产网络的程度成正比。

除了对风险传导途径的研究，对风险大小的量化和测算也是重点研究对象。其中，Park 和 Song（2011）通过测算区域外冲击对东亚 9 个经济体[①]的影响得出不同结论。2008 年全球金融危机带来的冲击只对中国和菲律宾产生了

[①] 包括 ASEAN5（包括新加坡、马来西亚、泰国、印度尼西亚、菲律宾）、中国、日本、韩国、中国台湾。

极大影响，东亚区域内的冲击对韩国、新加坡、中国台湾和泰国产生的影响相对较大，来自区域外和区域内的两种冲击对日本、马来西亚和中国台湾的作用基本相同。IMF（2007）以美国 1982 年、1991 年和 2001 年的三次大萧条为主要研究时点，通过计算得到美国经济增长每下降 1 个百分点就导致东亚区域（包括中国、印度尼西亚、韩国、马来西亚、菲律宾、中国台湾和泰国）经济增长平均减少 0.5 个百分点。在全球经济危机爆发后，IMF 又在 2010 年的研究中报告了最新计算结果，即美国和欧元区 GDP 增长下降 1% 可以导致东亚区域 GDP 增长平均下降 0.3 个百分点，其中，印度尼西亚最低为 0.1 个百分点，马来西亚最高为 0.6 个百分点。

上述研究的计算结果在一定意义上反映了东亚区域与欧美等发达经济体之间经济关联性的大小，但是这些量化结果是在经济总量数据基础上通过回归结果计算得到的，而经济总量包含的因素过于宽泛，不能较为直接地反映东亚区域生产网络受到风险冲击的影响。

在国外相关研究基础上，彭支伟等（2010）对东亚区域零部件进口和制成品出口上"两头倚重"的贸易模式进行了深入研究后，通过在新开放经济的宏观经济学框架下构建出包含三国贸易和两阶段生产的动态一般均衡模型，证明了东亚经济体系存在易受外部冲击的脆弱性，并得到现有的贸易模式并不能够使东亚各经济体稳健应对外部冲击这一结论，而其他国内学者的研究侧重点主要放在对东亚区域经济一体化合作的影响以及东亚区域贸易模式转型上。

赵江林（2010）和林桂军等（2012）将东亚区域最终需求风险传导机制与东亚区域经济一体化联系在一起。前者研究了东亚地区的经济结构，认为欧美等发达经济体的这种外部力量是一把"双刃剑"，既构成东亚外向型经济增长的结构基础，推动东亚经济一体化合作，也在一定程度上影响和控制了东亚经济增长的主要制约因素。后者研究了东亚区域生产网络发展与东亚区域经济合作深化之间的关系，认为东亚地区过度依赖区域外部对最终产品需求的特征在一定程度上阻碍了东亚区域制度安排的推进动力。东亚区域的这种内需不足状况导致东亚区域经济合作水平徘徊不前，东亚各经济体应该加快推动扩大内需战略以进一步深化东亚区域经济合作。他们的研究为本书研究全球价值链对东亚区域生产网络蕴含的最终需求冲击风险提供了可资借鉴的视角，但是他们缺乏进一步的实证研究，没有得到更具说服力和可信性的量化结果。

李晓等（2010）和张坤（2013）指出了全球金融危机之下东亚地区暴露

出来的诸多问题与面临的困境，认为中国能否替代美国成为东亚地区最终产品市场提供者成为关系东亚经济是否可持续发展的核心问题，并进一步从贸易视角考察了中国作为东亚市场提供者的现状、潜力及未来前景。而且，他们都利用实证检验证实了各自的观点。其中，李晓等（2010）通过对东亚新三角贸易模式与中国扮演角色的分析以及相关的实证检验，得出中国作为东亚地区市场提供者的地位会随着中国经济增长和人民币升值趋势而进一步增强的结论。张坤（2013）运用简化的引力模型验证了中国作为东亚最终产品市场主要提供者的能力及决定因素，得到了未来中国区域市场提供能力的提升将取决于其最终消费品吸收能力的结论。

三、产业升级与分工地位锁定

全球价值链分工方式在发达国家和发展中国家之间迅速扩张并不断延伸，加深了全球范围的经济合作，也让更多的国家和地区分享了国际市场和竞争下的价值增值，在很大程度上促进了世界经济增长。除此之外，各经济体尤其是工业发展较为落后的国家参与全球价值链分工的很大一部分原因是希望借助这一分工平台实现产业升级，或者是分工地位攀升。

较早对全球价值链分工下产业升级进行研究的学者主要有 Gereffi（1999）。他首先肯定了参与全球价值链分工的过程可以令企业或国家能够有更多机会涉足高利润的资本、技术密集型的行业，进而提升自身的技术水平和生产效率以促进产业升级。而且，他还对亚洲服装产业进行了重点研究，得到了产业升级中更能发挥重要促进作用的是主导企业的结论。在 Gereffi 研究的基础上，Humphrey 和 Schmitz（2000）进一步对升级模式进行了深入研究，得到了后来被公认为全球价值链分工下产业升级的一般遵循路径，即工艺升级—产品升级—功能升级—链条升级四个步骤。与此同时，Humphrey 和 Schmitz 同样以东亚地区为研究对象，通过细致分析该地区的产业升级具体案例，从实证角度证实了他们的研究结论。此外，Antras（2005）、Feenstra 和 Hanson（2003）以及其他很多学者证实了改进的产权保护和较高质量的控制权也可以有助于发展中国家在价值链中实现升级。参与供应链的正向溢出（Positive Spillovers）也可能有助于发展中国家沿价值链升级。

以这些研究为基础，国内学者对产业升级的路径和要素进行了更加具体的研究。例如，刘锦英和聂鸣（2006）在考虑了地理和文化因素后，认为产业升级要素包括技术水平、科研创新、外部学习、资本支持以及区域环境等几个方面。而张辉（2006）从购买者驱动和生产者驱动这两种价值链形成机制分别研究了二者遵循的升级规律，发现二者在从工艺升级到功能升级的顺序中恰好相反。聂鸣和刘锦英（2006）从另一个视角研究了全球价值链嵌入位置对升级路径的影响，对产业升级路径的影响因素考虑得更为全面。

虽然国内外很多学者提出的全球价值链分工下产业升级路径均具有一定的理论意义，但是在现实过程中，这些升级路径并不一定能实现，也就是说产业升级不是一个必然过程，相关企业或国家可能面临分工地位锁定的状况。

对于价值链分工地位锁定的原因，Kaplinsky（2000）归结为企业依赖低工资和低价格保持竞争优势的"短视"行为，Messner（2004）认为，全球价值链复杂的层级治理模式存在非对称力量，往往导致发展中国家的下游厂商很难攀升到价值增值链的中端或高端生产环节，从而出现分工地位低端锁定。

由此，发展中国家在全球价值链中面临分工地位锁定风险成为后来学者在研究全球价值链问题时非常关注的一个问题。而东亚区域生产网络成为这一问题的代表，该区域的发展中国家尤其是中国逐渐成为主要研究对象。Dean 等（2009）利用垂直专业化（VS）数据对中国的全球价值链分工地位进行了研究，显示行业之间的国外要素含量差别很大。根据分割的投入—产出表估计的2002 年中国计算机和电子通信设备的出口中国外要素含量大于 90%，说明中国在 IT 相关的产业链中处于末端地位。相反，中国金属产品、一般机械以及造纸等资本密集型行业的出口中国外要素含量为 40%~50%，纺织品等劳动密集型行业的出口中这一比例仅为 25%。而喻春娇和王雪飞（2012）将东亚区域生产网络的"生产分工模式"概括为，将产品研发环节定位在技术能力最强的国家或地区，将生产组装环节定位在劳动力成本较低的国家或地区，而将最终产品主要出口到东亚区域外市场。

在实证研究方面，Dean 和 Fung（2009）利用 Dean 等的 VS 指标以及两步估计方法，分析了各个行业中加工贸易量及其国外要素含量。研究结果表明，R&D 密集型行业更倾向于控制或保留生产链条中的大多数生产阶段。这些数据有助于我们研究发展中国家是否在向全球价值链的高位攀升以及向什么位置攀升，帮助我们检验要素积累、产权改进以及正向溢出等要素在发展中国家某一时点所处位置以及随时间改变位置发生变化过程中所起的作用。喻春娇和王雪飞（2012）通过对中国的制造业行业进行面板数据检验，得到东亚区域生产网络对提高中国资本、技术密集型生产部门的竞争力并没有显著的技术溢出效应，而只是在一定程度上表现出劳动生产率提高效应。而且，对于劳动、资源密集型部门出口竞争力的提升，东亚区域生产网络在技术溢出效应和劳动生产率效应两个方面表现都不显著。他们将出现这种结果的原因归结为中国在全球价值链分工中的参与地位不高。中国资本、技术密集型产品生产部门并没有体现出技术外溢现象，恰恰说明了中国制造业在 GVC 中的分工地位没有上升，面临着 GVC 分工地位锁定的风险。丁宋涛、刘厚俊（2013）对后发工业国如何实现全球价值链地位攀升进行了较为深入的理论研究。他们运用 Hay 和 Morris 的两阶段模型，对价值链分工地位的动态演变决定因素进行了剖析，认为在垂直分工演变过程中，知识、技术的投入有助于全球价值链地位的攀升。

上述研究对分工地位锁定的原因和影响进行了理论论证和实证分析，并得到一些一致结论，例如，分工地位较低的国家应该重视人力资源的培养和知识技术水平的提升，这样才有利于扩大国际分工收益，以防出现"分工地位锁定"的风险。但是即使存在分工地位锁定风险，全球价值链分工下各参与经济体的分工地位也是一个动态变化过程，在某种程度上，这种动态过程本身就能反映出一国或地区是否面临分工地位锁定风险或者承受的风险大小。就东亚区域而言，对于整体或个体层面分工地位的实证分析或现实研究较为匮乏，稍显不足。

第三节 东亚区域货币金融合作

区域货币金融合作的理论基础，正式开端应该源于蒙代尔（Mundell，1961）的最优货币区理论（Optimal Currency Areas，OCA），沿袭这一理论，很多学者致力于该领域的研究，围绕最优货币区标准等问题展开一系列探讨和研究。对东亚货币金融合作的最终目标，在学术界和政府间并未达成统一的共识，艾臣格林（Eichengreen，2005）曾经将有关学者提出的"亚洲单一货币规则"视为"社会科学领域的幻想"。① 即便如此，在全球范围内仍然有很多

---

① 即便如此，艾臣格林却投入了大量的精力对东亚货币金融合作进行研究，并为这一领域贡献了大量的文献。

专家和学者对东亚区域货币金融合作的相关问题进行了深入细致的研究和有益的探讨。

在对东亚区域货币金融合作理论基础的追本溯源中，同样以最优货币区的相关标准作为参考和衡量的起点。整体而言，围绕东亚货币金融领域的研究主要集中在三个论题中：一是以最优货币区理论为基础，总结借鉴欧洲联盟的货币一体化经验，考察东亚区域货币金融合作的基础和条件；二是以东亚货币金融合作的可行性为基础，研究东亚区域货币金融合作的发展阶段和实现路径；三是东亚区域金融一体化的具体模式以及货币一体化中主导货币的选择。与此同时，很多研究也涉及东亚区域货币金融合作进程中面临的困难与挑战，其中包括成员间经济发展水平存在一定差异；区域金融市场深度和广度存在较大不足；区域内各国及地区进行货币金融合作的政治意愿不够强烈；等等。

一、最优货币区标准

最优货币区理论的产生背景是关于汇率制度选择的一场争论。20 世纪 50 年代，国际经济学领域的学者们对固定汇率制度与浮动汇率制度的优劣性展开了激烈的争论，这场争论的焦点停留在了对两种汇率制度本身的批判上。蒙代尔（Mundell，1961）对最优货币区理论进行了开创性的设想，其关于最优货币区的概念是在浮动汇率制和固定汇率制之间找到一种最优区域界线，而且在世界范围内存在不止一个这种界线，该界线的意义在于将世界分为不同货币区域，各区域内采用固定汇率制，而在不同区域之间可以实行浮动汇率。

具体而言，通过地理划分将某一区域定义为最优货币区（OCA）。一方面，在这个区域内，一般的支付手段或是单一的共同货币，或是几种货币，这几种货币之间具有无限的可兑换性，其汇率在进行经常交易和资本交易时互相钉住，保持不变；另一方面，区域内的国家或地区与区域外的国家或地区之间的汇率保持浮动[①]。在蒙代尔的这一理论中，"最优"的真正内涵和核心要义在于以某一区域为整体，在其内部和外部的宏观经济目标、宏观经济政策之间寻找平衡点。

蒙代尔认为，某一区域形成最优货币区的首要标准是要素的自由流动。他

---

① 彼得·纽曼，默里·米尔盖特，约翰·伊特韦尔. 新帕尔格雷夫货币金融大辞典（第三卷）[M]. 北京：经济科学出版社，2000.

认为需求的转移会导致国际收支不平衡。假设某一区域内存在 A、B 两国，两国之间要素不能自由流动。当需求从 B 国转移到 A 国时，一方面，通过汇率浮动可以达到外部平衡。因为 B 国货币贬值，A 国货币升值，因此可以在一定程度上减少 B 国失业，抑制 A 国通货膨胀；另一方面，这一调整又会进一步造成 B 国的通过膨胀与 A 国的失业增加。由此可见，汇率浮动可以实现外部平衡，却无法达到内部平衡。如果 A 和 B 两国之间可以实现要素的自由流动，B 国在失业减少后逐渐实现的超额供给与 A 国的超额需求会随着要素从 B 国向 A 国的转移而消失。在这一机制中，包括劳动力和资本在内的要素市场一体化起到了减轻改变要素实际价格压力的作用，因此，A、B 两国不必为了改变要素实际价格而改变汇率，在一定水平下，要素的自由流动可以替代价格——工资的自由浮动。

麦金农（McKinnon，1963）则认为，应该把高度开放性作为最优货币区的重要判别依据。经济开放度指一国总产出中"可贸易"商品与"非可贸易"商品的结构比例。一个开放经济体如果运用汇率手段来纠正国际收支平衡，其结果很大程度可能将是相对价格的高度不稳定性。本币贬值可以引起可贸易产品价格上涨，其结果将导致所有商品价格水平的全面提升。但是，如果因此而限制价格上涨，则很可能会导致需求大量减少以及失业率大量增加。与此相反，如果一个国家或地区非贸易品的结构比例较大，当该国货币面临汇率调整时，为了维持价格总指数稳定而导致需求减少和失业增加的幅度会小很多。除此之外，开放经济不存在货币幻觉，因此汇率的国际收支调节效应作用不大。在这层意义上，高度开放的经济区域应该组成相对封闭的货币区，进而实现对宏观经济目标的有效调节。

凯南（Kenen，1969）指出，最优货币区的一个重要标准是产品多样化。他认为，一个产品高度多样化的经济不必像单一产品经济那样必须经常根据贸易情况来改变汇率。如果一个国家或地区具有产品多样化的经济特征，每一个产品所属行业涉及的就业只占总就业的较小比重。因此，当出口需求下降时，由此引起的相关行业失业变动在总就业中显著性较低，其总失业率的变动幅度要远远低于单一产品经济体。

英格拉姆（1962，1969）主张将"国际金融高度一体化"作为最优货币区的重要标准。他认为在一个高度一体化的金融市场内部，弹性汇率制并不具有必要性。这主要是因为：首先，金融市场的高度一体化为金融要素的自由流动提供了空间基础，区域内国家或地区之间较高的金融一体化水平可以通过资本应对冲击之下的流入和流出抵消不对称冲击的影响。其次，高度金融市场一体化说明了成员国之间相互持有金融资产的比重较高，在一定程度上实现了金融合作的微观基础，即家庭部门的国际化投资组合可以起到平滑经济冲击造成的财富效应和收入效应的作用。除此之外，英格拉姆（1969）还认为，蒙代尔、麦金农和凯南等都不同程度地忽视了货币本身的作用。他提出国际金融市场一体化还需要包括短期和长期有价证券，由此形成远期市场和限期市场之间的价格互动、风险分散的稳定效应。

除此之外，关于最优货币区的研究标准还有很多，综合来看，主要包含四个方面：劳动力和资本的流动性，经济体的开放度，经济趋同程度和受外部冲击的对称性，以及宏观经济政策目标的一致性。

二、金融一体化标准

在金融一体化标准中，诸多相关研究将分析视角聚焦在区域金融市场自身发展水平和结构层次是否具备一定的条件基础，前面所提及的蒙代尔关于最优货币区的理论其实也隐含了这一条件基础。在最优货币区理论中，生产要素、金融资本等资源是否能自由流动，在很大程度上影响了区域内部汇率自由浮动能否对经济冲击起到缓释和对冲作用，从而决定了最优货币区发挥经济效应的可能性以及程度。

20世纪90年代以来，世界范围内经济和财富的快速增长带动了金融产业的高速发展，全球范围内金融资产规模远远超过实体经济规模，金融市场对一国或地区经济发展的影响越来越显著，金融市场本身的宏观经济效应和微观经济效应开始走进主流理论的视野，相关领域对金融市场这一要素的研究和分析在经济增长和经济发展理论中所占比重不断增加。

英格拉姆（1962）首先提出了国际金融市场对建立统一货币的重要性，他指出，国际资本的高度流动性可以在一定程度上替代汇率政策，从而对一国的国际收支不平衡进行调节，因此，基于金融市场的高度金融一体化可以作为最优货币区的标准。

托尔和威莱特（Tower 和 Willett, 1970）批评了英格拉姆理论并不严谨，存在一定缺陷。首先，英格拉姆的理论前提是国际资本流动的均衡性，而实际上跨境资本流动不一定都是均衡性的，可以有非均衡性的，这一点理论缺陷其实在蒙代尔的理论当中也存在。其次,当时,在居民持有金融资产的偏好中,并不是所有微观主体都对持有国际资产配置感兴趣,国际收支顺差国的居民不想大量持有国际收支逆差国的债券,从而导致在实际中并不一定任何国家都能大量吸收来自国外的金融资产。最后,英格拉姆认为,短期利率变动虽然能够引致国际资本流动以实现短期均衡,但这只是在一定程度上起到弥补国际收支不平衡的作用,并不能够从根本上调节国际收支不平衡。

蒙代尔(Mundell,1973)的观点与托尔和威莱特的观点截然不同。由于蒙代尔是金融自由化的倡导者,因此他认为如果取消资本管制,在汇率制度可信的条件下,某一固定区域内的国际资产可以被吸收和分散,该区域各成员国受到来自区域外部不对称冲击所引发的风险可以在一定程度上被分散,从而实现区域整体风险程度的降低。按照这一逻辑,如果一个足够大的区域能够建立共同货币区,并且区域内成员国加入货币联盟之后可以形成一个能有效配置金融资产的国际市场,那么来自区域外部冲击的金融风险可以在不同成员国之间通过资本流动得以分散。

克鲁格曼(1993)指出,区域开展货币金融合作,由于规模经济和交易成本的节约,各国的产业专业化程度会加剧,加大了各国面临不对称冲击的可能性,从而该区域货币金融合作的成本会有所增加。而弗兰克尔和罗斯(1998)提出的观点恰恰与克鲁格曼相反。他们认为,如果某一区域内各国或地区之间的贸易类型主要被产品内贸易主导,当发生来自区域外部的需求冲击时,区域内货币金融合作会在一定程度上推进成员国之间的贸易一体化,从而导致经济周期同质化[①]。

三、东亚货币金融合作前景

诸多学者对于东亚货币金融合作问题的探讨,主要聚集在东亚货币金融合作的市场基础、可行性分析以及货币金融合作产生的经济效应中。

布劳威尔(Brauwer,1999)在对东亚区域经济一体化的研究中,立足于东亚经济体,深入剖析了金融一体化对东亚区域经济增长的影响,其中包括对国内资本形成、国际收支平衡以及均衡汇率的影响。他经过对经验案例的实证分析,认为东亚区域中的韩国、泰国、马来西亚以及中国台湾由于实行了完全

---

① 罗斯等随后也对此进行了实证检验,可以参考罗斯(2000)、罗斯和恩格尔(2000)。

的资本账户开放，均不同程度地经历了本币升值降低国际竞争力的过程。

  C. Randall Henning（2003）以全球化经济发展为背景，从横向与纵向两个维度深入解析了东亚金融合作的原因、发展特征、演化进程与未来前景。在全球经济政治格局的视角下，东亚金融合作不再是一个区域内经济组织行为或者单独的发展目标，而是蕴含着更加广泛和宏观的深远意义。兰德尔系统阐述了东亚金融区域主义观点的由来、存在基础、发展意义，为东亚区域经济一体化课题研究的相关专家和学者提供了一些用以判断东亚金融合作乃至全球各区域金融合作与金融一体化利弊的科学指标。通过对东亚区域货币金融合作的相关进展和具体活动与东亚区域外的货币合作进行有益比较，在此基础上透彻分析了东亚货币金融合作中存在的问题和阻碍，并从经济利益平衡的角度对东亚区域内各经济体间利弊得失进行了彻底剖析，将东亚金融合作的前景和路径指明在众人眼前。

第三章
相关理论基础

本章作为全文理论部分的开端,将对全球价值链(GVC)相关理论做较为全面的阐述,以便为本书后续部分对东亚区域经济整合及潜在风险的现实研究、传导机制分析以及实证检验提供基础的理论借鉴。本章主要包括三个部分,即全球价值链理论的形成与发展、全球价值链分工影响经济整合的相关理论和全球价值链风险理论。

按照时间顺序,全球价值链概念的产生以及理论发展经历了价值链理论和全球商品链理论,我们将对此进行阐述,以便更清晰地展现全球价值链分工理论的含义和意义。在此基础上,作为全球价值链理论在实际中的发展和应用,我们又对贸易附加值理论进行了深入分析,包括全球价值链主导的贸易模式中贸易附加值概念的重要性,并着重介绍了 Koopman(2010)的 GVC 分解方法。贸易附加值的概念为我们在全球价值链视角下研究与生产分工和贸易模式相关问题提供了较为科学和准确的应用工具,而且,Koopman GVC 分解法也是本书在后面章节中进行实证研究时构建相关衡量指标的基础。

正如前文所述,本书将东亚区域经济整合的概念界定为以生产分工网络为基础的经济一体化过程。因此,我们对全球价值链分工影响经济整合的三个相关理论进行了阐述,即上下游分工结构理论、二维生产分割理论以及空间集聚与分散理论。从研究视角上看,这三大理论分别从微观、中观和宏观层面对GVC下分工合作结构的形成进行了阐释,尤其是后两个理论之间的相互联系与共同作用促进了东亚区域生产分工网络的形成与发展。本章的理论分析将为第四章中分析东亚区域潜在风险形成机制的研究提供理论基础和借鉴,也是后面章节中对东亚区域经济整合现状进行现实分析的理论依据。

在最后部分,我们将针对全球价值链分工对其参与经济体或产业集群蕴含的风险进行详细分析,包括供应链风险、鞭长效应以及嵌入型依赖风险三个理论。其中，供应链风险理论是从微观企业角度来考察 GVC 风险的，鞭长效应的研究视角是贸易结构，而第三种风险理论则是从 GVC 分工地位层面分别对发展中国家和产业集群进行针对性分析。这些理论都将为第四章对全球价值链给东亚区域经济整合带来的潜在风险进行分析提供理论铺垫。

第一节　全球价值链理论的形成与发展

全球价值链（Global Value Chains，GVC）理论的形成历经了价值链（Value Chains）理论和全球商品链（Global Commodity Chains，GCC）理论的发展，是对后两个理论在研究对象、研究范围和研究层次上的融合与升级。全球价值链理论立足于微观产品生产价值链，为宏观国际分工合作框架提供了更系统、更科学的理论阐述。全球价值链理论不仅高度概括了国际生产分工一体化，而且深刻解释了全球贸易的网络一体化特征，为经济的全球化发展提供了一个全新视角的理论基础。除此之外较为重要的是，随着全球价值链成为国际贸易模式的核心主导，对国际贸易的统计方式也产生了颠覆性的变革。根据全球价值链理论的分工方式和贸易原则，总价值视角的传统国际贸易统计方式已经无法正确反映国家间的贸易利益分配，从而产生了附加值贸易统计方式。在此基础上，全球价值链分解理论应运而生，成为全球价值链理论在国际贸易研究中的重要应用工具。

一、全球价值链理论的形成

作为全球价值链理论发展形成的前身，价值链理论和全球商品链理论的出现功不可没。其中，价值链理论在 20 世纪 80 年代被提出，提出者包括美国哈佛大学商学院教授迈克尔·波特（Michael E. Porter）和哥伦比亚商学院教授布鲁斯·考加特（Bruce Kogut），前者的观点从企业视角出发，后者则侧重企业竞争力和国家比较优势的结合。进入 90 年代后，格里芬（Gereffi）立足于产品生产链条内的国际空间整合，提出了全球商品链理论，为全球价值链理论的最终形成提供了有力论证。

（一）价值链理论

Porter 在其著作《竞争优势》中提出了"企业价值链"的概念。他认为，企业的一系列生产活动被划分为性质不同的两大部分。一部分为生产性基本活动，包括内部管理、生产作业、市场营销、包装运输以及售后服务等方面；另一部分则为支持性辅助活动，包括原材料采购、设计研发、人力资源管理、硬件设施以及财务会计等方面。这两部分企业活动直接或间接构成企业的价值创造系统，即企业价值链。由此，这些原本被视为独立的企业活动被浓缩为一个个生产环节，相互之间彼此影响，共同决定企业的业绩水平。在考察企业的经营业绩时，企业价值链中一切活动引发的成本都应算作总生产成本，由此才能真正反映出企业的盈亏状况和市场竞争力。同理，在考察企业竞争优势的时候，价值链中某一环节的优化并不代表整体优势的提升，各环节之间的协调发展才是企业竞争优势提升的根本（见图3-1）。

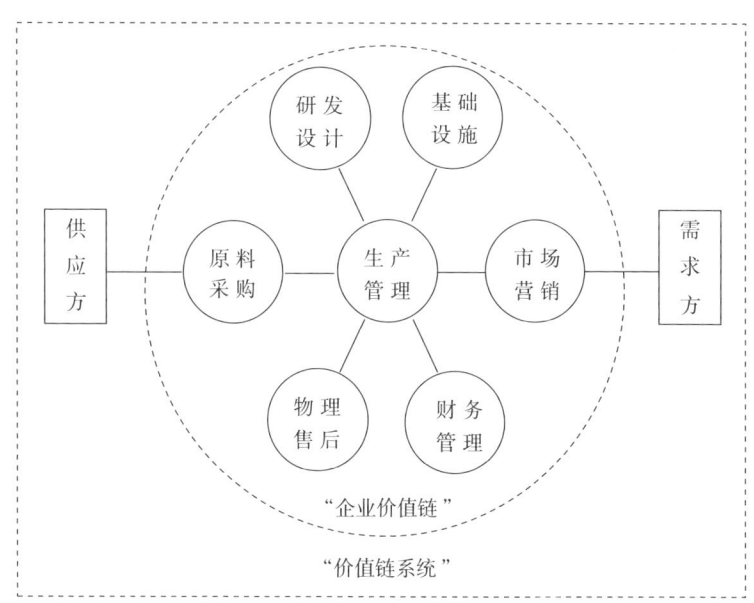

图3-1　Porter的"企业价值链"和"价值链系统"

资料来源：笔者根据Porter相关理论绘制。

在此基础上，Porter还提到要将价值链概念从企业内部扩展到企业之间，将企业与其上游供应企业和下游需求方之间的关联性综合到企业价值链之中，发展了"价值链系统"的概念。由此，供应方的上游价值和需求方的下游价值也成为考察企业竞争优势的一部分，影响企业的市场竞争力。Porter提出的

"企业价值链"将企业单独的生产活动综合成一系列生产环节形式，为"全球价值链"理论奠定了最早的微观基础，而其"价值链系统"的意义也反映在全球价值链理论的上下游生产关系中。

同一时期，Kogut将"企业价值链"上升到"价值增值链"的层次，并以此来研究企业的国际竞争力。他认为企业价值链中各个环节共同协作生产出最终产品，在最后的市场营销环节，企业完成了价值实现，由此产生一个价值循环过程，即"价值增值链"。与Porter的价值链理论相比，Kogut的创新之处在于将价值链的空间范围扩大到企业间分工合作层面上。在"价值增值链"中，单个企业可能参与了其中一个环节，也可能参与其中所有环节，而决定因素则是国家的比较优势。当把价值链系统置于整个全球范围内时，一国的比较优势决定了其在价值增值链中所处的生产环节，进而影响企业在价值链中的生产战略以及竞争优势。由此，Kogut将国家比较优势和企业竞争力结合起来，将价值链在生产环节间的垂直分离上升到全球分工合作层面，与Poter单纯强调企业竞争优势的价值链理论相比，前者对全球价值链的形成和发展具有更为重要的意义。

（二）全球商品链理论

进入20世纪90年代，随着产品内分工形式开始出现并广泛流行，以产品为单位的价值链分析逐渐受到重视。Gereffi于1999年在深入研究美国零售业价值链的基础上提出了"全球商品链"的概念。产品内分工合作实现了某种产品生产过程中的不同环节在不同地区之间的分割，各国家（地区）以各企业为执行主体形成产品层面的国际生产网络，即全球商品链。全球商品链不仅将微观企业和国家政府两个层面的经济主体紧密联系在一起，还将整条产品价值链从一头一尾两个环节进行不同方向驱动力的比较分析，即生产者驱动型和购买者驱动型。在生产者驱动型价值链中，以大型跨国企业为主体的生产方推动着商品价值链在全球范围内的布局和整合，它们在企业跨国并购以及资源配置中发挥了主导作用。而在购买者驱动型价值链条中，采购商在国际生产网络中决定其他生产环节（如研发以及市场营销等）的发展方向，并控制整条产品价值链中的价值分配，由此被称为"没有工厂的制造商"。值得一提的是，Gereffi（2003）利用两种商品价值链理论对不同时期世界主要出口国的贸易活动进行了深入剖析，认为20世纪60年代的日本、70年代的东亚区域"四小龙"以及90年代的中国之所以获得贸易的加速扩张，主要源于购买者驱动型产品价值链的推动作用。

Gereffi 的全球商品链理论对全球价值链理论贡献最大的地方不仅在于形成了以产品为系统的国际化垂直分工体系，更重要的是该理论还引入了"投入—产出"分析结构。Gereffi 认为，全球商品链是按照投入—产出的增值原则有序连接起来的，两种不同驱动类型的商品价值链也决定了价值链增值的不同原则。

(三) 全球价值链理论

经过"价值链理论"和"全球商品链"理论的发展延伸，国际生产分工网络以及其中的利益分配体系在经济全球化中的作用和地位已经越来越重要。但是这些理论的不足之处在于，它们虽然将国家比较优势纳入其中，但是没有完全突破产品层面的控制主体，换句话说，相比于国家层面，它们更加强调微观企业在价值链中的主体地位。而且，它们对竞争力以及比较优势的判断和分析基本停留在静态层面，片面地将价值链系统当成全球化分工协作的生产方式。而"全球价值链"理论的提出对价值链系统在经济全球化中的功能和地位赋予了新的诠释。它不仅分析了价值链在国际生产分工协作中的重要作用，还强调了价值链本身的内部动态演变和价值链升级。

全球价值链概念最早由 Krugman 在 1995 年提出，主要指在全球生产分工网络中，每个国家或地区由于从事特定生产阶段的活动而获得相应增加值的利益分配。与价值链理论和全球商品链理论不同的是，全球价值链理论强调了企业在不同价值环节之间进行空间地理配置的能力，从而将全球价值链分工与产业转移、产业重组和产业升级联系在一起，进而突出了全球价值链内部的动态机制及其在经济全球化中的治理功能。更为重要的是，全球价值链将"生产垂直分离"和"贸易一体化"联系起来，认为价值分配的根源在于生产分割，而实现形式是各个国家或地区之间大量、频繁的国际贸易，这对于研究国际分工的扩大以及全球贸易的快速增长提供了更为准确的研究视角。

在随后对全球价值链理论的相关研究中，出现了 Freestra（1998）的"产品内分工"理论、Arndt 和 Kierzkowski（2001）的"片段化"（Fragmentation）理论，都是针对价值链分工的空间地理配置问题提出的。而对于"全球价值链"的官方定义则由联合国工业发展组织（UNIDO）于 2002 年做出了较为权威的界定。根据 UNIDO 发布的 2002~2003 年全球工业发展报告，全球价值链的定义包含了对各个生产环节内容的具体描述，并涉及全球价值链在利益分配、生产效率以及企业的全球化衔接等方面的功能，关注的焦点在于价值链分工内部不断变换的契约关系以及资源配置方式。

二、贸易附加值理论

伴随着全球价值链理论在国际贸易理论中逐步确立核心地位，全球价值链分工主导的附加值贸易也成为 21 世纪贸易的主要模式。附加值贸易以产品内贸易为实质内容，表现形式为中间产品①贸易。在全球范围内，中间产品贸易的增长速度已经远远超过最终产品贸易的增长速度，成为促进区域内经济发展的主要动力。"世界制造"和"任务贸易"对传统"货物贸易"的颠覆使贸易附加值的概念在实际统计计算工作中的重要性逐渐凸显，很多学者乃至国际机构也纷纷对贸易附加值的测算方法进行研究。其中较为有代表性的是 Koopman（2010）对全球价值链的分解理论，也是本书在后续实证研究中对全球价值链相关指标进行构建时的主要参考依据。

（一）贸易附加值理论的产生

由于中间品贸易的影响，很多学者发现，传统统计方式下的贸易数据存在一定程度的"多重计算"，而且随着全球化生产在越来越多的国家和部门之间进行分割，"多重计算"的程度会更加严重，以至于在对国际贸易相关问题的研究②中造成相当程度的偏差。这一偏差主要体现在三个方面。首先，由于中间产品在被制成最终产品之前可能经过多次跨国贸易，会被多次计入双边贸易数据，导致传统贸易统计数据中的"多重计算"。因此，使用传统贸易数据计算的贸易流量和贸易开放度存在一定程度的高估。其次，基于中间产品、零部件和元器件贸易数据的分析需要依赖于对中间产品和最终产品的分类，但这种分类往往带有主观臆断性，可能导致研究结果的偏差。最后，重要的一点是，基于传统贸易统计的分析不能追踪价值增值的根源或者量化每个国家在生产分工网络中为创造产品总价值所做的贡献，无法为研究价值链的本质特征和增长原因提供系统性证据。

（二）贸易附加值统计方式的意义

贸易附加值的统计方式对解释诸多国际贸易问题有独特的优势。例如，一直以传统贸易统计方式下的总贸易数据衡量的双边贸易平衡问题，在附加值贸

---

① 按照 BEC 的划分方式，按照生产工序的三阶段将贸易种类划分为初级产品（Preliminary Goods）、中间产品（Intermediate Goods）和最终产品（Final Goods）。

② 相关问题主要包括贸易利益分配、贸易地位、贸易收支、贸易竞争力以及经济体依赖关系等方面的研究。

易统计方式下会发生较大变化。例如，中美贸易收支近些年来受到极大关注。确实，美国对中国的贸易逆差占据了美国所有贸易逆差的一大部分，大约为35%。但是，很多国家向中国出口中间产品然后经过加工制造再出口到美国（与之相类似，美国出口中也包含中国和其他国家的国外附加值）。除去出口和进口中包含的中国国外附加值之后，美国对中国的贸易赤字占总赤字的比例下降到将近20%。

再如，按来源国分解出口中的国外价值增值将有助于我们理解供应链的扰动如何具有溢出效应。贸易量的扰动可能是由政策导致的，如最惠国待遇或者区域贸易协议等，也可能是由自然原因引起的，例如日本最近的一次大地震。在任何一种情况下，如果能追踪国外价值增值的来源将有助于我们理解供应链扰动产生的影响。从贸易伙伴（例如日本）进口带来的冲击不一定意味着一国（例如中国）的总出口会按照该国出口中贸易伙伴价值增值所占份额（例如中国总出口中的日本价值增值）出现相应下降。影响程度将依赖于冲击的本质和替代品的可获得性。因此，使用附加值贸易数据进行分析无疑是较为科学和正确的选择。

此外，使用正确的附加值贸易数据可以提高汇率估价的正确性。以附加值贸易权重为基础的真实有效汇率比基于总贸易数据权重的汇率更能准确地反映一国的竞争力。转向以附加值贸易为权重很可能具有更重要的意义。IMF（2011）研究发现，处于供应链下游的位置可以缓解相对价格变动对出口和进口造成的影响。这反映了下游国家出口中较高的国外要素含量减轻了汇率的影响。

（三）全球价值链分解原理

对一国出口数据进行 GVC 分解，就是要追踪最终产品中包含的附加值根源，还原各个国家或地区在全球生产分工网络下的价值创造，进而便于分析贸易与各国经济增长之间的联系（樊茂清等，2014），对此，Krugman（2010）提出了一种清晰具体的 GVC 分解原理。

根据 Krugman 等（2010）对 GVC 分解原理的描述，一国总出口（EX）的附加值构成包含以下几项：①最终产品出口中包含的国内附加值（FDV）；②中间产品出口中包含的国内附加值，且该中间产品被进口国用来生产国内需求（NDV）；③中间产品出口中包含的国内附加值，且该中间产品被进口国加工生产后出口到第三国（TDV）；④中间产品出口中包含的国内附加值，且该中间产品被进口国加工生产后再出口回本国（RDV）；⑤国外附加值（FV）。

其中,①、②、③、④之和即为一国出口中包含的所有国内附加值(DV),②、③、④是基于中间产品进口国的使用目的对国内价值含量所做的进一步分解。但是,这四项中只有前三项属于真正被其他国家利用的国内附加值,而第四项经过数次跨国流动之后最终流回到本国,由国内最终需求所吸收。此外,①+②表示直接出口的国内附加值(DDV);③表示间接出口的国内附加值(IDV)。如图 3-2 所示。

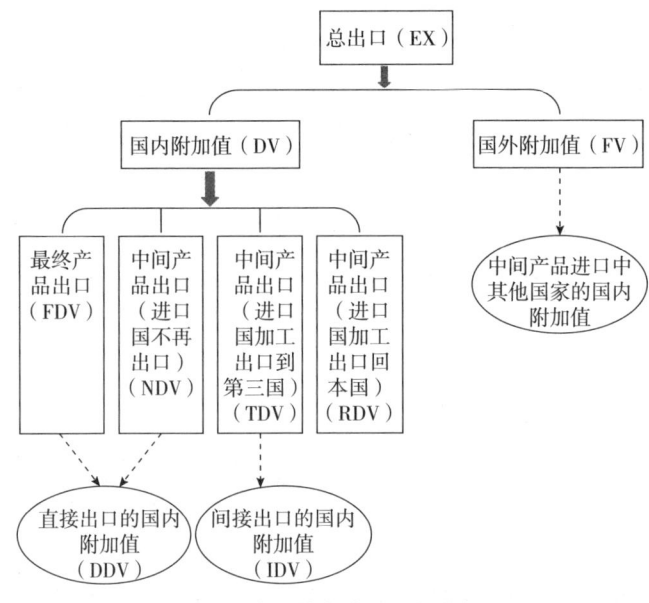

图 3-2　总出口的全球价值链分解原理

注:实线箭头表示 GVC 分解结果,虚线箭头表示补充说明。
资料来源:笔者根据 Koopman(2010)整理编制。

第二节　对全球价值链分工影响经济整合的理论分析

就表面意思而言,"经济整合"(Economic Integration)即"经济一体化",二者可以视为同一个词语的两种翻译结果。但是即便如此,"经济整合"与"经济一体化"在内涵意义上稍有不同。其中,从词语传递的信息来看,"经济整合"更加能体现区域内生产资源和经济活动逐渐融合的过程，即国家（地区）之间彼此消除在商品、服务以及生产因素流动等方面的障碍与限制，从而实现生产要素市场、商品市场以及服务市场的逐渐统一的过程。一般参与经济整合的国家大多是某一区域内在地理上相邻或者相近的国家，由此出现了区域经济整合（Regional Economic Integration）的概念。而"经济一体化"更多强调的是经济整合的目标结果。按照 Balassa（1961）对区域经济一体化实现路径的分析，经济一体化程度应该随着线性方式变化：即自由贸易区—关税同盟—共同市场—经济和货币联盟—区域经济一体化。从这一角度而言，经济一体化的概念似乎更加庞大，涵盖范围更加广泛。而且，就东亚区域现实状况而言，其经济整合很大程度是建立在东亚区域生产分工结构基础上的东亚区域生产网络调整与融合的过程，与全球价值链分工之间的概念联系更加紧密和自然。鉴于此，我们在选题时应用经济整合概念而不是经济一体化概念。而我们对东亚区域经济整合的研究也是以东亚区域生产分工网络以及由此形成的东亚区域贸易模式为主要内容。

全球价值链分工影响经济整合的理论可以从三个层面进行归纳，即上下游分工结构理论、二维生产分割理论和空间集聚与分散理论。从作用机制而言，这三个理论的研究视角有着根本的不同。上下游分工结构理论与全球价值链分工下中间品贸易紧密相连，在一定程度上解释了中间品贸易的产生发展，而且它是对价值链分工下各生产环节间关系的核心概括，也是全球价值链不断广泛覆盖和纵向延伸的实现形式。从这个角度而言，上下游分工结构属于较为宏观的分析。二维生产分割理论是针对东亚区域生产分工模式提出的，从生产主体对生产环节定位选择的角度较为系统地解释了东亚区域生产分工结构和贸易模式的形成原因。因此，它是从微观企业视角研究分工结构问题的理论。而空间集聚与分散理论强调了产业集群的观点，介于前两个理论的研究层次之间，属于一种中观视角。本节将对这三个理论分别进行分析阐述，以便更加清晰地说明全球价值链如何决定分工结构。

一、上下游分工结构理论

在全球价值链主导的国际生产分工网络中，很多产品的生产过程按照生产工序被分割成一系列生产阶段，从而衍生出以中间品为主要内容的产品内贸易模式。随着全球价值链覆盖范围的不断扩大，越来越多的国家（地区）参与到其中，它们凭借自身特有的比较优势从事某一特定阶段的生产活动，在不同的生产分工地位上结成相互依赖的上下游供应关系。这种全球化的普遍现象得到很多专家和学者的关注，出现了大量相关研究文献。其中，很多学者针对生产分割结果如何影响国家间的贸易规模、贸易模式以及贸易结构进行了详细系统的研究①。

垂直专业化分工兴起于20世纪六七十年代，随着全球价值链的逐渐形成，它使国际分工深入到了产品的生产阶段内部，每个国家只在产品生产工序的特定阶段进行专业化生产，从而结成不同类型的上下游分工结构。其中的生产环节可能属于零部件生产环节，或者组装装配环节，或者是最终生产环节。在前两种生产环节下，其生产产品为"中间产品"，而在后一种生产环节下，其生产产品则为"最终产品"。在投入—产出关系的影响下，上下游分工结构直接导致了中间品贸易的兴起和膨胀。从实证研究来看，很多经验研究表明，垂直专业化分工使全球中间品贸易在国际贸易中的比重大大上升，对各国的生产效率以及出口绩效产生了重大影响②。

随着上下游分工结构在国际范围内的广泛开展，跨越多个国家的垂直贸易链不断延长，每个国家只在商品生产的某个或某几个生产环节进行专业化生产。其主要特点是一国向他国进口中间品作为本国产品的投入品，并利用进口的中间品生产加工后出口至第三国，第三国再将进口品当作中间品投入，这样的过程一直持续到最终产品出口至最终目的地为止。图3-3较为细致地显示了上下游生产环节之间的投入—产出关系如何形成中间品贸易。其特殊之处在于将中间品生产环节区分为零部件生产与加工装配生产两种工序。

在图3-3中，每一个单元格表示一个生产环节。其中，X、Y、Y′为中间阶段的加工组装生产环节，Z是最终产品生产环节。而x_1、x_2、y_1、y_2、y'_1、z_1等一系列小写字母代表的生产环节为零部件生产环节。箭头代表了零部件或组装配件的流动轨迹，即中间品贸易方向，而箭头的两端则分别代表上游、下游生产关系。可见，其中各个生产环节之间都是存在直接或间接影响的。而且，结合中间品贸易结构，各生产环节按照它们各自所处的位置不同，对其他环节的影响程度也不同。显而易见，就影响环节个数来看，x_1、x_2的影响最

---

① 相关研究可参照Feenstra和Hanson（1996）、Yi（2003）、Grossman和Rossi-Hansberg（2008）等相关文献。
② 相关研究可参照Audet（1996）、Campa和Goldberg（1997）以及Hummels等（2001）等文献。

大，而且，零部件生产环节会直接影响加工组装生产环节，间接影响其他组装环节和最终品生产环节；而加工组装生产环节却不尽然。这一启示为我们后文分析东亚生产分工网络中价值链中断带来的潜在风险提供了一定的理论基础。

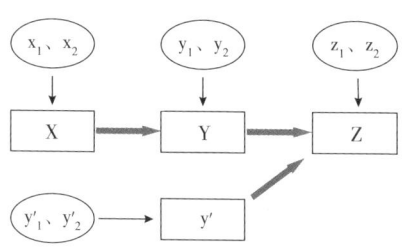

图 3-3 上下游分工结构和中间品贸易

资料来源：笔者自制。

二、二维生产分割理论

根据相关研究文献，生产分割的国际化开始于 20 世纪 80 年代中期，到 90 年代时发展极为迅速（Hummels，Rapport 和 Yi，1998）。究其原因，可以归结为信息通信领域的革命导致生产分工合作成本下降，从而为生产分割的国际化提供了广大的发展空间（Baldwin，2006）。信息通信领域的革命可以分为两个阶段，一是 20 世纪 80 年代中期互联网声势浩大地登上历史舞台，二是 90 年代开始随着信息通信相关的技术创新以及广泛的解除管制，无线通信成本快速下降（Baldwin，2011）。信息通信领域的这些变革大大降低了生产阶段的空间分割成本，具体而言，那些本来出于方便面对面交流的目的而在近距离分割的生产阶段可以被分散到更远的地方，同时丝毫不会影响沟通的效率和及时性。

自从 Jones 和 Kierzkowski（1990）利用一个简单的理论模型提出"生产分割[①]"（Production Fragmentation）概念以来，很多学者对国际生产分割现象进行了大量的理论研究和实证分析[②]。虽然东亚区域已经成为全球价值链分工下

---

① 在诸多相关文献研究中，生产分割（Fragmentation）也被称作"碎片化生产"或者"片段化生产"。

② 可参照 Arndt 和 Kierzkowski（2001）、Deardorff（2001）、Cheng 和 Kierzkowski（2001）等文献。

生产网络高度发达的显著代表，但是其生产分工网络有其特殊性。一是由于它覆盖了大量的国家（地区），二是在区域内部并存着"公司内交易"（Intra-firm Transaction）和"公平交易"（Arm's-length Transaction）。这两点使得东亚区域的分工结构有别于其他区域（例如北美自贸区和欧盟）的分工结构。Kimura 和 Ando（2006）对东亚区域生产分工网络进行了深入剖析，有针对性地总结提出了二维分割模型来解释国际生产分割下东亚区域的分工结构。

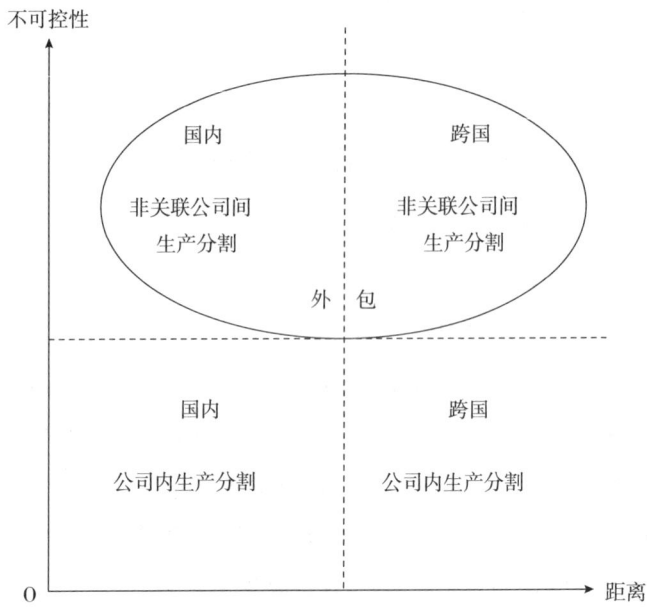

图 3-4　二维生产分割

资料来源：笔者根据 Kimura 和 Ando（2006）编制。

二维生产分割理论利用一个二维坐标轴空间划分了四种生产分割模式，如图 3-4 所示。为了便于说明，在这里我们把选择生产分割布局的生产主体简称为 O，把其将要为分割后生产环节选择的布局地点简称为 F。其中，横轴代表 O 和 F 之间的距离。当 O、F 之间距离较近并且在国家（或地区）内部时就称为"国内分割"，当距离较远并且超出国界时就称为"国际分割"。竖轴为"不确定性"，代表 O 对 F 的控制能力。远离原点表示"不确定性"增大，即 O 对 F 的控制能力减弱。一般来说，O 对 F 的控制能力取决于 O 在 F 中所占的资本份额，资本份额越小，O 对 F 的控制力越弱。当 O 的控制能力较强时，OF 之间为公司内交易；反之，当 O 的控制能力较弱时，OF 之间为公平交易。公平交易又被称为"外包"（Outsourcing）。需要注意的是，控制权和距离无关，"公司内交易"和"公平交易"既可以发生在国内，也可以发生在国外。

全球价值链分工兴起和广泛形成的基础是国际生产分割的出现，而国际生产分割的驱动力在于生产成本实现有效递减。因此，生产成本是企业在进行生产分割布局时需要考量的核心内容。不同于在同一地点完成产品的整个生产过程，国际生产分割下对生产成本的考察不仅涉及参与某一具体生产环节的企业，还包括其与上下游其他企业之间的沟通交流成本。具体包括工资和技术水平，以及连接各生产单元之间的服务成本，即物流交通成本、交流沟通成本以及贸易壁垒等。

图 3-5 为生产分割状态下与非生产分割状态下的成本线。其中，总生产成本也被分成两部分，即与生产服务管理相关的服务成本（即固定成本）和单位生产成本[①]（即边际成本）。根据上面的分析，OF 之间的距离越远，由于生产性服务引发的固定成本越大，包括交通、通信、沟通协调成本等，而较低的生产边际成本来源于 F 自身的比较优势，例如工资成本、资源可获得性、技术转移、基础设施、零部件采购以及相关政策法规等因素。结合图 3-4 来看，沿竖轴的方向代表 O 的控制力减弱，由于信息不对称以及服务管理等原因引发较大的固定成本，但是由于 F 在外包生产环节中的比较优势，其生产成本又较低。因此，在二维生产分割理论中，对服务性固定成本和比较优势下的生产成本之间的综合衡量，成为国际生产分割下区域分工结构的决定方式。

近年来，关于全球价值链分工下的"任务贸易"出现了很多新的理论模型，它们的共同特点是，强调在多阶段、多任务的全球化生产过程中价值增值地点的决定。理论的落脚点仍然是区位选择问题，诸如"在哪里进行生产""贸易对要素价格和收入分配产生什么影响"，但是国际贸易的现实已经将分析对象的关注点从行业层面转移到更加细致的经济活动层面。

---

① 这里的单位生产成本被视为不变的常量，以便得到线性成本线进而简化分析。

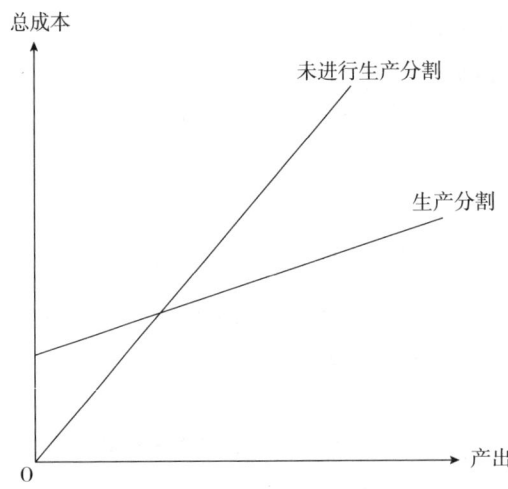

图 3-5　生产分割与总成本

资料来源：笔者根据 Kimura 和 Ando（2006）编制。

三、空间集聚与分散理论

全球价值链的形成和发展伴随着生产环节间空间集聚和分散的过程，由此形成产业集群。而控制产业集聚与分散的主体一般为企业，即上文"二维生产分割"理论中的分割主体 O。O 在空间地理上确定 F 布局的过程在一定意义上形成产业的集聚与分散。在某一国家或地区内部，某种生产要素上的比较优势决定了该国或地区进行价值链中特定环节的生产活动以及其在上下游生产分工关系中所处的位置。一般而言，如果一国（或地区）在全球价值链中占据的位置高，则说明其处于上游地位，掌握着生产链条的核心环节，例如从事研发设计、技术开发或者关键零部件制造等生产活动。那么越来越多的在其他国家（或地区）从事较低技术密集型任务（Task）的高技能劳动力就会集中迁移到该国（或地区），导致生产分工的全球化分散和区域内集聚（Grossman 和 Rossi-Hansberg，2008）。从这个角度来看，全球价值链的形成过程是集聚与分散两种力量互相交织共同作用的结果。

Prager 和 Thisse（2012）指出生产分割环节空间集聚的几个原因：

首先，一些生产环节是建立在其他生产环节基础上的，它们之间在地理位置上有相互靠近的需求。例如，日本汽车制造委员会（Japan Automobile Manufacturers Association）的统计资料①显示，日本国内汽车生产总值从 2000 年的 1010 万美元下降到 2013 年的 960 万美元，在此期间，其海外汽车生产总值却从 630 万美元上升至 1680 万美元。日本汽车零部件产业协会（Japan Auto Parts Industry Association）对海外生产经营的年报显示，汽车零部件生产分支机构从 2002 年的 1182 家增加到 2013 年的 1852 家。值得一提的是，在海外汽车行业 1050 万美元的生产总量中，有 740 万美元来自东亚区域；在新增的 676 家海外汽车零部件生产分支机构中，有 555 家设在东亚地区。而且，这两大趋势在中国的表现更明显。

其次，虽然外包企业在决定生产活动地理分布的时候努力寻找劳动力较为便宜的发展中国家，但它们不会选择封闭、偏远的国家（或地区）。相反，它们更倾向于选择工资水平可能最高的那个国家（或地区）作为产业集聚地。外包企业做出这种选择的一个很大的原因在于这些地方更易于它们找到合适的劳动力，特别是当它们要招聘的工人需要受过一定程度的教育、具有一定的生产线工作经验时。在发展中国家，大都市存在一些规模较大的非正式部门，从农村转移过来的劳动力由于"空间错配"②的存在需要花较长时间找到正式工作，于是暂时在非正式部门中工作以等待机会。正由于劳动力市场的这种缺陷导致了非正式部门的存在，外包企业也可以通过它们更加便捷地找到合适的劳动力。在这个意义上，大城市的非正式部门为那些存在雇佣难题的外包企业以及很可能由于空间错配而不愿移民的劳动力提供了双向保障。

最后，大城市可以提供一系列基础设施、公共服务、私人行业等服务。显而易见，交通基础设施是外包企业的必备条件之一。很难想象外包企业在选择地理位置分布时只考虑便宜劳动力而忽视外部服务水平。

由此可见，产业集群的空间集聚与分散是以成本递减为目的的生产分割结果。从微观的动力机制来看，在跨国公司主导的"生产分割"下，各生产环节以成本节约为目的被定位到不同国家（或地区）中，从而形成全球范围的垂直生产一体化。从这个角度而言，空间集聚与分散理论实际上可以看成生产分割理论的一个延续，这两个分工结构理论和上下游分工结构一起构成全球价

---

① http：//www.jama-english.jp/statistics/index.html.
② 空间错配概念通常用于研究住在发达国家中心城市贫民窟的居民赚取低工资而没有机会获得郊外那些更高报酬工作的问题（Gobillon 等，2007）。对于发展中国家，空间错配是指农村劳动力在大城市寻找工作机会（Harris 和 Todaro，1970）。

值链分工下的全球化以及区域化生产网络和贸易格局，共同促进了区域贸易的一体化。

第三节　对全球价值链分工中潜在风险的理论分析

全球价值链将国际生产分工网络连接得更为紧密，在一定程度上促进了经济全球化的发展。各参与经济体之间既实现了生产分工带来的经济增长，也在不同程度上分享了全球价值链分工带来的技术进步、促进就业以及产业升级等福利。但与此同时，就像一枚硬币的两面，全球价值链分工除了带来福利效应，也蕴含着一些潜在风险。从根本而言，全球价值链分工是各经济体在国际分工合作中追求高效率、高收益的自主选择结果，是经济全球化发展过程中的一种阶段性产物，如何利用这种高度发达的分工方式以支持经济的持续增长是最为现实、最为核心的讨论课题。因此，很多学者从不同视角、不同对象出发对全球价值链分工风险进行了大量的分析和研究，虽然他们的研究各有千秋，但是都较为一致地将全球价值链风险的作用对象归结为产业集群和发展中国家。本节将主要围绕供应链风险、鞭长效应、嵌入性依赖风险以及产业升级锁定风险进行阐述，以便为后文对全球价值链给东亚区域经济整合带来的潜在风险进行的分析提供一定的理论依据。

一、供应链风险

根据前文对供应链组成结构的分析，一条完整的供应链不仅包括生产制造主体内的研发、生产、管理、营销、物流、售后等中心环节，还包括供应商以及分销商和顾客等主体部分。供应链管理则是对上述所有主体组成的生产网络的管理。有效的供应链管理可以通过商品、资金和信息的优化流动起到降低成本、提高效益的良好选择，是提升企业综合竞争力的最优途径。但是，供应链主体多元化、地域跨越广泛以及分工环节多元化等特征使得供应链自身存在一种不稳固的隐患，任何一个环节受到冲击，都会在不同程度上影响供应链系统整体，从而产生供应链风险。

就本质而言，供应链风险指一种不确定性，是对结果偏离正常发展轨迹状态的概括。在对供应链风险的相关研究中，国内外学者对供应链风险的概况和分类可以总结为以下两种情况（见表3-1）。

（一）可控风险

可控风险的产生来源于供应方自身，由于供应商资质、企业员工素质、国别文化等因素存在差异从而对供应链系统产生影响，导致供应不及时、产品或服务质量降低等结果。从风险来源上看，这些风险都可以通过供应商自身有针对性地加强管理实现有效避免，因而属于可控风险。从风险程度上看，可控风险造成的结果不会打乱供应链的正常结构，即使供应链系统的绩效指标因此而产生一定偏差，也不会影响供应链的正常运行。

（二）不可控风险

不可控风险的产生来源包括自然灾害、恐怖袭击、罢工以及经济危机等多种因素，这些影响因素会导致供应链系统与原本正常运行轨迹发生较大幅度的偏离，从而使整个供应链系统无法持续运行而发生暂时性中断。从风险来源上看，不可控风险的发生无法预料，不能通过实施一般意义上的供应链管理策略加以避免。不可控风险一旦发生，整条价值链将面临生产中断的严重后果。

表3-1　供应链风险的一般分类

风险属性	风险来源	风险表现	风险程度
可控	供应方自身	供应不及时	一般偏差，不影响供应链正常运行
		产品或服务质量降低	
不可控	自然灾害	供应链暂时中断	大幅偏离，影响供应链正常运行
	恐怖袭击		
	罢工		
	经济危机		

资料来源：笔者自制。

可见，引发供应链风险的来源是偶然性（不可控）和必然性（可控）的统一。偶然性风险的发生一般具有突发性特点，无法事先进行预测和衡量；而必然性风险与企业管理能力、硬件设施、企业间关系以及信誉水平等密切相关。风险代表了一定的损失，影响了企业受益，不同企业对供应链风险的承受能力不同，从而对风险重视程度也不同。但是供应链风险一旦发生，影响的不单是企业自身，更重要的是对整条供应链系统的打击，因此，供应链治理在全球价值链主导的企业分工结构下显得尤为重要。从研究对象来看，供应链风险属于对微观企业层面进行研究分析的结果。

二、"鞭长效应"

在全球价值链分工下，中间品贸易成为贸易扩张的主要来源和推动力。在诸多对贸易模式和贸易结构的研究文献中，中间品贸易成为广大专家和学者的关注重点。根据上下游分工结构原理，对中间产品贸易起引致作用或最终决定作用的因素是最终品贸易，因此，中间品贸易和最终品贸易之间的关联性问题也成为全球价值链时代研究贸易模式的核心课题。

在对2008年全球金融危机引发的全球贸易下降问题的讨论中，"鞭长效应"理论被提出来。最终需求的下降将导致中间品需求更大程度地减少，因此，中间品贸易将比最终品贸易减少更多，即所谓的"鞭长效应"（Altomonte等，2012；Zavacka，2012）。

"鞭长效应"依据的是一个较为简单的理论观点，即全球价值链贸易（GVC贸易）模式下的贸易量比传统贸易模式（非GVC贸易）下要大。如果一个最终产品完全由出口国自己生产，那么当需求下降时，只有一项贸易流发生减少。但是如果最终产品是通过进口投入品加工生产，那么当最终产品的需求下降时，将有两项贸易流（中间投入品进口和最终品出口）共同减少。

全球贸易包括GVC贸易和非GVC贸易。前者如汽车这种零部件在不同国家生产、组装装配又在另一个地方进行的复杂产品；后者如需要进行进一步深加工等程序的香蕉出口等。如果全球需求下降，复杂产品（如汽车）的需求将比简单产品（如香蕉）下降更快，则GVC产品（如复杂消费品和资本品）需求加速下降的结构效应可能导致贸易比原本状态下降更迅速。在过去的几十年间，世界贸易逐步转变为GVC贸易的趋势越来越具有重要性。从全球收入视角来看，全球贸易的弹性在上期内存在上涨趋势（Escaith, Lindenber和Miroudot, 2010）。最终品需求最终会完全影响很多国家的中间品需求，这一事实说明当一个区域出现经济下滑需求不足时，在GVC分工模式愈加重要的全球化经济时代，这种冲击将会以更快的速度更严重地影响世界其他国家和地区。

此外，GVC中的不同分工环节在最终需求下降时表现也不同。特别是，当最终品需求开始减慢时，最终品出口商则依靠中间品库存持续生产一段时间，而不是继续订购新一批的中间产品，所以中间品贸易比最终品贸易减少更快。而且最重要的是，不确定性效应在价值链的上游生产环节有不同的表现，特别是对于那些非领导者企业。就中间投入品的供给者而言，由于对最终品需求减少的信息了解较少，一旦中间品需求减少，他们停止中间产品生产和贸易的速度会比拥有和最终品生产者同等信息时还要快。

尽管存在以上这些需求影响模式，但是不同的区域和行业间仍然存在差别。毋庸置疑，不是每一条全球价值链生产的产品其最终需求都经常受收入下降影响，也不是每一条 GVC 都总是表现出"鞭长效应"。例如，产品复杂度较高的价值链，尤其是供应链管理能力较高的大型跨国领导企业主导的 GVC，可能具有更高应对需求波动的能力。向需求下降最多地区出口的国家，其贸易量下降最快。

三、嵌入型依赖风险

全球价值链影响分工地位的相关理论可以归结为决定价值链地位的比较优势理论以及价值链地位升级理论。在全球价值链分工下，一种产品的生产过程按照生产工序被分割成若干个生产环节，各生产环节具有不同的要素密集度，其包含的价值和附加值也不同。对于参与全球价值链分工的各经济体而言，在生产分割与集聚理论的作用下，它们最初依靠比较优势"嵌入"相应的生产环节，获得分享分工合作的各种福利。但是，对高附加值和竞争力的追求决定了它们对提升分工地位的需求，由此产生了对价值链分工地位升级的理论研究。

这里所谓嵌入性依赖，实质上是指一个主体在嵌入某种关系链条中之后，沿着所处节点不断自我增强和扩张。其结果是在链条中所处时间越长，对外部环境变化的适应能力越弱，因此导致很难选择其他或者更优的节点或者链条关系。全球价值链背景下的嵌入型依赖则指经济体在嵌入全球价值链生产网络关系后，在所处位置上按照嵌入时的优势或者路径反复进行增强或者扩张，由于"过度嵌入"导致其很难再转向其他发展途径，即难以实现价值链升级。

具体而言，"嵌入性依赖"是和"比较优势差异"联系在一起的。一旦凭借低成本劳动力比较优势的发展中国家无法再保持这种比较优势时，它们参与全球价值链的"资格"就可能减少甚至被取消。因此，发展中国家为了保住参与国际分工的机会，进而达到大规模迅速扩大国际贸易的目的，普遍倾向于维持低工资、低税率的产业发展环境，不利于提高技术水平以及人力资源等基础条件的培育，难以承接附加值较高的生产环节，从而面临全球价值链分工地位锁定的风险。而且，Grossman 和 Helpman（1991）早就认为分工和贸易专业化具有自我强化机制，技术进步率低的产业专门化将会永久性降低经济增长率。

毋庸置疑，西方工业国家由于发展较早、发达程度较高等先天优势在全球价值链分工网络的形成中占据了控制地位，形成并加剧了全球贸易的不平衡格局：欧洲和美国等发达国家是消费国，以东亚区域发展中国家为主的亚洲国家成为消费品的生产制造国，即南北分工格局（丁宋涛和刘厚俊，2013）。从微观形成机制来看，导致南北分工格局的原因可以归纳为两个方面：一是发达国家的跨国公司利用"生产分割"方式将利润较少、附加值较低的生产环节转移定位到工业化水平不高的发展中国家；二是它们凭借技术产权对先进技术进行垄断，控制着核心零部件以及研发技术，发展中国家的产业升级空间因此而受到挤压。发展中国家参与全球价值链分工的"嵌入效应"导致其可能面临价值链分工地位"低端锁定"的潜在风险。Lall 等（2005）指出，南亚区域的斯里兰卡、孟加拉国以及巴基斯坦等国在纺织品价值链分工中处于低附加值加工生产环节，由于它们对纺织品出口的依赖性过大，被锁定在全球价值链低端环节，相比东亚区域的发展中国家，其国际分工地位下滑幅度较大。

第四节 国际货币金融合作理论

一、货币金融合作

（一）货币合作、金融合作与货币金融合作

货币金融合作，包括金融合作（Financial Cooperation）和货币合作（Currency Cooperation）两部分。严格来讲，金融合作指在区域金融市场发展和抵御冲击、风险方面的合作，而货币合作则是指为实现汇率稳定、实施统一货币以及协调货币政策方面的合作，因此，这二者与货币金融合作是三个不同的概念，用于对区域内的货币金融领域开展的具体合作分别进行分析。但是，从

货币与金融之间基础性、包含性的联系来看，这三个概念在内涵上又存在着重叠交叉之处。

在不同学者的研究中，货币金融的内涵更加强调金融活动的广泛化，货币金融合作问题应该包含货币合作和金融合作两方面。例如，戴金平和万志宏（2005）认为，区域货币金融合作是特定区域内经济体之间为维持汇率和金融市场稳定而进行的各种形式的合作。也有不少学者用货币合作或者金融合作二者之一来替代货币金融合作这一概念。例如，张蕴岭和张斌（2002）用东亚金融合作泛指东亚区域内各种货币金融领域的合作，包括汇率政策协调、流动性便利、风险防控、汇率合作等；而李晓、丁一兵（2002）在研究东亚货币金融合作时则用货币合作来代替货币金融合作这一概念。

由此可见，对于货币合作、金融合作、货币金融合作这三个概念，虽然各有其理论意义，但在用于分析实践时其理论差别往往被弱化，选择哪一个概念往往是为了指代具体研究对象的内涵和范畴。

本书在涉及对东亚区域货币金融合作的研究和分析时，选择"以一概全"的表述方法，用"货币金融合作"这一概念总括东亚区域金融合作和货币合作领域开展的各项具体活动，由此体现东亚区域金融一体化发展进程。

（二）货币金融合作的三个视角

如果对货币金融合作进行全面解读，可以从三个视角加以阐述。

首先，从产生机制来看，一方面，货币金融合作与经济一体化之间联系紧密。前者是后者发展到一定程度的必然产物，后者是前者的条件和基础；同时，前者也对后者的进一步发展起到必不可少的支持作用以及推动作用，提升后者的广度、深度以及便利化水平。另一方面，货币金融合作也是国际经济合作的主要内容。而且，随着国际经济合作发展的程度逐渐加深，货币金融合作涉及的领域和目标也逐渐拓展和增加，例如国家之间融资支持、借贷便利、金融政策的协调、货币汇率的共同调整等。

其次，从合作层级来看，货币金融合作可以分为初级、中级和高级三个层级，分别为货币互换机制、维持国家或地区之间货币汇率相对稳定、区域内设立统一货币。

最后，如果从内涵范畴上看，货币金融合作有狭义和广义之分。狭义的货币金融合作指围绕货币和汇率机制方面进行的合作，例如货币互换协议、共同防御汇率风险等。广义的货币金融合作不仅包括狭义的货币、汇率方面的合作，还包括不同内容不同领域的合作，例如构建信息共享机制、协调货币金融政策、规划汇率浮动目标区等。

此外，区域货币金融合作存在着阻力和离心力。如果货币金融合作并没有伴随着一个更大规模的区域经济一体化市场，则对进一步的货币金融合作会形成一定的阻力。国别间不同的市场交易方式、法律制度、税收体制、监管体制、资本控制，以及一些国家仅考虑推进自身市场的发展，都可能成为区域金融市场再扩大的阻碍。但是也不能否认，在阻力（离心力）方面，金融市场一体化的区域指向可能是区域外而非区域内部。

二、金融一体化与区域金融深化

（一）金融一体化

金融一体化，又叫作货币一体化，是指国家之间的金融活动相互渗透、相互影响而形成一个整体联动和相互渗透的发展趋势，是一体化区域的成员国之间为建立货币联盟在货币金融领域开展区域合作的动态过程。金融一体化进程可以概括为四个阶段。首先，成员国共同实现金融市场发展和金融合作。其次，成员国之间开展流动性支持和信贷融资协议。再次，成员国之间为维持汇率相对稳定共同协调汇率政策。最后，区域内建立货币联盟，建立统一货币和实施共同货币政策。其中，前两个属于狭义的金融合作，核心内容在于具体金融交易和融资活动；后两个则属于货币合作，目标在于制度和政策层面的统一。本书使用金融一体化代指成员国开展各种金融合作和货币合作以最终建立货币联盟的过程。

具体而言，区域金融一体化既是区域内金融市场水平和金融运行机制所表现出来的特点，其本身也是一种有组织的制度设计。按照货币金融合作在内涵范畴的分类，区域金融一体化是一种广义上的货币金融合作，是一种在某个区域内，两个或者两个以上的国家或地区在货币金融领域进行的合作。这些合作旨在维持区域内不同货币之间汇率的相对稳定，保障和加强区域经济合作以及宏观经济政策协调，进而推动区域内各国经济平稳、有序、健康发展，加快区域经济一体化进程。

在本书中，区域金融一体化是东亚区域货币金融合作的最终目标，是区域经济一体化全面实现的有力支撑。

(二) 区域金融深化

在与区域货币金融合作、区域金融一体化的联系中，存在两两相关的充分性和必要性。第一，区域金融深化是区域货币金融合作推动导致的阶段化特征，没有区域货币金融的合作，就不会出现区域金融深化的特征；第二，区域金融深化的提升是区域金融一体化的必备前提和基础，用来分析区域货币金融一体化进程中金融市场的条件，区域金融一体化是区域金融深化发展到一定程度的必然结果。

根据杨权（2008）对区域金融深化概念的界定，区域金融深化既是一种状态，也是一个过程，既表示区域内经济体之间相互持有的国际金融资产总和占区域内各经济体国际金融资产总量的比重达到一定程度，也体现为区域内各经济体的金融改革和放松金融管制，以及它们之间在金融领域开展相互协调与合作、区域内金融结构和金融监管、法律制度的协调统一化过程。

概括而言，区域金融深化包括三方面内容：一是区域内经济体的金融区域化程度；二是区域内某一经济体的金融市场与区域内其他市场的关联度；三是区域内金融结构的相似程度。

三、东亚区域货币金融合作的理论基础

(一) 货币金融合作与贸易一体化

理论上，金融一体化促进了贸易一体化的发展，但是，由于贸易一体化对经济冲击和经济周期的影响并没有确定的结果，必须根据贸易一体化是促进了产业内（Intra-industry）贸易还是产业间（Inter-industry）贸易进行判断，因此金融一体化对经济冲击和经济周期影响的研究建立在金融一体化促进了怎样的贸易联系的基础上。

另外，如果在区域内实行货币一体化，则成员国必须放弃独立的货币政策，因此，如果成员国之间存在不对称冲击，就很可能导致较大的应对冲击的调整成本。但是，进一步剖析，一般认为，只有当两国或地区之间双边贸易增量以产业内贸易为主时，经济周期同步性才可能得以提高；而如果贸易增量来源于产业间贸易，两国之间经济周期同步性会有所下降。从这个角度加以考量，区域内是否建立统一货币的条件因素还应该包括成员国之间的贸易类型以及潜在贸易增量的类型。如果货币一体化能够增加成员国之间的产业内贸易，那么统一的货币制度就不失为一个最优选择。

区域货币金融合作的前提条件是各成员国的货币政策不独立，因此，如果成员国之间存在不对称冲击，就会导致巨大的冲击调整成本。在冲击对称性的决定因素中，一个重要的因素是产品多样化。当且仅当两个国家或地区之间在分工上存在较大差异性时，冲击的非对称性较大；反之，当两个国家之间产业结构和生产分工地位类似程度较大时，所经受外部冲击的对称性较大。由此可见，贸易一体化和金融一体化之间存在一定的联系机制，区域贸易一体化的内部结构也是货币金融合作的基础要素。

(二) 货币金融合作的风险分担机制

风险分担机制是指在实行货币金融合作的区域内部存在一种可以化解各成员国之间所经受不对称冲击的机制，这种机制可以弥补各成员国放弃汇率、货币政策之后的宏观经济调节工具的不足。一般而言，可以提供风险分担机制的渠道包括：劳动力资源的自由流动、超国家机构的财政转移支付、一体化的金融市场。劳动力从高失业地区流向低失业地区，不仅可以消除需求转移的冲击，还能使工资水平趋同。货币联盟的中央财政机构可以采用税收转移系统和对特定国家给予补贴的形式为成员国提供收入保险。然而，由于本国偏好、文化差异等种种原因，劳动力自由流动的难度较大；超国家机构财政转移支付的成本很高，且操作起来很复杂，这已被欧洲财政政策规模所证实。如果存在一个发展完善的金融市场，成员国就可以通过跨国交叉持有生产性资产进行风险分散，也可以通过调整投资组合的构成和规模来平滑消费波动。因此，充分一体化的金融市场所提供的风险分担机制对于一个货币联盟的稳定至关重要。

不对称冲击主要有两种：一是国家内部某一地区特有的冲击；二是由若干国家组成的国际区域内部某个国家所特有的冲击。因此，货币金融合作的风险分担机制相应体现在两个方面。其一是国家内部的风险分担，其二是国际风险分担。后者又进一步划分为区域集团内部的国际风险分担和全球性的国际风险分担。

风险分担是金融市场的一个核心功能。按照金融体系的类型，金融市场可以分为银行主导型和市场主导型。前者主要通过期限匹配和数量匹配实现跨期风险分散，后者虽然不能实现期限上的风险分散，但是可以在不同种类的资产组合中实现一定程度的风险分散。

对于区域金融货币合作产生的具体功能和效应而言，对冲和降低风险的作用极其重要。由于生产要素的流动是一个长期的过程，因此成员国之间形成的货币金融合作对于应付短期的区域外部冲击具有明显的作用。不仅如此，货币合作为成员国提供了平滑消费的功能，面临较大不对称冲击的国家反而更加适合组成货币联盟来获得"消费保险"的好处。因此，收入保险和消费平滑机制[①]（或者冲击平滑机制）对维持一个区域内货币一体化具有稳定的重要性。

总体而言，货币金融合作能够提供风险分担机制，即与国际金融市场更为一体化的国家可以通过相互持有金融资产来有效化解不对称冲击，可以为区域货币金融合作提供一个稳定机制。

第五节 本章小结

本书至此已完成对区域生产分工网络以及区域货币金融合作方面相关理论基础的梳理和概述。从第四章开始将围绕东亚地区的生产分工网络，以及贸易一体化和货币金融合作进行具体剖析。依据全球价值链相关理论和测算方法对东亚区域生产贸易网络进行分析可以发现，东亚区域各国或地区在生产网络中的垂直化分工关系中的相互依赖程度较高，以此为基础开展的产品内贸易主导的区域内贸易一体化程度具有较大显著性。相比之下，东亚区域货币金融合作处于初步发展阶段，区域内金融市场深化程度还有较大发展空间，金融合作需求和金融合作水平都不高。但是，就东亚区域整体经济一体化目标而言，贸易一体化和金融一体化是其中的两个部分，既缺一不可，又相辅相成、相互制约、相互促进。就区域自身成员国结构以及成员国基础特征来看，贸易一体化和金融一体化孰先孰后需要进行一番选择，但是二者之间绝对不是替代关系。

除此之外，从经济稳定和经济增长目标出发，东亚区域生产网络中的潜在风险不可小觑，区域整体抵抗外部冲击时表现出来的脆弱性可能会成为区域经济保持持续稳定增长的阻力。而区域货币金融合作以稳定区域内汇率波动为主要内容，以区域统一货币为最终目标，毋庸置疑为区域内贸易网络的深化和扩

[①] 指减缓区域内各成员国由于不对称冲击所造成的收入和消费波动。

大提供了一道强有力的保障。可以说，区域金融合作乃至金融一体化是区域经济一体化的重要内容，是抵御外部经济冲击和金融风险的有力屏障，也是熨平区域内外经济波动的有效调节器。东亚区域应该以现有的货币金融合作为基础，通过货币互换、汇率政策共享，以及建立债券市场为主的区域内金融市场，早日实现区域金融深化的目标，为未来的货币合作以及金融一体化提供充分的基础条件。

第四章
东亚区域生产分工网络发展现状分析

伴随着 20 世纪 90 年代产品内分工模式的出现和广泛形成，全球价值链已经逐渐发展成为主导国际贸易的基础平台。在全球价值链的不断形成与扩大中，东亚生产网络从"雁阵形"分工模式发展到"生产分割"占主导地位的价值链分工，不论在区域经济一体化程度上，还是在各经济体之间的经济合作关系上，都发生了一系列的演变。

相比于其他区域，东亚垂直生产网络的扩张尤其显著，区域内贸易规模迅速增长（Zhi Wang 等，2009）。从 1990 年到 2011 年，东亚区域内贸易比例从 33% 增加到 43.8%，上涨了 10 个百分点，而同期的欧盟区域内贸易比例维持在 65% 左右，北美区域内贸易比例也只从 37.2% 增加到 39.9%[1]。东亚区域内贸易的不断增加带动了整个东亚区域经济的振兴和繁荣。2000~2007 年，东亚地区的实际 GDP 增长率高达 6.3%，而美国同期却只有 2.7%[2]。由此可见，在全球价值链分工发展的影响下，东亚区域的整体经济实力逐渐增强，表现出巨大的经济增长潜力，成为拉动新一轮世界经济增长的重要动力。

东亚区域各经济体在参与生产分工的过程中，不仅获得了巨大的经济利益，实现了经济快速增长，而且加深了彼此之间的贸易联系与合作，这些都成为巩固和促进东亚区域经济整合的重要基础。其中，东亚区域生产网络作为全球最发达的分工合作架构，在全球价值链分工合作逐渐扩大和深化发展中不断进行调整和重塑，并由此为东亚区域的经济整合提供更多发展机遇。与此同时，以产品内分工形式为主导的全球价值链在东亚区域也实现了广泛覆盖和迅速延伸，东亚区域各经济体在参与全球价值链分工的过程中结成更加紧密的生产关系，直接导致了

---

[1] 笔者根据 RIETI-TID 数据库相关数据计算得出。
[2] 世界银行 WDI 数据库。

区域内贸易规模的扩大与贸易集中度的提高。而东亚区域贸易扩张与贸易重构的格局变化既反映了东亚区域各经济体之间不断融合的经济贸易关系,也成为有力推动东亚区域经济整合的市场化力量。

鉴于此,东亚区域生产分工网络发展概况的主要内容可以归结为四个方面:一是东亚区域整体经济实力的上升,二是全球价值链分工下东亚区域生产分工结构的演变及原因,三是东亚区域贸易一体化的现实特征,四是东亚区域贸易模式在产品结构和地理流向方面发生一系列重构。在这一分析层次逐渐深入的框架之下,本书试图通过数据归集和统计计算对东亚区域生产分工网络的发展以及现状进行较为具体的描述,进而从一个侧面说明全球价值链分工在东亚区域经济整合过程中所起的作用。

第一节 东亚区域整体经济实力的上升

进入21世纪以来,东亚区域在全球经济舞台上表现出极大活力,经济增长速度之快令世界瞩目,东亚区域已经成为全球经济增长的新引擎。东亚区域在全球经济舞台中发挥的作用越来越大,不仅实现了经济快速增长,还在世界经济普遍遭受危机冲击下表现出巨大的经济增长潜力。东亚区域因此在全球经济中的地位快速攀升,影响力不断扩大。

一、在全球经济中的地位迅速攀升

从20世纪80年代起,东亚区域内大多数国家相继实施"外向型"经济发展战略。受益于该战略带来的国际贸易和FDI的双重扩大,东亚区域国家参与了更多的国际经济合作,不仅在国际生产分工中分享了全球资源配置下的利益分配,而且依靠本区域资源禀赋的比较优势创造出更大的财富价值。进入21世纪,随着中国加入WTO后成为世界经济舞台中经济增长势头最为强劲的国家,东亚区域的整体经济实力更为强大,经济增长趋势也得到有力支撑。

图4-1显示了东亚区域在2001~2010年实际GDP增长率的变化趋势。可以看到,在21世纪的最初三年间,东亚区域整体GDP增长率从2001年的大约1%快速增长到2003年的7.5%,增长幅度高达6.5个百分点。在随后的五

年间，虽然东亚区域的 GDP 增长率表现出上下波动的不稳定情况，但是总体幅度仍然保持在 5% 以上，在世界范围内仍然处于领跑地位。2000~2007 年，东亚地区的平均实际 GDP 增长率达到 6.3%，相比之下，具有世界经济霸权地位的美国却只有 2.7%[1]。

在世界经济舞台中，美国、欧盟和东亚区域三足鼎立，构成了全球三大经济板块。按当年名义汇率计算，2010 年，美国 GDP 为 14.6 万亿美元，欧元区为 12.2 万亿美元，东亚区域（东盟 10 国+中日韩）为 14.2 万亿美元，这三大经济体创造的 GDP 合计达到 41 万亿美元，占同年全球经济总量的 2/3[2]。除此之外，东亚区域的经济地位和影响力还表现在国际贸易活动中。在 2009 年的全球贸易中，欧盟占据 35.1%，东亚占据 26.3%，美国占据 12.8%。东亚区域在国际贸易中的全球份额虽然低于欧盟，但明显高于美国。而且，按照它们各自的经济增长趋势，这三大世界经济中心的经济格局还将延续，而且东亚区域的绝对实力优势将显露无遗。

由此可见，东亚区域在经济快速增长之下，整体经济实力不断提高，经济总量已经超过欧盟经济体，并与美国呈抗衡之势，在全球经济发展中已经占据举足轻重的地位。

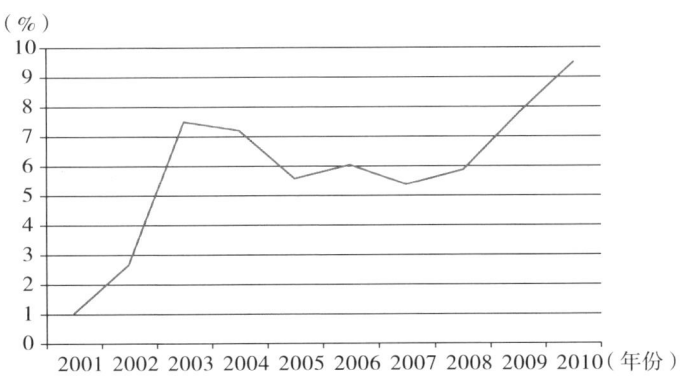

图 4-1　2001~2010 年东亚区域[3]整体 GDP 增长率变化趋势

资料来源：笔者根据 IMF 相关数据进行加总计算并绘制。

---

[1] 世界银行 WDI 数据库。
[2] 江瑞平、竺彩华（2012）。
[3] 这里的东亚区域包括东盟 10 国、中国、日本、韩国、中国香港以及中国台湾。

二、区域经济增长潜力逐渐凸显

虽然美国、欧盟和东亚区域共同构成全球经济的三大板块，但是这三大板块在各自的经济发展态势下，经济实力、经济增长速度以及全球地位的对比是处在动态变化之中的。2008年爆发的全球金融危机导致欧美等发达经济体受到严重冲击，世界经济格局由此经历了剧烈转变。

在此次危机影响下，全球经济经历了20世纪30年代经济大萧条以来最为严重的一次经济衰退。根据有关数据统计，2008年全球实际GDP增长率比2007年下降了约2.6个百分点。其中，美国和欧元区受此次全球危机影响最大，经济严重下滑，甚至在2009年均出现了GDP负增长的情况。据统计，美国和欧盟在2008年和2009年的GDP增长率分别为0.0%和-2.6%以及0.4%和-4.1%。但是，在欧美经济体经济疲软、增长乏力的状况下，东亚区域却在经受了危机波及的影响后，继续回归经济增长轨道。即使在恶劣的全球宏观经济环境下，2008年和2009年，东亚区域的实际GDP增长率也达到5.8%和7.8%，依旧处于上升通道中。由此可见，东亚区域的经济增长潜力在此次危机中已初步显露。

2010年起欧美经济体开始走出经济危机的阴影，逐步进入新一轮经济增长。但是，由于金融危机带来的影响过于强大，以及随后欧元区又爆发了以希腊为导火索的主权债务危机，导致欧美国家的经济增长势头极不稳定。如表4-1所示，2010~2013年，美国和欧盟27国GDP增长率均呈现出先下降后上升的"V"形走势，虽然上升和下降的幅度以及时间并不一致，但是明显都低于世界平均经济增长率水平。

表4-1　2010~2015年美国、欧盟、东亚GDP增长率的比较　　单位：%

年份	2010	2011	2012	2013	2014*	2015*
世界	4.6	3.7	3.4	4.5	4.7	4.1
美国	3.0	1.7	2.4	2.6	3.0	3.5
EU27	1.8	1.6	0.0	1.3	1.9	2.5
日本	4.1	-0.5	1.7	3.3	2.4	1.5
东亚	6.9	4.0	4.7	6.2	5.7	5.2

注：其中，*表示2014年、2015年的数值为预测值。在JETRO（2014）报告中，日本作为经济发达国家被单独考察，而"东亚"的统计范围包括中国、韩国、中国香港、中国台湾和东盟10国。

资料来源：JETRO. Global Trade and Investment Report [R]. 2014.

对于东亚地区而言，2011 年日本由于"3·11"大地震而遭受严重的经济损失，并通过东亚生产网络波及影响了东亚区域其他国家和地区的经济运行，日本在该年出现了 GDP 负增长，而东亚区域（除日本外）的经济增长率也在全球经济危机后出现了第一次下降。但是，即便如此，东亚区域的经济增长率仍然高于世界平均水平，并在随后的两年间继续快速上升。通过与世界平均 GDP 增长率的对比，东亚区域的经济发展实力已经表露无遗。而且，根据日本贸易振兴委员会（JETRO）对世界经济走势的预测，2014 年和 2015 年全球经济三大板块的经济格局还将延续，东亚区域将继续发挥拉动全球经济增长的引擎作用。

除此之外，值得说明的一点是，日本虽然属于经济发达国家，具有较强的经济实力，但是根据表 4-1 中的数据来看，日本的经济增长率在近几年间远远低于东亚区域其他经济体的整体水平，并且表现出明显的下降趋势。由此可见，东亚区域的快速经济增长在很大程度上归功于区域内的中国、韩国、中国台湾、马来西亚等新兴经济体（Emerging Economies）[1]。这些新兴经济体不仅为东亚区域经济发展带来强大动力，也为全球经济增长提供稳定来源。

第二节　东亚区域生产分工结构的演变及原因

从一定意义上讲，东亚区域经济整合是以东亚区域生产分工网络为基础平台的，而东亚区域生产分工结构以及建立于其上的贸易模式构成东亚区域生产分工网络的主要内容。在东亚区域生产分工结构的不断发展变化中，区域内各经济体之间逐渐形成相互依存的产业链。不论是东亚区域整体经济实力的提升，还是区域经济整合的推进，都离不开区域生产分工网络这一核心平台。作为 21 世纪新型贸易模式的核心主导，全球价值链的广泛覆盖和纵向延伸在很大程度上影响东亚区域生产分工结构的发展与演变。

---

[1] 新兴经济体泛指经济蓬勃发展或者具有较大经济发展潜力的国家，目前并没有一个准确的定义。英国 *The Economists* 杂志将新兴经济体划分为两个梯队，第一梯队即"金砖国家"，包括巴西、俄罗斯、印度、中国和南非；第二梯队包括韩国、墨西哥、土耳其、波兰等国家，它们也被称为"新钻国家"。

一、东亚区域生产分工结构的变迁

在东亚区域生产分工结构的形成和发展过程中，日本和其他东亚经济体之间的分工合作关系成为主线。从"雁阵形"生产分工模式的逐渐形成到瓦解，再到产品内分工形式成为主导并加速"三角贸易"模式的发展，贯穿其始终的是垂直专业化程度的不断加深。

（一）"雁阵形"[①] 生产分工模式的形成和瓦解

从 20 世纪 50 年代开始，战后的日本大力发展工业，恢复经济，经济实力迅速扩大，国际地位快速提升，在东亚区域率先步入高速增长时期。凭借财富积累，日本在 60 年代末已经发展成为世界第二大经济体，并且奠定了其在东亚区域经济领导者的地位。此时东亚区域的经济格局为：日本经济实力最强，东亚区域其他经济体则普遍处于经济发展水平不高或经济落后的处境。

产业内分工形式的出现促进了区域内"南北贸易"的快速发展，即较发达经济体（日本）主要向较不发达经济体（除日本外的东亚区域其他经济体）出口资本密集型产品或者技术密集型产品，后者向前者出口资源类产品或者劳动密集型制成品，产业内贸易模式逐渐在东亚区域内贸易中居于主要地位。从 20 世纪 70 年代开始，韩国、中国台湾、中国香港和新加坡等新兴工业经济体普遍实施技术引进和产业升级战略，不再停留在纺织服装等劳动力密集型产业，而是开始利用自身比较优势承接由日本转移进来的部分资本密集型产业和低端技术密集型产业。因此，遵循不同经济体在生产分工中所处的技术层次，东亚区域逐渐形成以日本为"头雁"、"亚洲四小龙"（即韩国、新加坡、中国台湾和中国香港）为"中雁"、中国和东盟四国（即 ASEAN 的雏形，包括印度尼西亚、马来西亚、泰国和菲律宾）为"尾雁"的"雁阵形"贸易模式。

20 世纪 80 年代中期后，东盟和中国等东亚经济体相继实施以贸易开放和贸易扩展为主要内容的"外向型"经济发展战略。东亚经济不断繁荣的同时，东亚各经济体之间的贸易规模逐步扩大。随着垂直化生产分工逐渐取代水平化生产分工成为国际生产分工方式的主导形式，以及东亚各经济体之间在贸易结构上的差异性日渐缩小，"雁阵形"生产分工模式逐渐瓦解，以生产分割为主

---

① "雁阵形"贸易模式也被称为"雁行结构"（Flying Geese Pattern），由著名日本经济学家赤松要（Akamatsu）于 1935 年首先提出。

的垂直专业化分工形式开始逐渐成为东亚生产网络的主导因素。与此同时，东亚各国以零部件和中间产品贸易为基础的专业化分工促进了该地区国家间产业内贸易，特别是垂直型产业内贸易的提升，并由此增大了东亚国家间商业周期的同步性（富景筠，2012）。

（二）产品内分工形式成为东亚生产网络的主导

进入 20 世纪 90 年代后，以机械行业为代表的东亚区域内贸易发生爆炸式增长，其中，零部件和中间产品贸易的增长幅度最为显著。与此同时，东亚区域各经济体积极融入到全球生产分工网络中，生产活动迅速扩大，参与程度不断加深，东亚"雁阵形"生产分工模式彻底结束，取而代之的是以垂直化专业分工为基础的"三角贸易"模式。在"三角贸易"模式下，日本和"亚洲四小龙"①主要向中国和东盟出口中间产品，中国和东盟对其进行加工制造后再将最终制成品出口到美国和欧盟。因此，在东亚区域生产分工网络中，日本和 NIEs 4 获取了产品生产中的高附加值，而中国和东盟国家获得低附加值。

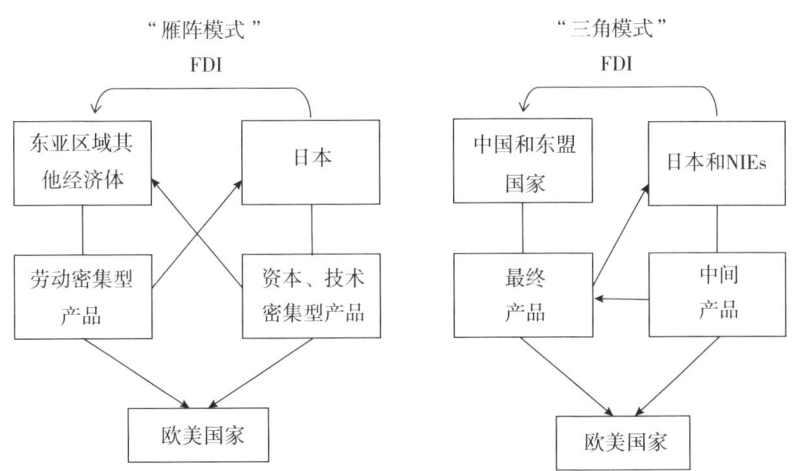

图 4-2　东亚区域生产网络结构变化

注：图中箭头代表主要出口流向。

资料来源：笔者整理编制。

随着中国改革开放战略的不断深入，中国凭借自身的劳动力资源优势以及

---

① 包括中国香港、韩国、新加坡和中国台湾（Asia NIEs，Asia Neuly Industrialized Economics）。

种种税收优惠政策成功地吸引了大批跨国公司来华投资。20世纪90年代末期，中国的加工产业得到高速发展，从最初的来料加工、简单加工装配业务发展到高技术产品加工贸易出口迅猛扩大的局面。除日本和NIEs之外，东盟对中国的中间品出口规模也开始出现上涨趋势。其中，一些制造业技术程度较高的东盟经济体（主要包括马来西亚、菲律宾、新加坡和泰国）开始向中国出口半导体和计算机零部件等中间产品。在全球生产网络中，中国成为"世界工厂"，东亚区域生产分工网络呈现由"三角贸易"向"新三角贸易"模式的微妙转变。与"三角贸易"不同的是，"新三角贸易"更加凸显了中国取代东盟作为东亚地区出口平台的作用地位（李晓等，2005）。中国在东亚区域生产网络充当着中间产品的进口者以及最终产品的"生产工厂"等中心枢纽。在最终产品的出口中，主要出口目的地是美国和欧洲等发达国家市场。

"三角贸易"和"新三角贸易"模式体现了垂直专业化在东亚区域生产网络中上升到新的高度，诠释了产业间分工—产业内分工—产品内分工顺次替代主导东亚区域内贸易的新阶段。就根本而言，导致东亚区域生产网络分工结构从"雁阵模式"向"三角模式"转变的主要原因是全球价值链的渗透和影响。

二、东亚区域生产分工结构演变的原因

在上述东亚区域生产分工结构的发展演变中，垂直专业化分工在其中发挥的重要作用不言而喻。不容忽视的一点是，在很大程度上，影响生产分工的因素不再仅仅包括比较优势、要素禀赋、技术创新等传统理论条件，全球价值链的广泛覆盖和迅速延伸也成为其中的基础平台和路径依赖。

在国际垂直专业化分工逐渐向产品内分工形式发展的过程中，全球价值链的迅速扩张和不断延伸已经成为全球化发展的重要主题。不论在企业的微观层面还是在国家（或地区）的宏观层面，广泛参与全球价值链分工成为它们分割贸易利益和培养增长潜力的有效路径。总体而言，全球价值链通过以下两个层面影响着东亚区域生产分工结构的发展。一是从空间经济学角度看，东亚区域生产结构的形成是生产分割基础上"集聚"（Agglomeration）与"分散"（Dispersion）相互交织共同作用的结果。二是在分工合作视角下，全球价值链为东亚区域各经济体提供了更多融入全球化发展浪潮的机会，在某种程度上，东亚区域生产网络集中反映了东亚区域各经济体参与全球价值链分工的结构与模式。

（一）生产分割基础上形成东亚区域生产网络

在空间经济学中，集聚与分散的交替作用共同形成了产业的高效整合过程。其中，集聚有两种方式：一种是传统生产方式的集聚，即有投入—产出关系的企业之间为了便于生产合作，在地理位置上相互靠近从而导致集聚。另一种是在比较优势基础上为了实现规模经济、提高生产效率、获得更大利益，进而在相同或相似产业之间发生的集聚。而分散过程则一般是以节约成本、利用廉价劳动力为目的将处于饱和状态的产业向外扩散，为它们重新寻找地理布局（Fujita Masahisa 和 Hamaguchi Nobuaki，2011）。

交通通信技术的发展极大地促进了生产分割的实现，导致了产品内分工形式的广泛发展。随着产品的整个生产过程被分割成具有不同附加值的生产阶段或生产任务，产业的集聚与分散也被缩小到以生产任务为单位的集聚与分散。在某种程度上，全球价值链的形成与发展就是生产分工跨国集聚和分散的交织过程。在某一国家或地区内部，某种生产要素上的比较优势决定了其专业化进行价值链中特定环节的生产活动以及其在上下游生产分工关系中所处的位置。如果一国（或地区）在全球价值链中掌握着生产链条的核心环节，例如，从事研发设计、技术开发或者关键零部件制造等技术密集型生产活动，从事这种生产任务意味着在生产分工中将获得高附加值。那么该国（或地区）具有的高技能人才优势将吸引更多高附加值的生产活动，而该国那些低附加值的劳动密集型生产任务将被分散到劳动力成本较为低廉的国家（或地区）。在全球价值链中，东亚区域各经济体依据自身比较优势完成不同生产环节的任务，东亚区域生产网络的形成是生产分割基础上集聚与分散相互交织、共同作用的结果。

（二）各经济体之间的贸易联系不断加强

自20世纪90年代以来，全球价值链以产品内分工形式为主导逐渐形成，并在全球化浪潮中迅速扩大。从最初的电子行业和服装行业开始，全球价值链不断发展，不仅在水平化方向上覆盖的行业愈加广泛，在垂直化方向上也逐渐涉及更多的产业环节。前者例如鞋袜、汽车、办公设备、照相机和出版物等，后者包括服务业、法律服务、研发活动以及人力资源等。在这一过程中，最具代表性的一个显著特征就是中间品、最终品和服务的全球贸易网络的发展。很多跨国公司纷纷利用自己在海外各国的分支机构或者合作伙伴建立供应链网络。

在全球价值链分工主导下,北美、欧洲、东亚三大世界主要贸易网络迅猛发展,贸易规模飞速增加。在2009年的全球贸易版图中,欧洲占据35.1%,东亚占据26.3%,北美占据12.8%[①]。在全球价值链的不断扩张中,东亚区域形成继北美和欧洲等区域生产网络之后的又一极具增长潜力的生产网络。值得说明的一点是,北美和欧洲各自的贸易网络建立在制度框架基础上,如北美自由贸易区(North American Free Trade Agreement,NAFTA)和欧盟(European Union,EU),而东亚生产网络的形成机制是生产分工网络主导下中间品贸易和最终品贸易的市场需求。东亚区域各经济体之间在参与全球价值链的生产分工中建立起更加紧密的贸易联系,区域内贸易比重大大提高。

在微观层面,全球价值链是企业(尤其是跨国公司)以降低成本为目的将生产过程在不同地域中进行的细化分割。而就宏观层面而言,全球价值链是世界各国(或地区)依靠自身比较优势开展国际贸易分享贸易利益的新规则和新秩序,是全球化不断深化升级的一种价值实现形式。在某种程度上,全球价值链是东亚区域经济一体化的有力工具。它使得像中国这样对外贸易起步较晚的经济体能够通过参与国际生产分工逐渐融入区域一体化和全球一体化中。

第三节 东亚区域贸易一体化的现实特征

随着东亚区域在世界经济中地位迅速提升,影响不断扩大,东亚区域成为一个经济整体的发展前景越来越突出,区域经济一体化进程也不断向前推进。虽然经济一体化在内容上主要包括贸易一体化和金融一体化[②],但是东亚区域无疑遵循了"贸易先行"的发展路径(富景筠,2012),贸易一体化也成为现阶段东亚区域经济整合的重要基础和强大动力。就东亚区域贸易一体化的现实特征而言,主要表现在三个方面:一是外国直接投资(Foreign Direct Investment,FDI)迅速增长,二是区域内贸易规模不断扩张,三是各经济体对

---

① Dilip K. DAS.(2013)。

② 从东亚经济一体化涵盖的范围来看,主要包括三大部分:贸易投资、货币金融、基础设施及相关软件。在国内外学者的相关研究中,对前两大部分的研究形成了"贸易一体化"和"货币一体化(或金融一体化)"等课题。

区域内贸易比重逐渐上升。

一、区域内 FDI 迅速增长

根据全球价值链分工理论，大型跨国公司是推动国际生产分工网络形成和发展的微观主体，而 FDI 则是各公司开展国际合作的主要方式。在某种程度上，FDI 促进了全球价值链的扩张和延伸，东亚区域内 FDI 也加速了东亚区域生产网络的结构调整，进而推动区域内贸易一体化程度不断提高。

进入 21 世纪以来，东亚区域的 FDI 活动开始兴起并逐渐活跃。一方面，由于产业结构调整和货币升值等原因，日本和"亚洲四小龙"等发达经济体相继产生对外直接投资的意愿和需求，出于成本递减、比较优势等原因的考虑，它们将对象国定为中国和东盟国家，进而逐渐构建东亚区域的价值链分工生产体系。另一方面，对于中国和东盟国家而言，FDI 的流入不仅能够解决它们在经济发展中的资金问题，还能为它们提供更多融入全球价值链分工的机会，从而有助于产业优化和技术提升。

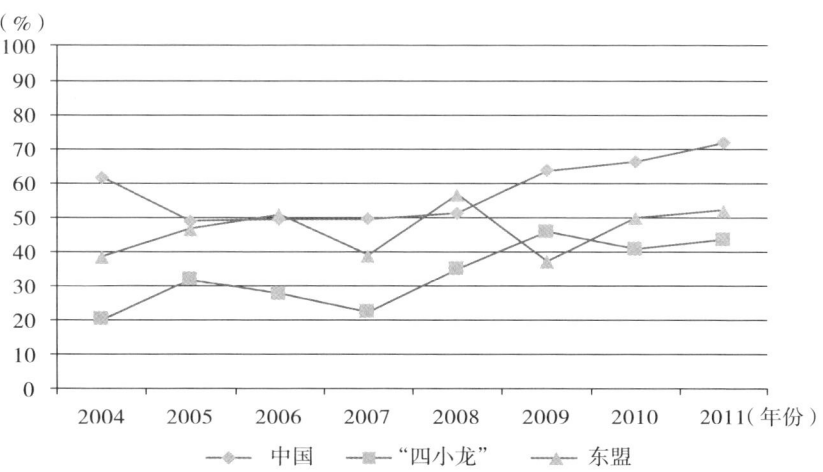

图 4-3　2004~2011 年中国、"亚洲四小龙"和东盟国家① FDI 流入中区域内部占比

资料来源：笔者根据 UNCTAD 的 FDI 统计数据计算编制。

---

① 其中，"亚洲四小龙"指韩国、新加坡、中国香港和中国台湾。东盟国家包括马来西亚、印度尼西亚、菲律宾和泰国。

自2004年以来，发展中国家的FDI迅速增加。到2008年，区域内FDI总量已经达到东亚各经济体FDI流出总量的16%。图4-3显示了2004~2010年中国、"亚洲四小龙"和东盟国家FDI流入中来自东亚区域内部的比重。不难发现，东亚国家FDI流入中的绝大部分来自其他东亚经济体。而且，虽然2009年全球金融危机导致全球FDI流量出现萎缩，但是东亚发展中经济体的FDI流出量受到的影响却呈现出相反走势。

除此之外，在2008年东亚区域内部发生的8750亿美元的新增FDI中，中国贡献了3070亿美元。而且，"亚洲四小龙"（NIEs）在其中的贡献也不可小觑，达到5120亿美元。中国从"亚洲四小龙"获得的FDI占总FDI流入的65%。由于劳动力成本上涨，"亚洲四小龙"的很多本土企业开始向中国和其他东亚经济体投资，进行生产转移。如此大比例的区域内FDI促进了实体经济的一体化进程。值得一提的是，中国在加入WTO之后成为一个重要的FDI来源方。中国不仅在东亚区域内投资，还向区域外进行投资。中国作为FDI流出方的作用在2004年后逐渐得以体现。2010年，发展中国家流出的FDI总额中，中国占了8.5%的比例。

根据2014年联合国最新发布的世界投资报告，2012年和2013年，在全球FDI流入最多的前20大经济体中，中国均占据第二位，FDI流入总量分别为1210亿美元和1240亿美元。中国香港和新加坡则分别占据了第四位和第六位。从规模上看，2013年亚洲吸收的FDI达到4260亿美元，而北美和欧盟均为2500亿美元左右。由此可见，东亚区域FDI的活跃度和密集度逐渐上升，并且依然成为世界范围内FDI的主要目的地。随着东亚区域FDI规模不断扩大，区域内各经济体间的生产分工联系得以加深，区域内贸易规模也迅速增加。总体而言，FDI在促进东亚区域经济整合过程中发挥了重要的纽带作用。

二、区域内贸易规模不断扩张

东亚区域价值链分工比北美和欧洲的价值链一体化程度更高。在东亚生产网络中，产品在到达最终目的地之前的生产过程中要经历几次跨国交易，包括通过生产中心。例如，中国产品中嵌入的日本价值含量中有15%在到达中国之前也经历了东亚其他国家。进入21世纪以来，东亚区域迅速实现贸易扩张，不仅在贸易规模上远远领先于欧盟和北美的增长速度，而且总体区域内贸易比重也不断上升。

表4-2列示了2000~2012年东亚、欧盟和北美三个区域货物贸易的变动情况。显而易见，东亚区域的区域内贸易额从2000年的8007亿美元增长到2012年的23985亿美元，增幅将近2倍；而同一时期，EU27从13913亿美元增长到30291亿美元，增幅仅为1.17倍；NAFTA从6358亿美元增加到10099亿美元，增幅还不足1倍。不仅如此，东亚区域在世界范围内的总出口和总进口也急速扩张，在2000~2012年均增长了2倍左右。这在一定程度上证明了东亚区域在区域内贸易与区域外贸易之间、总进口和总出口之间都实现了平衡跨越式发展。

在欧盟和北美区域内贸易比例显著下降的同时，东亚区域的区域内贸易比例增长到新高度。2000~2012年，东亚区域内贸易占总出口的比重从46.68%上升到49.51%，上涨了3个百分点；然而，欧盟的这一比重从65.28%下降到61.72%，北美从52.41%下降到46.79%，下降幅度都大于东亚的上涨幅度。值得注意的是，东亚区域的这一趋势在2008年全球经济危机后表现得尤为明显，区域内出口比重从2008年的46.74%上升到2012年的49.51%，这四年内的增幅远远高于之前八年间的增幅。这在一定意义上说明，一方面2008年全球金融危机导致欧美等发达国家经济下滑从而对东亚区域的外部需求有所减弱；另一方面区域内市场对东亚区域各经济体的重要性正在提高，东亚区域贸易一体化进程也随之加快。此外，表4-2中显示三个区域的区域内贸易占总进口比重都出现一定幅度的下降，正是全球价值链分工下产品生产过程在全球范围内的分割程度越来越高、各参与经济体建立贸易联系的对象越来越广泛的有力证据。

表4-2 2000~2012年东亚、欧盟、北美区域内贸易变化情况①

单位：亿美元，%

	东亚区域			欧盟（EU27）			北美自由贸易区（NAFTA）		
	2000年	2008年	2012年	2000年	2008年	2012年	2000年	2008年	2012年
区域内贸易额	8007	18433	23985	13913	33406	30291	6358	9041	10099
区域总出口额	17153	39440	48446	21312	50022	49074	12133	19010	21583

① 区域内出口比重=区域内贸易额/区域总出口额，区域内进口比重=区域内贸易额/区域总进口额。

续表

	东亚区域			欧盟（EU27）			北美自由贸易区（NAFTA）		
	2000年	2008年	2012年	2000年	2008年	2012年	2000年	2008年	2012年
区域内出口比重	46.68	46.74	49.51	65.28	66.78	61.72	52.41	47.56	46.79
区域总进口额	14673	36415	48520	22802	55897	53486	16055	27165	29805
区域内进口比重	54.57	50.62	49.43	61.02	59.76	56.63	39.60	33.28	33.88

资料来源：笔者根据 RIETI-TID 数据库整理计算。

由此可见，在全球价值链分工的驱动下，东亚区域内贸易的迅速扩张推动东亚区域贸易一体化程度逐渐加强。在贸易一体化先行的东亚一体化进程中，这些市场化因素又将成为推动东亚一体化进程不断向前发展的有力保障。

三、各经济体区域内贸易比重逐渐上升

在东亚区域生产网络的分工框架下，区域内各经济体间的经贸往来愈加密切，区域内贸易活动逐渐繁荣。根本而言，东亚区域内贸易的不断扩张是各经济体相互之间大力发展贸易的必然结果。因此，东亚区域贸易一体化程度的提升不仅表现为区域内贸易总量的迅速扩大，还体现为各经济体区域内贸易比重的明显上升。

表 4-3 列示了 2000~2012 年东亚各国（或地区）的区域内进出口情况。总体而言，各经济体的区域内总出口和区域内总进口在此期间普遍实现了高度扩张，正是它们广泛参与垂直化生产分工、积极融入东亚区域贸易一体化体系的体现。在区域内总出口规模上，越南和柬埔寨的增长幅度极其显著，都高达 7 倍之多，其次是韩国的 2.8 倍以及中国的 2.7 倍。在区域内总进口规模上，越南同样显示出高于 7 倍的增幅，其次是印度尼西亚的 5.7 倍以及中国的 5.1 倍。

在表 4-3 所示的 13 个东亚国家（或地区）中，有 10 个国家（或地区）的区域内出口比重和 8 个国家（或地区）的区域内进口比重有所提高。不论是区域内进口比重还是区域内出口比重，都代表着东亚区域各经济体对区域内市场或者是区域内其他经济体的依赖程度，从一个侧面反映出东亚区域贸易一体化的发展趋势。其中，向东亚区域出口份额增幅最大的是菲律宾，从 49.8%上升到 69.5%，增加了近 20 个百分点；其次是中国台湾，从 50.1%上升到 66.8%；再次是日本，从 41.1%上升到 54.8%。从东亚区域进口份额增幅最大

的是文莱，从 39.6% 上升到 77.7%，增加了 38 个百分点；其次是印度尼西亚，从 53.3% 上升到 65.0%；再次是越南，从 64.5% 上升到 74.8%。不仅如此，在东亚区域贸易模式的重构中，东盟国家的区域内贸易比重普遍高于其他东亚经济体，成为东亚区域内贸易密集度的新增长点。这说明东盟国家在全球价值链分工下表现出极大的发展潜力，在东亚区域贸易一体化进程中发挥着生力军的作用。

表 4-3 2000~2012 年东亚区域各经济体区域内贸易的总体情况

单位：%

国家（地区）	2000~2012年区域内出口增长率	区域内出口比重			2000~2012年区域内进口增长率	区域内进口比重		
		2000年	2008年	2012年		2000年	2008年	2012年
日本	118.4	41.1	50.0	54.8	134.4	40.7	38.2	41.9
韩国	281.3	46.6	53.2	58.3	202.3	42.7	43.3	40.4
中国	268.9	46.3	33.3	34.7	512.4	51.5	45.4	40.2
中国台湾	174.1	50.1	63.7	66.8	79.7	54.8	49.3	51.0
中国香港	22.1	38.8	46.4	47.5	107.3	79.4	79.3	74.0
印度尼西亚	209.8	58.8	60.5	62.5	573.2	53.3	64.9	65.0
马来西亚	190.6	55.2	60.6	67.9	147.7	62.0	60.6	63.4
菲律宾	121.5	49.8	69.2	69.5	118.6	56.5	60.6	63.5
新加坡	190.6	54.9	62.8	64.6	92.1	60.2	52.7	45.1
泰国	255.6	47.6	53.0	56.7	299.3	56.5	52.6	57.1
越南	750.1	48.0	40.1	47.0	742.1	64.5	76.2	74.8
文莱	238.6	81.7	82.8	75.8	223.6	39.6	56.0	77.7
柬埔寨	742.5	17.8	12.6	24.7	429.0	87.5	88.9	90.2

注：一国（或地区）区域内出口比重=对区域内总出口/对世界总出口，一国（或地区）区域内进口比重=从区域内总进口/从世界总进口。

资料来源：笔者根据 RIETI-TID 数据库相关数据计算整理。

值得说明的是，中国的区域内出口比重和进口比重都出现一定程度的下降，并且均减少了至少 10 个百分点。在一定程度上，这是中国作为世界经济大国不断与东亚区域外部多方经济体开展经济合作、更深层次融入全球价值链分工的结果。从贸易绝对规模视角来看，中国在东亚区域贸易模式中的中心地位仍然不可动摇。

由此可见，由于全球价值链分工的影响，东亚区域内贸易集中度越来越高，区域内各经济体之间的贸易依存度越来越大，每个经济体都在东亚区域内贸易一体化进程中发挥着自己的作用。全球价值链重构在推动国际市场竞争的同时，也促进了国际分工的深化和区域利益的融合。

第四节 东亚区域贸易模式重构

随着东亚区域生产分工网络的不断扩大与深化，各经济体之间在国际贸易中的联系更加广泛和紧密，体现了跨国生产分工与国际贸易之间的联动关系。东亚区域内贸易不仅在规模上表现出迅速增长态势，也在结构上发生了很多动态变化，这些动态变化直观地表现了经济体之间的依存关系。产品内分工形式将中间品贸易和最终品贸易分割开来，共同构成贸易模式的主要内容。因此，本书的分析将分别从中间品贸易和最终品贸易入手，试图剖析东亚区域贸易分工模式的重构问题。

一、中间品贸易分工模式的重构

表4-4列示了日本、中国、韩国、中国台湾、中国香港以及ASEAN 8国2000~2012年的中间品贸易矩阵，表中各比重结果是根据RIETI-TID 2012数据库中相关数据进行整理计算。其中，ASEAN 8包括印度尼西亚、马来西亚、菲律宾、新加坡、泰国、越南、文莱和柬埔寨。在矩阵中，第一行表示中间品出口国（地区），左边第一列表示中间品进口国（地区）。从表4-4的东亚区域中间品贸易矩阵中，可以总结出区域内中间品贸易结构变化的以下三点特征：

第一，日本、韩国和中国台湾向中国出口中间产品的比例越来越大。其中，日本向中国出口中间产品的比例从2000年的11.2%增加到2012年的23.1%，扩大了一倍。与此同时，韩国的这一出口比例从19.9%增加到33.7%，增幅也较显著。值得注意的是，中国台湾向中国大陆地区出口中间品的比例从3.9%跃升到27.8%，扩大了将近7倍。这一结果得益于两岸关系的改善以及台湾地区电子行业突飞猛进的发展。这些变化趋势都体现出中国参与东亚区域生产网络分工的规模呈扩大趋势，根源于中国自身经济实力的壮大及其在东亚地区经济地位的提升。

第二，从中间品进口角度来看，中国与日本之间经贸往来没有实现对称发展。2000~2012年，中国对日本的中间品进口比例从24.9%下降到16%，减少了将近9个百分点。但是事实却是，中国中间品进口规模在2000~2012年增长了5.6倍，从444亿美元增长到2498亿美元。究其原因，中国的中间品进口正在逐渐从日本转移到其他东亚经济体。从表4-4中可以看出，中国从韩国、中国台湾以及东盟8国等经济体的中间品进口比例都表现出不同程度的增加，其增加幅度总和几乎与从日本进口的减少幅度大抵相当。这在一定程度上说明日本在东亚生产网络中的领导地位在下降，而且随着韩国和中国台湾等新兴经济体的技术追赶，日本在东亚区域的经济影响力将面临更大挑战。

表4-4　2000~2012年东亚区域中间品贸易矩阵分析① 　　单位：%

国家（地区）		日本		中国		韩国		中国台湾		中国香港		ASEAN 8	
		出口比重	进口比重	出口比重	进口比重	出口比重	进口比重	出口比重	进口比重	出口比重	进口比重	出口比重	进口比重
日本	2000年			11.8	9.3	12.0	8.2	9.2	6.2	3.1	0.5	13.3	20.5
	2012年			7.6	17.4	8.1	8.5	5.9	4.2	0.8	0.1	10.2	19.7
中国	2000年	11.2	24.9			19.9	16.7	3.9	3.2	22.7	5.0	6.7	12.8
	2012年	23.1	16.0			33.7	17.2	27.8	9.5	11.4	0.5	17.9	16.7
韩国	2000年	22.8	70.3	5.4	7.4			3.2	3.7	3.5	1.1	5.3	13.9
	2012年	22.4	43.5	6.2	19.2			4.6	4.4	4.9	0.6	4.6	12.0
中国台湾	2000年	7.9	28.3	3.2	5.1	5.5	7.5			4.4	1.6	6.0	18.5
	2012年	7.2	22.8	16.1	3.8	8.8				5.5	1.1	3.2	13.8
中国香港	2000年	6.6	14.1	23.5	22.2	8.4	6.8	27.1	21.9			6.8	12.6
	2012年	5.5	8.5	14.1	34.9	5.2	5.9	13.4	10.2			7.9	16.6

① 出口比重＝第一行中间品出口国（地区）对某一国家（地区）的中间品出口/该国中间品总出口，进口比重＝第一列中间品进口国（地区）对某一国家（地区）的中间品进口/该国中间品总进口，表中空白位置表示该国（地区）不与自身发生进口或出口。

东盟	2000年	18.4	20.5	8.4	4.1	12.7	5.4	15.5	6.5	22.1	2.4	25.6	24.5
	2012年	18.8	12.4	12.7	13.3	17.0	8.3	21.9	7.1	30.3	1.3	26.7	23.7

资料来源：笔者根据RIETI-TID数据库的相关数据计算整理。

第三，东盟（ASEAN）地区参与东亚生产分工的程度也有所增大。从表4-4中可以看出，东亚区域其他经济体向东盟地区出口中间产品的比例普遍增加。其中，中国香港和中国台湾向ASEAN 8出口中间品的份额增长最多，在2000~2012年分别增加了8个百分点和6个百分点。中国和韩国对东盟的中间品出口份额也都至少增加了4个百分点。值得注意的是，东盟从中国进口中间品的比例也实现了大幅上升，增加了至少9个百分点，中国成为东盟在东亚区域的第一大中间品进口来源。值得一提的是，越南在2000年时的中间品进口量非常小，但是其2012年中间品进口的总增加幅度超过了菲律宾和越南之间进出口总额的增加幅度。此外，柬埔寨、老挝和缅甸成为东亚区域生产网络的新参与者。在一定程度上，这些上升趋势与东盟分别和中国、韩国、日本签订实施"10+1"自由贸易协议紧密相关，但是也不能否认，东盟有可能将成为东亚地区生产网络的制造中心乃至全球价值链中新的"世界工厂"。

二、最终品贸易分工模式的重构

与中间品贸易相比，东亚区域的最终品贸易表现则相对稳定且较为简单，其贸易分工模式的重构主要体现在中国—日本以及中国—东盟之间的经贸关系上。在表4-5所列示的最终品贸易矩阵中，ASEAN 8的地理范围同上。同样，表中各比重结果是根据RIETI-TID 2012数据库中相关数据进行整理计算，第一行为最终品出口国（地区），左边第一列为最终品进口国（地区）。从表4-5的东亚区域最终品贸易矩阵中，可以总结出区域内最终品贸易结构变化的以下两点特征。

第一，中国和日本之间不对称的经贸关系在最终产品的贸易中也较为显著。从2000年到2012年，日本对中国产品的最终品出口比重从4.6%大幅增加到16.8%，上涨了12个百分点；而中国对日本的最终品出口比重则从14.2%下降到9.9%，呈现出相反走势。另外，中国成为日本最终品的主要进口来源国，从2000年的25%增长到2012年的42.1%。可见，日本对中国存在着较高的贸易依存度，中国的最终品需求对日本的经济增长有着相当程度的影响力。反之，中国的最终品出口却没有对等程度地依赖于日本。这与中国在东亚生产网络中的分工地位相关。不能忽视的是，随着中国参与全球价值链中生产活动愈加广泛，中国出口到欧美地区的最终产品份额在总体上呈现上升趋势，从 2000 年的 38.37%增长到 47.36%，在一定程度上反映了东亚地区的"新三角贸易"模式，是整个东亚区域参与全球价值链分工的直接结果。

第二，中国成为东盟地区最终产品市场的能力正在增强。东盟向中国出口最终产品的比重从 2000 年的 2%上升到 10.0%，并在逐年上升。21 世纪初期，东盟最大的贸易伙伴是日本。但是在 2009 年，中国首次超过日本和欧盟成为东盟的第一大贸易伙伴国以及出口目的地。而且，截至目前，在东盟内部，中国已成为马来西亚、缅甸和越南的第一大贸易伙伴，印度尼西亚、泰国和老挝的第二大贸易伙伴，新加坡和菲律宾的第三大贸易伙伴。中国与东盟之间的关系愈加紧密，中国为东盟提供最终消费品市场的主力趋势明显。这不仅将加强中国自身在东亚地区不可比拟的经济地位，也将带动东亚经济实现新一轮的强劲增长。

表 4-5 2000~2012 年东亚区域最终品贸易矩阵分析① 单位：%

国家（地区）		日本		中国		韩国		中国台湾		中国香港		ASEAN 8	
		出口比重	进口比重	出口比重	进口比重	出口比重	进口比重	出口比重	进口比重	出口比重	进口比重	出口比重	进口比重
日本	2000 年			14.2	25.0	11.1	5.1	14.3	5.7	1.9	0.4	12.6	13.7
	2012 年			9.9	42.1	5.5	3.3	6.6	2.3	2.2	0.2	8.9	12.1
中国	2000 年	4.6	24.7			4.1	6.5	1.2	1.6	8.2	6.0	2.0	7.4
	2012 年	16.8	17.2			22.3	11.3	23.7	7.0	7.0	0.5	10.1	11.5
韩国	2000 年	4.0	25.5	1.6	11.9			1.7	2.7	0.9	0.3	2.0	9.0
	2012 年	4.3	14.4	2.4	28.1			1.9	1.8	1.5	0.3	2.5	9.1
中国台湾	2000 年	7.3	34.6	0.7	3.6	4.7	6.6			2.9	1.9	3.2	10.4
	2012 年	3.7	21.0	1.3	25.5	0.8	2.3			1.5	0.6	1.7	10.6

① 出口比重=第一行最终品出口国（地区）对某一国家（地区）的最终品出口/该国最终品总出口，进口比重=第一列最终品进口国（地区）对某一国家（地区）的最终品进口/该国最终品总进口。表中空白位置表示该国（地区）不与自身发生进口或出口。

中国香港	2000年	3.3	7.5	23.6	61.2	3.0	2.0	10.9	6.4			3.7	5.8
中国香港	2012年	3.2	5.5	9.2	55.1	1.4	1.2	5.9	2.9			3.9	7.4
ASEAN 8	2000年	8.5	21.5	2.5	7.2	5.5	4.1	6.9	4.5	9.8	3.4	13.2	23.3
ASEAN 8	2012年	11.6	13.6	5.6	22.9	7.2	4.2	11.7	4.0	17.3	1.4	15.8	20.6

资料来源：笔者根据 RIETI-TID 数据库的相关数据计算整理。

综上所述，不论是中间品贸易分工模式重构还是最终品贸易分工模式重构，都说明了全球价值链在东亚区域经济一体化进程中发挥了重要作用。在参与全球价值链分工的过程中，东亚区域各经济体之间通过不同的上下游生产关系紧密联系在一起，这种产业链的相互依存推动着东亚区域贸易分工模式发生重构乃至东亚区域的经济整合。

第五章
东亚区域经济整合潜在风险及传导机制分析梳理

全球价值链（GVC）对东亚区域经济整合带来的潜在风险，从根本上可以落脚为对区域内各经济体所包含的产业集群的影响。根据第二章对全球价值链相关理论的分析，很多学者在研究 GVC 对产业集群的影响时，把潜在风险的原因归结到以下几方面：供应链治理风险、价值贫困化、恶性竞争、路径依赖、战略边缘化以及产业转移等。"生产分割"使原本处于一个企业内部的完整生产过程被分为若干个不同生产环节，并在全球范围不同经济体内逐渐进行垂直分离和重新整合，从而形成全球价值链。但是正如第二章和第三章中所分析的，东亚区域作为一个经济整体，其生产分工结构、贸易模式以及分工地位都存在着独有的特点，这些现实特征都是研究全球价值链分工对东亚区域经济整合带来的潜在风险时应该综合考虑的因素。

东亚区域在经济整合过程中，由跨国公司（Multinational Corporation）以 FDI 方式主导了生产环节在不同国家（地区）之间的区位选择，具有空间属性的"集聚"和"分散"力量通过相互交织、共同作用促进了东亚生产网络的形成。在东亚区域各经济体积极融入全球价值链分工的过程中，东亚生产网络成为东亚区域经济一体化重要的连接纽带和促进机制，其稳定性和结构优化成为东亚区域经济整合的重要保障。从这个角度来看，全球价值链分工为东亚区域生产网络带来的波动性很可能为东亚区域经济整合带来不利影响，存在一定潜在风险。

虽然在对全球价值链风险管理的相关研究中，价值链集群风险和中断风险无疑是最为显著、最为集中的两大风险。然而，对这两大风险研究和总结的基本出发点大多是微观层面的动力机制，所提出的治理措施也是从企业管理的微观角度出发，针对企业如何利用产业链管理获取最大利润或者减少供应链风险损失而提出的。随着全球价值链分工形成的产业集群间国别色彩越来越突出，不少学者将对全球价值链发展以及作用机制的研究视角集中到了国家层面，分析全球价值链分工网络对参与其中的各个经济体产生的生产、贸易以及产业层面的影响。鉴于此，本章将立足于东亚区域经济整合，研究全球价值链分工对东亚区域生产网络带来哪些潜在风险。就本书的研究动机而言，分析全球价值链分工对东亚区域经济整合存在哪些潜在风险并不是最终目的，而是通过这些风险传导机制得到风险形成或传播的影响因素，以便采取相应的防范措施。因此，从另一种角度看，对这些传导机制分析也是对风险形成或传导的影响因素进行分析。

本章将在全球价值链微观治理风险基础上，把全球价值链对东亚区域经济整合带来的潜在风险归纳为三个主要方面，即价值链中断风险、最终需求冲击风险以及价值链分工地位锁定风险，并从全球价值链分工视角出发，力求从理论模型中探寻潜在风险的生成机制或者传导渠道。

第一节　价值链中断带来的潜在风险

全球价值链分工体系的迅速发展给东亚区域大多数经济体带来融入国际生产网络（International Production Network）的有利机会，也极大地促进了东亚区域生产网络的结构变革。东亚区域内部形成了由产品内分工形式主导的诸多生产环节之间的有序排列和优化布局，各参与经济体在生产价值链中结成相互依赖的上下游生产关系。在这一背景下，价值链中断对东亚区域个体和整体经济发展带来的影响不容小觑。本节将重点分析价值链中断对东亚区域经济整合带来的潜在风险，阐述价值链中断风险的含义以及其对东亚区域生产网络发展存在哪些具体影响，并在此基础上对其在东亚区域中的传导机制进行深入剖析，进而提出有针对性的防范措施。

一、价值链中断风险的含义

价值链中断风险的概念起源于供应链风险（Supply Chains Risk）研究，但是后者是在微观企业的分析层面上提出来的。本书将从东亚区域生产分工网络这一较为宏观的视角出发对价值链中断风险给予新的定义。

随着垂直化生产分割在国际生产分工合作中的不断发展和深化，全球价值链作为生产资源在全球范围内优化配置的实现形式逐渐形成和完善。在"集聚"与"分散"两大动力机制的相互交织作用下，全球价值链涉及的行业不断增多，生产协作中加入的国家（地区）越来越广，产品生产阶段的划分越来越细致，其结果是全球价值链的长度自然而然逐渐延伸。生产环节的增加以及生产参与主体的扩大使全球价值链自身的稳定性有所下降，波动性风险开始凸显。

在刚刚过去的 20 年中，飓风、地震、海啸、洪水、大火、流行性传染病等自然灾害都曾经导致价值链的严重中断。除此之外，工人罢工、恐怖袭击、有组织的保护和抵制等人为因素也可以成为重要威胁因素。某一地区一旦发生生产中断，其损失会迅速通过生产价值链蔓延开来，而生产的恢复则需要在全球范围内历经一段较长时期。全球价值链分工网络中的各个前后环节之间都是互相依赖、互相联系的，一旦其中任何一个环节被破坏，其他环节甚至整个系统都有可能受到影响。

由于本章主要研究全球价值链分工为东亚区域经济整合带来的潜在风险，属于宏观层面的风险研究，研究重点将放在后一种风险上，即价值链中断风险。需要指出的是，虽然价值链中断风险的风险来源无法控制，但是这种风险在价值链中的传导机制及其影响因素是存在一定可控性的。并且，基于以上对供应链风险的分析，本章将价值链中断风险的定义总结为：当全球价值链的一个或多个生产环节由于遭受自然或者人为的不可控因素冲击而遭受严重损失时，这一冲击会通过价值链分工网络影响到其他生产环节的正常运行，从而导致整个价值链系统的剧烈波动甚至出现临时性中断。

二、价值链中断对东亚区域经济整合的现实影响

价值链中断风险对东亚区域经济整合的影响首先表现在区域内贸易受到剧烈冲击。东亚区域生产网络正常生产秩序中断导致产量严重下降，进而表现为出口量严重下滑。

由于东亚区域各经济体在参与全球价值链的过程中处于不同生产环节，当分布在一国（地区）中的某一生产环节由于不可抗力发生生产中断时，会给分布在其他国家（地区）的后续生产环节造成生产停滞的影响。这些生产环

节在一段时期中的产量下降为所在国家（地区）带来不可挽回的经济损失，在一定程度上导致东亚区域经济偏离原有发展趋势。

例如，众所周知的"3·11"日本大地震导致日本本国一些主要制造业遭受很大损失，其中汽车行业受到的冲击最大。日本汽车产业委员会的相关数据显示，2011年3月日本汽车行业的产量同比减少了57.3%。更为严重的是，此次地震对生产和经济的影响还蔓延到日本以外的国家和地区。日本中间产品生产的短缺导致东亚区域其他国家的相关联汽车生产出现一定停滞，直接导致中国部分省份以及东南亚一些国家的汽车产量严重下降。

图5-1显示了"3·11"日本地震前后日本、中国广东和泰国的汽车产量月度变化趋势，产量变化值以同比百分数表示。日本的汽车制造业在受到地震带来生产供应链中断的冲击之后，日本相关零部件等中间产品出口的下降导致中国广东和泰国相关生产环节中间投入品供应不足，后两个地区汽车行业的生产活动在随后的一个月中开始受到严重阻碍，产量急剧下降。值得注意的是，中国广东省汽车行业产量降幅的最大值出现在2011年4月，而泰国汽车行业产量的最大降幅则出现在5月，后者明显晚于前者。究其原因，是由于企业对于中间进口投入品一般都设置一定比例的安全库存量以预防供应链的突发性中断，但是由于地理位置的原因，中间投入品的运输到达存在长短不同的时间滞后期。

可见，虽然价值链中断风险的来源主体是微观企业，但是在全球价值链分工范围不断扩张的背景下，这种个体风险的影响范围已经扩大到国家产业乃至经济发展层面。

价值链中断风险带来的不利影响也包括原有竞争优势的减少和丧失。发生价值链中断之后，虽然遭受冲击的生产厂商及其所在区域都会试图尽快恢复到灾害发生之前的生产环境以及生产率水平，但是，如果就持久发展战略而言，仅仅恢复到灾害发生之前的实力水平并不够。1995年发生的日本阪神大地震对作为东亚集装箱运输中心的神户港造成了灾难性损失。因为在此次地震之前，全球范围内的港口正在处于激烈竞争的状态，就东亚区域而言，除了日本神户港，韩国釜山、中国上海、中国台湾高雄三个城市的港口也极具竞争优势。日本神户由于遭受地震带来的巨大损失而不再具备之前较强的竞争优势，就连恢复到地震前的原有生产秩序也需要很长时间。以小见大，对于东亚区域经济发展而言，重视价值链中断带来的潜在风险并且加以防范，在很大程度上

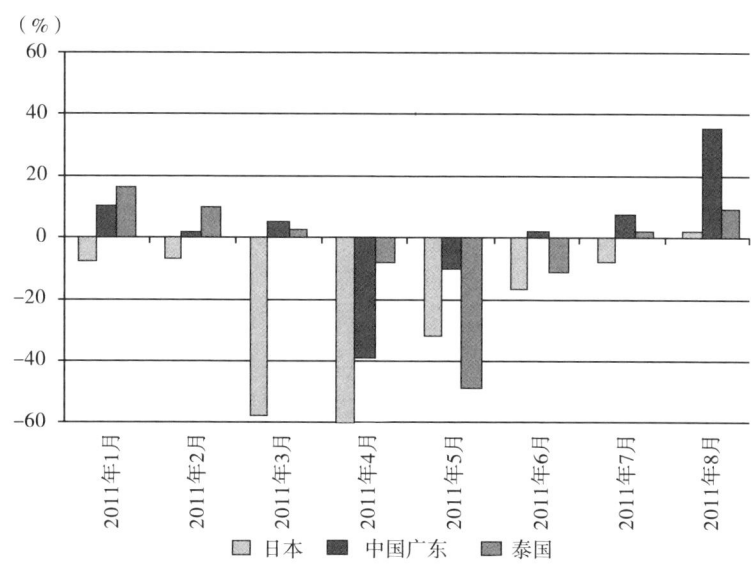

图 5-1　2011 年日本、中国广东和泰国汽车产量月度变化趋势

资料来源：日本汽车产业制造委员会（Japan Automobile Manufacturing Association），广东省统计局和泰国汽车委员会（Thai Automotive Institute）的相关统计数据。

影响其是否能在全球价值链生产网络中保持竞争优势以及巩固经济地位。

三、价值链中断风险的传导机制分析

价值链中断风险是一种由单一生产环节受到冲击从而蔓延扩散到其他生产环节乃至整个价值链系统的总体性风险。在全球价值链的覆盖范围不断扩大、分工环节逐渐复杂深化的背景下，价值链中断风险一旦发生，其影响范围可能涉及很多国家。生产活动代表了一种价值创造过程，生产价值链中断对经济的冲击不言而喻。对于东亚区域而言，东亚生产网络的发达和深化在经济整合过程中起到了关键的支撑作用，该区域内生产价值链的正常运行和优化升级将对东亚区域的经济发展前景起到有力的促进作用。因此，研究价值链中断风险在东亚区域的传导机制，分析影响价值链中断风险传导的主要弊端因素并加以控制，对更好地利用全球价值链分工机遇、促进东亚区域经济一体化进程具有现实的指导意义和深远的战略意义。

（一）上下游依赖关系中的多米诺效应

在垂直化专业分工形式主导下，产品生产过程被全球价值链的形成和延伸分割成诸多生产环节，这些生产环节通过中间投入品的供应和需求在价值链中环环相扣，紧密相连，形成相互依赖的上下游生产关系。一旦某一生产环节发生大幅偏差或者临时中断，其损失会波及与之直接相连的其他后续生产环节（即下游生产环节），形成"多米诺骨牌"效应。

就本书的定义而言，价值链中断性风险的传导路径一般是从上游传导至下游。并且，这种上下游生产环节之间的依赖性越强，价值链中断风险的传播速度越快，影响程度也越大。因此可以说，全球价值链的分布广泛化和结构复杂化趋势在一定程度上促进价值链中断风险传导路径的形成。

从本质上看，全球价值链各环节之间的上下游依赖关系是随着生产网络的形成与巩固自然产生的，以此为媒介的FDI活动和中间品贸易是国家（地区）之间建立经济联系的基础。因此，从这个角度而言，上下游依赖关系在区域经济整合过程中是一把"双刃剑"，既在一定程度上促进和加深了区域经济整合，又为价值链潜在风险的传导提供了路径。

从"3·11"日本大地震对东亚生产网络造成极大损失的事件来看，由于日本国内受灾影响地区包含了一些供应链的主要上游供给者，在很大程度上支撑着日本制造产业，当这一区域不能提供零部件和原材料时，很多从事汽车、电子设备组装制造的生产企业不得不转向其他零部件和原材料的生产者，从而导致整个国家的生产活动都被延缓。

(二) "不可替代"生产环节的空间集聚

虽然上下游依赖关系为价值链中断风险传导提供了基本路径，但是影响传导效率的重要因素是某些具有不可替代性质的重要节点的空间集聚。全球价值链中包含诸多生产环节，它们所处的地位、具有的功能和影响力可能大不相同。在微笑曲线（Smiling Curve）中，不同生产环节具有的附加值和竞争力都有高低之分，高附加值的生产环节的技术含量较高，不易被模仿和复制，在一定程度上具有不可替代效应。反之，低附加值的生产环节技术含量较低，容易形成竞争或者趋同。在一定意义上，上游生产商们凭借其在生产价值链条中的不可替代性成为整个价值链的控制者，其下游生产环节对上游生产环节存在较大的依赖程度。一旦这些上游生产环节受到冲击，下游生产环节无法通过转换生产供应商以及调整库存等策略调整自身生产活动，从而遭受价值链中断风险的影响。

具体而言，全球价值链中某些生产阶段的零部件由于需要较高的生产技术或者高技能的稀缺人才而具有定制的独特性，而定制合同一般属于长期契约，这种不可替代性至少在中断发生的短期内加大了产品价值链的中断风险。如果关键零部件的生产环节集中在几家供应商中，一旦价值链中关键生产环节受到自然灾害的冲击，将引发系统性中断现象。

而且，前面理论综述部分也已经阐明，在空间经济学的"集聚"与"分散"原则的相互交织作用下，发展中国家凭借劳动力成本优势进入到全球价值链中，也因此聚集了低附加值的劳动密集型生产环节，而发达国家则在全球价值链的制造行业中掌握着核心的技术和关键零部件生产，从而导致发展中国家的生产活动严重依赖发达国家高技术含量中间产品的供给。因而，从根本上说，价值链中断风险在东亚区域传导的原因也在于"不可替代"生产环节的空间集聚。

第二节　最终需求冲击带来的潜在风险

上一节从东亚区域生产网络内部结构的角度分析了东亚区域经济整合中蕴含的潜在风险：价值链中断风险。本节将把关注视角转换到最终需求环节，着重研究最终需求冲击给东亚区域经济整合带来的潜在风险。具体而言，本节将在深入分析东亚区域贸易和经济发展受 2008 年全球金融危机冲击影响的基础上，试图通过中间品贸易的相关理论剖析最终需求冲击风险在东亚区域的传导机制。

一、最终需求冲击风险的含义

对最终需求冲击风险的理解重点在于对最终需求和中间需求的区分。最终需求的概念是相对于中间需求而提出的，指对最终产品的消费需求。全球价值链分工的本质是生产的垂直专业化分工在不同国家或地区之间的广泛实现。在这种分工形式下，原本在同一地点经历完整工艺程序生产出来的产品被分割成若干"任务单元"，这些"任务单元"被分布到相应最具专业化生产能力的国家或地区，形成"生产分割"（Production Fragmentation），中间产品也随之登上国际贸易舞台。为了生产出最终产品，其间需要发生若干次中间产品的进出口流动。很多学者也经常用"生产分割"（Production Fragmentation）或者"切片化价值链"（Slicing up Value Chains）等术语对其加以描述。因此，不同于水平专业化分工下的国际贸易，在垂直专业化分工下的国际贸易交换的往往不是从开始到结束完全在一个国家生产的产品，而是不同生产环节下的产物：中间产品。中间品贸易反映了垂直专业化分工环境下不同国家相互关联的生产环节之间的"投入—产出"(Input-Output) 需求，即一种中间需求。

但是，价值链分工的最终生产目的在于消费品和资本品等最终产品，中间品需求在某种程度上是最终需求的派生效应，最终需求不仅决定中间品贸易的产生，还对中间品贸易的扩大产生一定乘数效应。由此可知，最终需求对全球价值链分工下的贸易繁荣具有重要影响。因此，一旦最终需求出现不确定性，即由于某种突发原因影响而大幅下降，与最终需求相关联的中间品贸易将遭受严重冲击，从而形成最终需求冲击带来的潜在风险。

需要具体说明的是，本书所研究的最终需求是来源于东亚区域外部经济体[①]对东亚区域生产网络生产完工的最终品的需求，最终需求冲击则代表区域外部最终需求的下降。

二、最终需求冲击对东亚区域经济整合的现实影响

与价值链中断风险直接导致下游生产环节生产秩序紊乱不同，最终需求冲击带来的潜在风险主要影响最终产品生产过程涉及的所有中间环节。由前文分析可知，东亚区域经济整合的显著特点就是建立在中间品贸易基础上的贸易一体化。因此，最终需求冲击不仅直接影响东亚区域最终产品的出口规模，而且间接影响东亚区域内中间品贸易的形成和扩大。其中，后者与东亚区域经济整合的联系更为紧密。

最终品需求最终会完全影响很多国家的中间品需求，这一事实说明当某一最终品需求国出现经济下滑需求不足时，在 GVC 分工模式愈加重要的东亚区域，这种冲击将会以更快的速度、更严重的程度影响东亚区域很多国家和地区。

很多学者指出，全球价值链分工下的国际贸易比传统统计意义下的国际贸易更容易受到最终需求的冲击。其中可能存在三个主要原因：首先，传统贸易统计方式在涉及全球价值链内的贸易时存在多重计算问题，导致相关研究结果的虚高。其次，由于全球价值链的产品结构，其中占很大比例的电子产品和汽车等生产价值链的最终需求具有较高的收入弹性 (Ferrantimo 和 Taglioni,

---

[①] 本书研究的东亚区域外部经济体主要指欧美等发达经济体。

2014)。最后,由于上游供应链存货管理的较大变动,最终需求的下降可能导致中间品需求出现更大程度的下降,即"鞭长效应"(Bullwhip Effect)。市场原因和企业库存管理成本最小化等因素导致补充库存的滞后期(如从订货到收货需要一定时间)存在很大不确定性,因此重新补货的变动程度要大于销售。因此,随着全球价值链的不断延长以及更频繁的跨境交易带来的更多不确定性,鞭长效应便会在最终需求受到冲击时开始显现。

2008~2009年全球经济危机的导火索是由房地产泡沫、房地产贷款证券化以及影子银行系统倒塌引发的美国信贷市场受到重创。同时,接踵而来的欧洲主权债务危机又加深了这次金融危机。这场危机直接导致了欧美等世界主要发达经济体受到重创,普遍出现经济下滑、需求不足以及增长乏力,对国际贸易造成极大冲击,几乎到了"贸易崩溃"的地步。2009年全球出口总额下降了约22%,其中不仅欧美等经济体,东亚区域各经济体的贸易活动也深受影响。图5-2显示了2008年和2009年东亚区域部分经济体总出口规模变动的对比图。可以看出,这11个经济体的总出口规模普遍下滑,其中降幅最大的三个国家(或地区)分别为日本(25.46%)、中国台湾(19.35%)以及马来西亚(18.98%)。

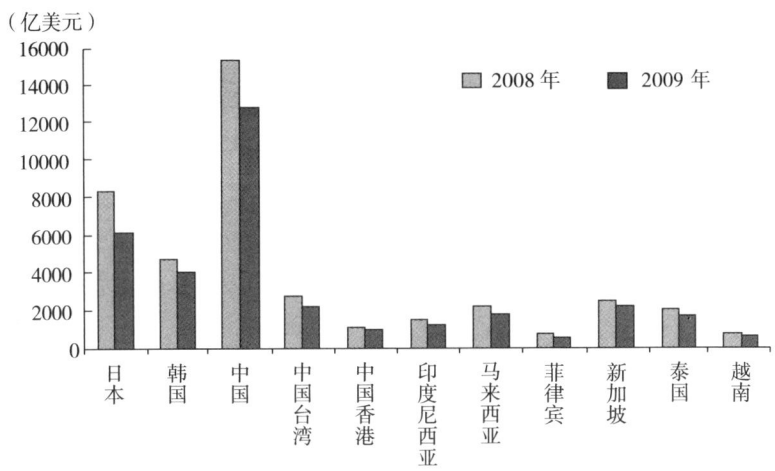

图5-2 东亚区域部分经济体2008年和2009年总出口规模变动对比

资料来源:OECD数据库。

全球价值链的普遍发展助推东亚区域生产分工网络日渐发达,东亚区域贸易在全球贸易网络中的地位不言而喻,但实际上也成为将欧美金融危机传导至东亚区域乃至世界其他地区的主要渠道。在东亚区域贸易分工模式的发展演变中，零部件等中间产品的贸易扩张比最终产品更加迅速，2008年全球金融危机不仅直接导致了对最终产品需求的下降，也对中间产品需求造成了巨大的间接影响。由此可见，全球价值链分工在为东亚区域内各经济体赋予经济发展机会的同时，也带来了一定的潜在风险。最终需求冲击带来的潜在风险不仅直接反映在贸易层面，还隐藏着对东亚区域经济增长动力的影响。

三、最终需求冲击风险的传导机制分析

概括而言，最终需求冲击风险影响东亚区域经济整合的传导机制主要通过两条渠道来实现。一是东亚区域对于欧美等发达经济体的"外部依赖"，二是东亚区域内的中间品贸易网络。

（一）东亚区域贸易模式的外部依赖

20世纪80年代以来，东亚区域的大多数经济体为了促进经济发展开始相继采取"外向型"贸易政策作为国家经济发展的主导战略，其出口的主要目的地是欧洲和美国。2008年爆发了以美国次贷危机为导火索的全球金融危机，欧洲和美国等发达经济体因此而遭受重创，经济形势出现严重下滑，消费能力疲软，经济增长乏力。外部需求的严重下降导致东亚区域对欧美的出口活动也随之受到严重削减。不仅如此，这次危机迅速蔓延并传染到东亚区域经济体，东亚区域个体和整体经济发展都出现一定程度的延缓和阻碍。除了金融系统内部的传导扩散，东亚区域贸易网络也是此次危机在东亚区域的传播途径。

很多学者也利用充分的数据统计和系统的实证分析对东亚区域贸易模式进行了深入研究，发现东亚区域经济发展机制和贸易模式存在一定的弊端，即东亚区域以国际贸易为纽带严重依赖美国和欧洲等发达国家市场。

值得一提的是，对于东亚区域"外部依赖"的提出，部分原因在于一些学者对东亚区域"解耦"（Decoupling）[①]现象的争论。20世纪90年代以来，东亚区域爆发出来的巨大经济增长潜力使很多学者开始对东亚区域与欧美等发

---

① "解耦"（Decoupling）一词最早出现在对全球经济同步性问题的研究中，有代表意义的文献如Canova和Dellas（1993）、Frankel和Rose（1998）等。随后，很多学者将其引入到对东亚区域经济的研究中，将研究视角转向东亚区域与区域外部（主要指欧美等发达国家）之间在经济周期上是否存在"解耦"。根据ADB（2007）的定义，东亚区域的"解耦"是指相对独立于全球需求变化趋势而形成由内部需求主导的经济周期机制，即东亚区域在经济上是否已经脱离欧美等发达国家需求冲击的影响。更多的相关文献可以参考Rana（2006）、Dees和Vansteenkiste（2007）、Soyoung Kim等（2009）、Fidrmuc和Korhonen（2009）、Yung Chul Park（2011）等。

达国家的经济联系展开争论。他们将争论重点放在东亚区域是否存在"解耦",即东亚区域与区域外部在经济周期上不断扩大的非同步性(Soyoung Kim 等,2009),其本质就是研究东亚区域对欧美等发达国家的外部依赖是否减小甚至消失。

(二) 东亚区域的中间品贸易网络

自 20 世纪 90 年代以来,东亚区域逐渐融入全球生产分工网络之中,生产活动迅速扩大,参与程度不断深入,产品内分工形式将东亚区域和欧美等发达经济体紧密联系在一起,形成了不同生产环节之间的相互影响和依赖。全球金融危机的爆发不仅对美国和欧洲的经济发展造成严重阻碍,还对全球生产网络产生一定冲击,进而通过普遍处于上游生产环节的欧美经济体传导到处于下游生产阶段的东亚地区。

GVC 贸易模式下的贸易量比传统贸易模式下要大。具体而言,如果一个最终产品完全由出口国自己生产,那么当需求下降时,只有一项贸易流减少。但是如果最终产品是通过进口投入品加工生产,那么当最终产品的需求下降时,将有两项贸易流(中间投入品进口和最终品出口)共同减少。

在全球价值链分工体系主导国际贸易模式的背景下,中间品贸易的繁荣和扩张成为全球贸易量迅猛增长的主要原因。尤其对东亚区域而言,中间品贸易几乎占据了区域内贸易总量的一半份额,在东亚区域贸易一体化的快速发展中起到极其重要的促进作用。但是不容忽视的一点是,与传统贸易形式不同,中间品贸易并不是独立存在的,在全球价值链分工形式下,中间品贸易在很大程度上派生于最终产品的生产需求,后者直接或者间接影响着前者的规模和结构。

东亚区域的中间品贸易网络可以总结为"三角贸易"或"新三角贸易"。二者的区别是,"新三角贸易"更加凸显了中国取代东盟作为东亚地区出口平台的作用地位(李晓等,2005)。东亚区域生产网络的分工合作安排主导了东亚区域的中间品贸易网络,包含三个贸易层次:日本、新兴工业化经济体[①](Newly Industrialized Economies,NIE)、中国和东盟,在这种三角结构之中的中间品贸易网络支撑了东亚区域在全球制造业中的重要地位,也在很大程度上促进了东亚区域经济整合的进程和水平。但是,毋庸置疑的是,环环相扣的中

---

① 新兴工业化经济体是"亚洲四小龙"的新提法,包括韩国、中国台湾、中国香港和新加坡。

间品贸易网络结构也构成了最终需求冲击影响东亚区域贸易和经济的传导渠道。

第三节 全球价值链地位锁定带来的潜在风险

前两节阐述了价值链中断风险和最终需求冲击风险对东亚区域经济整合带来的影响以及各自的风险传导机制，这两种风险从本质上来说都是基于东亚区域生产网络的平台对东亚区域经济整合造成冲击影响，反映的是一种贸易效应。除了这两种潜在风险，参与全球价值链分工活动的国家还可能面临"价值链分工地位锁定"的潜在风险。本节将以全球价值链分工地位作为研究视角，分析东亚区域经济体在参与全球价值链分工合作时由于"嵌入效应"以及"学习障碍"等原因可能导致的价值链分工地位锁定的潜在风险。

一、价值链地位锁定风险的含义

在全球价值链的生产链条中，处于不同的分工地位代表了获得价值附加值大小的不同，一般来说，分工地位较高的生产环节获得的附加值利益也较大[①]。因此，实现全球价值链分工地位攀升或者控制高附加值生产环节则成为全球价值链参与国家的主要动机和一致目标。但是，全球价值链的升级路径似乎并不是水到渠成的必然定律，参与到全球价值链分工体系之中并不意味着进入了自动升级的保险箱（聂鸣和刘锦英，2006）。

随着全球价值链覆盖的范围越来越广、分工程度越来越细致，越来越多国家和地区的企业参与其中，每一个生产环节的竞争都越来越激烈。即使通过加入全球价值链生产网络能够实现一定的产品或者工艺升级，但也很难完成根本性的分工地位升级或者链条升级（Humphrey 和 Schxnitz，2002）。具体而言，不仅处于中低端分工地位（如一般零部件的加工制造、组装装配等生产环节）的国家（或地区）很难获得高端分工地位（如设计研发、品牌营销等高附加

---

① 需要说明的一点是，价值链分工地位与生产工序没有必然关系。虽然在一般的定义中，处于整条生产链条中的中间环节具有较低的价值附加值，进而意味着处于中间生产环节的生产主体在价值链中分工地位较低，但是这种定义并不具有完全的标准性和统一性。

值生产环节),甚至处于高端分工地位的国家(或地区)也不一定永久保持着竞争力。这就是全球价值链分工的"地位锁定"风险。

尤其对于广泛处于全球价值链低端地位生产环节的发展中国家而言,全球价值链的层级型治理模式以及它们在价值链分工中的比较劣势,给它们在价值链地位中的攀升带来极大困难,因此面临分工地位"低端锁定"的风险(Kaplinsky, 2000)。除此之外,很多专家学者也通过深入研究发现,发展中国家在工业化进程的起飞初期或者参与价值链低端生产环节时有可能广泛面临价值链分工地位"低端锁定"风险(Messner, 2004; Schxnitz, 2004)。从这个角度来讲,"低端锁定"风险也被称为"被俘获"现象。

二、分工地位锁定对东亚区域经济整合的现实影响

通过对东亚区域经济整合的过程和现状分析可以看出,东亚区域的发展中国家(尤其是中国)不仅在东亚区域经济实力大幅提升、经济增长速度逐渐加快的过程中发挥了重要作用,而且在东亚区域经济一体化进程的快速发展中充当了主力军的作用。但是,结合前文对全球价值链分工地位锁定风险的分析可以看出,发展中国家可能是这种锁定风险发挥潜在影响最大的国家。更确切地说,发展中国家虽然凭借劳动力成本比较优势实现了参与全球价值链生产网络的诉求,但是却面临分工地位"低端锁定"的潜在风险。

全球价值链分工为发展中国家带来了地位锁定的潜在风险,与此同时,也从以下两个方面影响了东亚区域经济整合的发展前景。

(一)东亚区域在世界舞台中的竞争力将受到影响

全球价值链地位锁定的一个基本表现就是无法实现产业升级,而能否实现产业升级是决定一国(或地区)在国际市场是否具有竞争力以及实体经济发展潜力的重要因素。

众所周知,发展中国家普遍处于全球价值链中的中低端位置,在生产网络中处于附加值率偏低的中间环节,其经济增长基础具有一定的脆弱性,缺乏持久的竞争优势。一般而言,处于价值链分工地位较高的研发、设计、营销等环节的国家创造的附加值率较高,拥有的产业竞争力也更具有持久性优势。

全球价值链虽然赋予了诸多发展中国家参与全球生产网络和产业升级的契机,但是也在一定程度上限制了发展中国家的产业升级。究其原因,一方面是

由于现有全球价值链处于较为饱和的发展阶段，技术差距日益加大的"马太效应"[1]使发展中国家始终处于价值链低端，而发达国家始终处于价值链高端。另一方面是由于处于价值链控制地位（高端地位）的领导者为了维护自身的地位而拒绝与中低端地位的参与者分享高附加值环节的相关知识和技术（Bazan 和 Nava-aleman，2004）。对于处于价值链低端地位的国家而言，一旦一些具有同样劳动力成本优势或者丰富资源的新兴经济体发展起来，前者的竞争力将受到严重威胁，导致其在世界经济舞台中的地位出现下降进而面临恶性循环的状况。

（二）东亚区域的发展中国家面临掉入"中等收入陷阱"的困境

全球价值链分工地位锁定为发展中国家带来的潜在风险可能使它们面临"中等收入陷阱"，主要体现在以下两个方面。其一是福利水平难以提高。正如前文所分析的，全球价值链低端环节一般都是劳动密集型的低附加值生产环节，竞争优势基本存在于低廉劳动力成本优势之中。为了实现成本递减、提高利润，企业不得不以降低员工工资为基本手段，导致劳动人员的福利水平很难实现真实性的改善。其二是资源优势使发展中国家过多消耗能源，环境污染因此而加重。在全球价值链生产体系中，初级产品供应、基本零部件加工制造等技术含量不高的低端生产环节往往伴随着高耗能和高污染，严重损害了经济可持续发展的前景。

20世纪90年代以来，中国和东盟一些发展中国家在"出口导向型"经济发展战略的指引下，利用丰厚的劳动力资源禀赋大力发展加工制造产业，大批代工企业在这次经济改革浪潮中应运而生，沿海经济特区、保税港加工工业区等特色产业集群也相继发展起来。不仅如此，中国还成为世界发达国家以及新兴经济体开展外国直接投资（FDI）的主要目的地，由此实现了加工制造业出口规模的加速扩张，从而为拉动东亚区域经济持续快速发展贡献了重要力量。然而，随着这些发展中国家"人口红利"的逐渐减少以及人民生活水平的日益提高，低廉的劳动力成本早已悄然上升。在全球价值链的广泛覆盖和快速延伸之下，它们面临着被更具有劳动力成本优势的国家所取代的风险。这不仅直接影响世界劳动力密集型产业的再次转移，同时也关乎东亚区域生产网络以及东亚区域经济格局的发展演变，甚至对东亚区域经济一体化的进程路径具有重

---

[1] "马太效应"的简单理解即为"使好的更好，坏的更坏"。

要影响。

全球价值链中各个分工环节创造的附加值含量是不同的,价值链分工地位低下,则创造的价值就少。也许发展中国家最初凭借劳动力优势和资源优势获得融入全球价值链分工体系的机会,并通过类似于"薄利多销"原理的大批量"任务"获得了巨额经济利益,经济规模实现迅猛增加。但是,正如UNCTAD(贸易会议,2013)对于全球价值链分工模式的分析结果所指出的,东亚区域的发展中国家可能将面临被锁定在工作条件恶劣、就业前景不稳定的低附加值生产活动中的风险,甚至因此而掉入"中等收入陷阱"。

三、传导机制分析

结合全球价值链分工地位升级以及锁定的基本原理,我们总结出价值链地位锁定风险主要通过以下三个渠道对东亚区域经济整合带来负面影响,即技术溢出效应、劳动生产率效应以及规模经济效应。当然,在价值链地位锁定的潜在风险下,这三种效应的发挥都受到一定阻碍,从而影响东亚区域经济整合。

(一) 技术溢出效应

总体来看,参与全球价值链的技术溢出效应表现在以下几个方面:

第一,跨国公司通过FDI在海外进行分支机构的建设,在东道国招聘工作人员从事生产制造或者生产管理,从而使本土有更多机会吸收国外先进的管理经验和生产技术。而且,随着生产企业的本土化程度不断增加,跨国公司在东道国进行的研发活动也会有所增加,进而促进本土其他企业与跨国公司之间的技术交流或研发合作,从而提高本土研发人员的素质和能力。

第二,供应链中上下游企业间产生技术溢出效应。在全球价值链分工合作中,不同国家(或地区)凭借自身比较优势参与到不同生产环节中,彼此之间形成不同程度的上下游的供需关系,即上游零部件供应商对下游生产组装环节的厂商提供中间产品或技术信息的供给,而为了确保下游加工制造环节能高效、准确地完成生产任务,上游供应商往往会对下游企业的员工进行培训或相关指导,从而实现技术传递。这也从一个侧面间接提高了下游企业的生产和管理水平,形成技术外溢或知识外溢。

第三,参与加工组装环节的国家在生产过程中,对所使用的进口中间产品或者新型材料等技术含量较高的投入品,通过不断学习研究进而掌握其中的相关知识和技术,即所谓的"干中学"。

（二）劳动生产率效应

参与全球价值链分工带来的劳动生产率效应主要通过人力资源需求和劳动生产率差异来体现。

首先，跨国公司通过FDI建立的海外分支机构在东道国进行人员招聘时直接产生对熟练劳动力的需求，尤其是那些技术含量较高的生产部门，对人力资源水平的要求更高，进而极大增加了东道国对熟练劳动力或高级人力资源的要求，从而刺激了当地对相应人员的教育或培训水平，从而提高劳动生产率。

其次，通过前文分析的技术外溢效应提高了本土企业的技术水平或者产品的技术含量，从而提高了它们对熟练劳动力或者高级人力资源的自主需求。由于全球价值链分工下"任务贸易"主导了国际贸易发展模式，生产率差异成为参与分工网络的各经济体之间形成不同比较优势的根源。这一简单的理论框架体现了国际分工网络的形成机制，即垂直专业化水平决定国家（地区）间的相互依赖关系。

毋庸置疑，沿价值链分工地位的升级有利于参与经济主体分享劳动生产率提升带来的出口竞争力的增强。但是一旦发生价值链分工地位锁定，劳动生产率效应的发挥将受到阻碍。

（三）规模经济效应

全球价值链的形成基础是"生产分割"在生产工序和生产空间的二元实现。"生产分割"过程的实现也伴随着产业"集聚"和"分散"相互交织，产业集聚由此形成。从规模上看，产业集聚就是在一个地区形成很多处于相同或相邻生产环节的企业的聚集。中国在参与全球价值链生产分工后出现的珠江三角洲和长江三角洲高密集度的繁荣产业带即是如此。这种产业集聚不仅会在一定程度上降低生产成本，而且还会带动相关产业的发展，从而实现产业集聚地区经济规模更大程度地扩大，即产生规模经济效应。

20世纪70年代晚期到80年代的"新贸易理论"则把关注点转向产品差异化和规模报酬递增，但研究范围仍围绕最终产品的贸易或者如钢铁和纺织品等重要中间产品的贸易。拥有相似技术和相似要素禀赋的国家之间为何会存在价值链分割？因为存在规模经济（Grossman和Rossi-Hansberg，2011）。一个国家如果经常从事一项任务就会越来越专业化。一些学者还构造了一个关于任务的规模经济是离岸生产的唯一原因的模型，来显示国家规模会影响决定专业化国际生产模式的离岸成本。

第四节 本章小结

上一章较为全面地分析了全球价值链分工发展情况对东亚区域经济整合的影响以及后者发展现状，从经济一体化进程和贸易合作分析结果来看，二者之间体现的是一种正相关关系，这是很多文献在探讨全球价值链分工模式与东亚区域经济一体化之间联系时较为主流的观点，也是它们进行相关理论探讨和实证分析的现实基础。正如任何事物都具备两面性，本章则把主要研究视角转向了剖析全球价值链分工对东亚区域经济整合带来的潜在风险上，试图通过对这种潜在风险的分析说明东亚区域在融入全球价值链分工过程中存在的一些现实弊端和面对的困难，并对各个风险传导机制逐项进行研究。在对风险传导机制的分析中，本章主要对风险在东亚区域的传播以及扩散途径进行了详细阐述。

通过深入剖析，本章将东亚区域经济整合中的潜在风险划分为三类风险，即价值链中断风险、最终需求冲击风险以及价值链分工地位锁定风险，并结合东亚区域经济发展相应特点，详细分析了这三类风险可能对东亚区域经济整合产生的具体影响。

其中，价值链中断风险是某一生产环节受到供给冲击后对整个生产价值链带来的中断性干扰。其传导机制一方面是因为上下游依赖关系的多米诺骨牌效应，另一方面是因为由于具有高附加值的产品生产环节需要较高的技术水平或高技能人才，从而导致这种高附加值产品具有"不可替代性"。

最终需求冲击风险是指最终需求冲击的影响会经过蔓延和扩散波及整个供应链。其传导机制主要表现在东亚区域最终需求的"外部依赖"特性将区域外经济体受到的冲击传导至区域内部，对东亚区域贸易活动乃至经济增长造成一定的负面影响。

价值链分工地位锁定风险则是指发展中国家由于无法实现沿价值链升级而逐渐丧失竞争力以至制约长期经济增长和东亚区域经济整合。其传导机制可以归纳为由于技术溢出效应、劳动生产率效应以及规模经济效应受到阻碍从而导致无法提高国际竞争力。

图 5-3 是对东亚区域经济整合中潜在风险及其传导机制的总结。

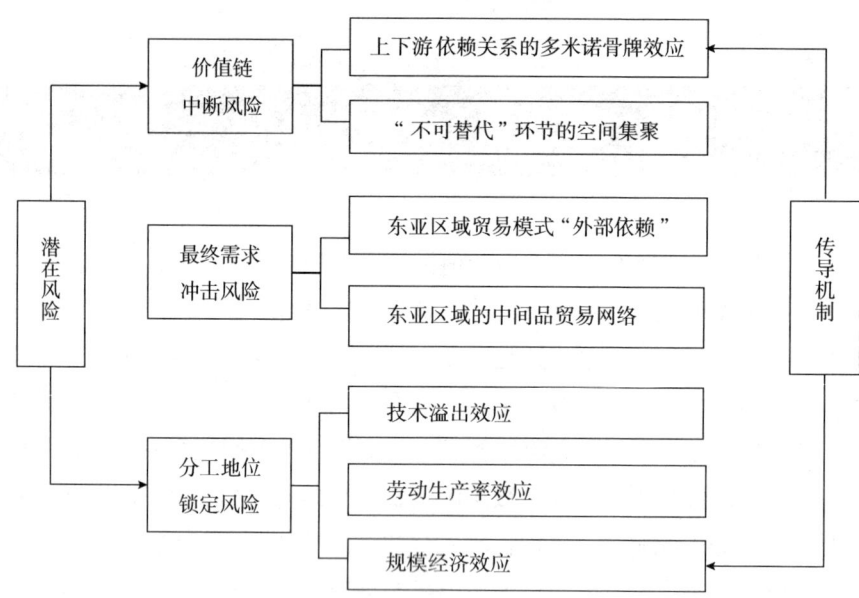

图 5-3 东亚区域经济整合中潜在风险及其传导机制总结

第六章
价值链中断风险的实证分析

价值链中断带来的潜在风险是指如下情况：由于个体生产环节受到不可预知、无法控制的突然冲击而出现生产中断，其影响会通过全球价值链的生产网络扩散传导至位于其他国家（或地区）的上下游生产环节，从而导致整个价值链分工系统正常生产秩序被严重破坏以及国际范围的经济损失。

虽然价值链中断只是一种短期现象，而且包括自然灾害和人为事故等在内的起源因素也属于小概率事件，但是从影响上看，它所造成的经济损失已经不仅仅局限在某一环节、某一个地区或国家内部。在全球价值链分工形式的广泛覆盖和深入延伸之下，东亚区域生产网络的垂直专业化程度越来越发达，东亚区域各经济体之间分工布局的优化细化和生产环节的环环相扣使它们的经济依赖和贸易依赖程度不断加深。在几近于"牵一发而动全身"的生产分工格局之下，价值链中断风险带来的经济损失涉及东亚区域内很多国家或地区。如"3·11"日本地震事件带来的严重后果正是一个有力证据。

在全球价值链覆盖范围和延伸程度不断扩张的趋势下，价值链分工系统的波动性越来越大，东亚区域内贸易的稳定性也更容易受到冲击（Acemoglu 等，2012；Levinie，2012）。东亚区域经济整合的市场化推动力是东亚生产网络的稳定发展以及区域内贸易的繁荣与扩大，可以说，中间品贸易成为东亚区域贸易扩张和经济实力提升的主要原因。东亚区域生产网络一旦发生价值链中断，会通过上下游供应关系影响整个区域的中间品贸易以及总体贸易。因此，就经济影响程度而言，价值链中断带来的潜在风险不容小觑。那么，价值链中断的风险有多大？或者说，价值链中断是否对东亚区域贸易存在冲击影响？影响程度如何？这些问题都是在研究价值链中断对东亚区域带来的潜在风险时需要确定的分析依据。鉴于此，本章将着重对这些问题进行较为深入的剖析。

在对价值链中断风险传导机制的分析中，本书得出，上下游生产环节之间的依赖关系成为风险扩散和传导的关键渠道。而且，在一定程度上，上下游依赖关系的紧密程度也成为它们之间受价值链中断风险影响程度的重要因素。因此，东亚区域各经济体之间在东亚价值链中的上下游位置以及关联程度成为解释东亚区域价值链中断对东亚经济产生严重影响的重要原因，需要结合东亚生产网络以及东亚区域内贸易的现实特征进行重点研究。因此，本章在对东亚区域的价值链中断风险进行实证分析之前，将基于全球价值链分工视角深入剖析东亚区域内部的依赖关系，以便更加具体、直观地为价值链中断风险的传导机制提供现实佐证。

需要指出的是，本章对东亚区域各经济体上下游依赖关系的研究并不是要否定这种依赖关系的存在。诚然，全球价值链分工在东亚区域的渗透和覆盖导致了区域生产网络内部的依赖关系，从而促使东亚区域各经济体之间的关系更加融合，也在很大程度上加快了东亚区域经济一体化的进程。东亚区域内部相互依赖是东亚区域经济整合的重要基础和显著特征。本书的目的在于对东亚区域上下游依赖关系进行实证分析，通过对这一传导渠道的现实剖析进一步从侧面说明价值链中断对东亚区域带来的潜在风险以及在东亚区域经济体之间可能的传染程度，以便对后文提出相关政策建议提供基础。

作为对价值链中断在东亚区域带来潜在风险的实证分析，本章试图通过研究全球价值链分工在东亚区域渗透程度与东亚区域内贸易波动性的关联程度，从而进一步分析价值链中断风险对东亚区域贸易活动带来的影响。具体而言，本章的结构将做以下安排。第一节将通过创建"上下游依赖度"指标并基于 TiVA 数据进一步对东亚区域的内部依赖关系进行计算和分析，进而说明东亚区域各经济体之间在生产网络和中间品贸易中的关联程度。第二节将对东亚区域价值链中断风险进行实证检验，从区域内贸易波动角度分析这一风险带来的现实影响。第三节将对东亚区域较为发达的电子行业和汽车制造行业进行行业层面的实证分析，结合行业特点进一步分析价值链中断风险对东亚区域经济整合带来的影响。第四节为本章小结。

第一节 东亚区域上下游依赖关系的现实评估

本节将对东亚区域生产网络中的上下游依赖关系进行现实评估。在全球价值链（GVC）分解理论基础上，构造"上下游依赖"指数对东亚区域各经济体之间的生产依赖关系进行衡量，并利用 WTO-OECD 的 TiVA 数据库计算出具体结果，进而为东亚区域价值链中断风险的传导机制提供量化证据。

一、上下游依赖关系的表现形式

毋庸置疑的一点是，东亚区域各经济体在积极抓住机会参与全球价值链生产分工的过程中，根据自身比较优势嵌入了不同生产环节，它们之间形成的上下游关系也大不相同，这种关系不仅指位置关系，也包括关系的紧密程度。因此，东亚区域生产网络不是单独存在的，而是全球价值链分工系统中较为发达的一部分。在对东亚区域各经济体间的上下游依赖关系进行衡量和计算时，也应该在全球价值链的框架下进行。

本书第二章已经对全球价值链分解原理（GVC）进行了详细介绍，其中的中间品在多个国家流转构成的上下游生产网络结构成为我们评估东亚区域的上下游依赖关系的理论基础。

对于东亚区域依赖关系的研究，以往相关文献的关注重点大多围绕最终需求层面。但是，随着全球贸易模式由货物贸易向任务贸易（Task Trade）（Koopman 等，2008）转变，各国之间的依赖关系不仅表现在最终需求层面，还体现在由上下游地位关系导致的中间产品贸易中。而且，从前文的 GVC 分解原理来看，在全球价值链主导的生产分工网络中，形成国家之间依赖关系的载体已经由最终产品和中间产品细化到贸易附加值中。

在 GVC 中处于某一生产环节的国家由于使用了进口中间投入品，从而导致其出口产品中嵌入了一个或多个上游国家创造的国外附加值（即 FV 部分），由此形成附加值流转基础上的下游生产者对上游供给者的"上游依赖"，并在一定程度上构成价值链中断风险的传导渠道。具体而言，这种依赖关系更多地表现了国家之间在 GVC 垂直生产一体化中的后向联系（Backward Linkages）（Gabor Pula 等，2009）。一国出口中嵌入的 FV 比重越大，说明其对 FV 来源国的"上游依赖"越大，它们之间的垂直生产一体化关系也越密切。需要指出的是，出于研究目的的考虑，本书的"上游依赖"没有包含一国在其全部生产活动中与其他国家形成的上下游关系，而仅仅是指在以出口为目的的生产中存在的后向联系。

此外，本书还将上游依赖关系进一步分为东亚区域的"外部依赖"和"内部依赖"两个层面。如果东亚区域各经济体对区域外部的依赖程度普遍大于对内部其他经济体的依赖程度,说明东亚区域在 GVC 生产分工中存在着较大程度的"外部依赖";反之,则说明东亚区域各经济体之间的"内部依赖"程度较高,东亚垂直生产网络中形成的经济一体化联系更加紧密。较高的"内部依赖"程度可以在一定意义上解释价值链中断对东亚区域带来的潜在风险。

二、指标建立和数据说明

为了便于衡量和比较,本书通过构建表示上游依赖关系的"后向关联度"指标对东亚区域的价值链分工依赖关系进行实证分析。

(一)后向关联度 FV_{ij}_share

将 i 国总出口中的国外附加值部分 FV_i 在 n 个来源国之间分解为 FV_{i1}, FV_{i2}, …, FV_{ij}, …, FV_{in}, $i \notin (1, 2, …, j, …n)$。$FV_{ij}$ 代表 i 国出口中由 j 国创造的附加值,既包含在 i 国对 j 国直接进口的中间品里,也间接包含在 i 国从第三国进口的中间品里,反映了 i 国在生产分工中作为下游生产者对 j 国中间品(附加值形式)的需求。i 国对 j 国的后向关联度 $FV_{ij}\_share = FV_{ij}/EX_i$,表示 i 国出口中嵌入的来自 j 国创造的附加值比重,间接衡量了 j 国作为上游供应者对 i 国参与 GVC 生产分工的后向影响程度。后向关联度 FV_{ij}_share 越大,说明 i 国出口中嵌入的由 j 国创造的附加值越多,j 国作为 i 国主要上游供给者的地位越明显,因此 i 国在 GVC 生产中对 j 国的"上游依赖"程度越大。

在此基础上,将东亚区域各经济体的 FV_{ij} 依据区域外部和区域内部两种来源分类进行加总,结合相应的出口数据计算出东亚区域各经济体在不同上游来源下的后向关联度。如果东亚区域经济体对区域外部的后向关联度大于其对区域内部的后向关联度,说明东亚区域的出口生产中使用了较多区域外部经济体创造的中间产品,东亚区域对区域外部存在较大程度的"上游依赖",或者说东亚区域在 GVC 中的价值创造更加依赖于区域外部的上游供应者。反之,则说明东亚区域的出口中包含了较多区域内部其他经济体创造的中间产品,东亚区域内部存在一种较为紧密的生产分工联系,也从一个侧面反映出东亚区域经济一体化程度的加深(Zhi Wang 等,2009)。

(二)数据说明

本节采用 WTO-OECD 于 2013 年 5 月最新发布的附加值贸易(TiVA)数据库来进行指标的计算。该数据库的研究范围为包括 OECD 国家、金砖五国和印度尼西亚在内的 57 个经济体，研究对象涉及制造业和服务业中的 18 个行业，覆盖年份为 1995~2009 年。根据本书的研究目的，我们只选取国家层面的数据进行整理和计算。

本书研究的东亚区域经济体包括中国、日本、ASEAN 8（文莱、柬埔寨、马来西亚、印度尼西亚、新加坡、菲律宾、泰国和越南）以及 NIEs 3（韩国、中国香港和中国台湾）。东亚区域外部经济体主要指美国和 EU15。

需要说明的是，中间产品在被加工制造成最终产品出口之前，可能在一国内部多个部门间或者不同国家之间流转数次，而第二章中的 GVC 分解图仅仅体现了一国出口中包含的直接出口的以及经过第一轮流转的中间产品。所以，这种 GVC 分解方法展示了出口中国内外附加值的基本结构，可以看成是追踪附加值根源过程中不断重复的基本模块。而且，由于出口中的国外附加值（FV）体现了中间产品的进口信息，GVC 分解本身就包含一种双向贸易关系，因此在实际数据分析中，一般只分解出口数据。

三、评估结果分析

我们对东亚区域各经济体与区域外部以及区域内部其他经济体之间的后向关联度进行了整理计算，分别得到东亚区域对于区域外部和区域内部的"上游依赖"关系。我们在计算东亚区域某一经济体对区域内部的后向关联度时，已经将该区域自身的影响排除在外。

（一）东亚区域内外依赖比较

表 6-1 列出了东亚区域整体和东亚各经济体分别对区域外部、区域内部的后向关联度。表 6-1 中第 1 行显示了附加值来源国家（地区），第 1 列为各出口国（地区）。由于美国和 EU15 作为发达经济体均在全球经济中具有重要的影响力，并与东亚区域在贸易上联系紧密，因此，为了更清晰地说明东亚区域外部依赖所发生的变动，我们分别列示了东亚区域以及各经济体对美国和 EU15 的后向关联度。

具体而言，整个东亚区域对区域内部的后向关联度从 1995 年的 8.79% 增加到 2009 年的 12.73%，增加了将近 4 个百分点，而同期东亚区域对欧美国家的后向关联度从 7.51% 增加到 8.58%，仅仅增加了 1 个百分点。这与贸易统计数据下东亚区域的中间品进口结构有一定的差异和吻合。1995~2009 年东亚区域从美国进口的中间品比例从 15.35% 下降到 9.1%，从 EU15 的进口从

12.16%下降到 10.41%，而从东亚区域内部的进口却从 55.91%增加到 62.44%[①]。欧美国家作为上游供给者地位的下降趋势是明显的，但是贸易统计数据下欧美国家所处的上游供给者的地位却有明显的偏颇。这说明东亚区域在生产中使用的欧美国家的中间产品不仅直接来自于从欧美国家的进口，还间接来自于东亚区域内部。

但是，这并不说明欧美国家作为上游供给者对东亚各经济体的影响变得不重要了，除日本和印度尼西亚之外，大多数东亚经济体对它们的后向关联度都很高，基本在 5%以上，其中新加坡最高，为 19.11%。而且，1995 年东亚区域对于美国的后向关联度 3.88%大于对于 EU15 的 3.63%，而 2009 年 EU15 的这一比例以 4.52%超过了美国的 4.01%，说明东亚区域对于 EU15 的上游依赖开始大于美国，因此与美国相比，东亚区域与 EU15 在生产分工网络中的关系更加密切。

从东亚区域各经济体的表现来看，除了文莱、中国香港、马来西亚和新加坡之外，其余的 9 个经济体对区域内部的后向关联度都有不同程度的上升，其中柬埔寨和越南的上升程度最为明显，分别提高了 10.28%和 7.66%，说明东亚区域内的经济联系正在不断加强，东亚生产网络的垂直一体化程度正在不断加深。另外，除了中国、日本、韩国和新加坡之外，其他的东亚区域经济体与欧美国家整体的后向关联度均有所下降，而且东盟国家对于 EU15 上游依赖下降的程度要大于美国。

总体而言，不论是从东亚区域整体层面上看，还是从东亚区域各经济体层面上看，东亚区域对内部的"后向关联度"都比对区域外部大。这说明，在全球价值链分工的影响下，东亚区域的内部依赖关系逐渐成为东亚区域经济整合的主导力量，将各经济体之间的生产和经济活动紧密联系起来。

表 6-1 东亚区域各经济体对区域内外的"后向关联度" 单位：%

出口国（地区） \ 来源国（地区）	美国（1）		EU15（2）		欧美（1）+（2）		东亚	
	1995 年	2009 年	1995 年	2009 年	1995 年	2009 年	1995 年	2009 年
东亚区域	3.88	4.01	3.63	4.52	7.51	8.58	8.79	12.73
日本	1.79	2.2	1.12	1.96	2.91	4.16	1.69	4.62

---

① 笔者根据 RIETI-TID 数据库数据进行整理计算。

续表

出口国（地区） \ 来源国（地区）	美国 (1)		EU15 (2)		欧美 (1) + (2)		东亚	
	1995年	2009年	1995年	2009年	1995年	2009年	1995年	2009年
韩国	4.48	4.58	3.54	4.83	8.02	9.41	9.1	15.06
文莱	3.16	2.34	5.26	2.91	8.42	5.25	6.69	4.7
柬埔寨	6.24	5.41	11.55	6.99	17.79	12.4	6.89	17.17
中国	1.78	3.64	1.5	4.91	3.28	8.55	5.85	13.36
中国台湾	7.14	4.5	5.42	3.52	12.56	8.02	16.19	19.45
中国香港	5.32	4.17	8.14	5.49	13.46	9.66	20.77	12.33
印度尼西亚	1.95	1.58	3.17	1.94	5.12	3.52	6.02	6.13
马来西亚	8.54	7.56	8.08	6.83	16.62	14.39	17.33	15.27
菲律宾	5.75	5.93	5.13	4.63	10.88	10.56	14.86	21.91
新加坡	7.98	8.59	10.13	10.52	18.11	19.11	20.38	15.65
泰国	4.77	3.37	5.1	4.1	9.87	7.47	14.43	16.45
越南	2.92	3	6.69	4.22	9.61	7.22	12.23	19.89

资料来源：笔者根据 WTO-OECD 发布的 TiVA 数据计算后整理得到。

（二）东亚区域内部的上游依赖关系

计算结果如表 6-2 所示。其中，第 1 行显示了附加值来源国家（地区），第 1 列为各出口国（地区）。为了便于分析，我们将东亚区域内的上游供应者分为中国、日本、ASEAN（东盟）、NIEs 3（韩国、中国香港和中国台湾）分别进行后向关联度的计算。在计算过程中，已经排除了所研究经济体自身的影响。例如，在计算马来西亚对东盟的后向关联度时，只是计算其对其他 7 个东盟国家整体的后向关联度。从表 6-2 中显示的计算结果中可以看出：

首先，一个最显著的特征是中国在东亚区域的上游供给者地位正在加强。除中国香港之外，其他经济体对中国的后向关联度都存在不同程度的上升，其中与中国关联关系最大的三个经济体分别是越南、柬埔寨和中国香港，而且，柬埔寨也是与中国后向关联度提高幅度最大的国家，从 0.38% 提高到 5.74%。这在一定程度上说明，中国不再仅仅充当东亚区域的出口平台，从事低附加值的下游加工制造活动，其作为东亚区域内上游供给者的地位正在不断加强，东亚区域其他经济体在生产网络中与中国的上下游联系越来越紧密。这一点从东亚区域从中国进口中间品的贸易数据中也得到印证，1995 年整个东亚区域从中国进口的中间产品为386亿美元,仅占东亚中间品进口的6%;2009年这一进口数值已扩大到1877亿美元,不仅增长了将近4倍,在东亚区域中所占比例也提高到12%[①]。

其次,日本在东亚区域中作为上游供给者的地位正在减弱。具体而言,除柬埔寨、中国和越南之外,其他经济体对日本的后向关联度都在下降,其中,马来西亚、新加坡和中国香港的降幅最大,分别下降了5.29%、4.8%和4.73%。但是在1995年,东亚区域各经济体对日本的后向关联度都非常高,中国台湾和马来西亚出口中包含的日本国外附加值都达到了10%左右,这在一定程度上体现了日本当时作为东亚生产网络的主导者的绝对地位。同时,日本对于中国、东盟和NIEs 3的后向关联度都有所提高,可见,日本在东亚生产网络中开始从上游供给者向下游需求者转变。

最后,从各经济体对东盟和NIEs 3的后向关联度分别来看,其中的上游依赖程度有升有降。但是总的来看,东盟各经济体对东盟内部的后向关联度要普遍高于它们对NIEs的后向关联度,在一定程度上说明东盟区域之间的内在联系正在不断加强。

可见,随着东亚各经济体参与GVC生产分工程度的不断加深,东亚区域内部形成的相互之间的"上游依赖"关系越来越紧密,这在一定意义上成为东亚区域经济一体化进程继续向前开展的有力保障,也成为价值链中断一旦发生便立即传导至其他经济体的主要原因。

表6-2　东亚区域各经济体对区域内部的"后向关联度"　　单位:%

出口国（地区） \ 来源国（地区）	中国		日本		ASEAN 8		NIEs 3	
	1995年	2009年	1995年	2009年	1995年	2009年	1995年	2009年
日本	0.31	1.68			0.72	1.74	0.65	1.2
韩国	1.05	4.76	5.91	5.1	1.47	3.77	0.67	1.43
文莱	0.28	0.47	1.63	1.28	4.23	2.5	0.54	0.44
柬埔寨	0.38	5.74	1.26	1.55	4.2	5.44	1.05	4.45
中国			2.37	4.38	0.87	3.37	2.62	5.62
中国台湾	1.1	5.41	10.49	6.74	2.78	4.42	1.84	2.89

---

① 笔者采用RIETI-TID 2012数据库数据进行整理计算。

续表

出口国（地区） \ 来源国（地区）	中国		日本		ASEAN 8		NIEs 3	
	1995 年	2009 年	1995 年	2009 年	1995 年	2009 年	1995 年	2009 年
中国香港	6.21	5.73	6.81	2.08	3.16	2.71	4.58	1.8
印度尼西亚	0.43	1.37	2.5	1.41	0.94	2.22	2.15	1.11
马来西亚	0.71	3.32	9.47	4.18	3.82	4.61	3.33	3.16
菲律宾	0.76	4.41	6.44	4.58	2.45	6.09	5.21	6.83
新加坡	1.43	2.98	8.68	3.88	6.52	5.03	3.75	3.76
泰国	0.53	3.52	8.16	5.35	3.25	4.35	2.49	3.21
越南	0.83	5.8	2.54	3.86	3	4.59	5.86	5.65

注：表中空白部分是由于一国不对自身产生"上游依赖"。

资料来源：笔者根据 WTO-OECD 发布的 TiVA 数据计算后整理得到。

第二节 东亚区域价值链中断风险的实证检验

本节将对东亚区域价值链的波动性进行实证检验，并将这种波动的动态变化与东亚区域的中间品贸易强度联系起来，分析其中的关联性，以此作为对价值链中断风险给东亚区域贸易活动带来直接影响的基础性分析，并为后文对行业层面的进一步分析做好铺垫。本节的具体安排包括研究思路说明、模型选取和数据说明以及实证结果分析三部分。

一、研究框架分析

正如上一章中提到，本章对价值链中断风险的研究源于供应链风险这一前沿课题。从供应链管理角度来看，对于价值链中断风险的理论模型和实证分析，国内外学者更多的是以微观企业为出发点进行风险原因、风险衡量以及风险治理等相关研究的。而本书的研究视角立足于东亚区域经济整合，是在全球价值链分工这一大背景下，分析微观层面引发的价值链中断对于东亚区域整体以及区域内各经济体造成的经济影响。在某种程度上，本节对东亚区域价值链中断风险的研究是对供应链风险管理课题在宏观层面的延伸。概括而言，本节进行实证检验的研究思路可以归结为两个层次，首先是对东亚区域贸易波动性的分析，其次是检验东亚区域中间品贸易与这种波动性之间的关联性。

价值链中断风险（价值链严重中断）一般起源于突发性原因，包括自然灾害（飓风、地震、海啸、洪水、火灾以及传染疾病等）和人为事故（工人罢工、恐怖袭击以及有组织的保护措施等）。这些事件的发生都是无法预测的，具有不可控性，而且更不具有经常性，要对风险进行系统性衡量是存在一定难度的。准确而言，我们将实证检验的落脚点放在某一具体影响结果上。毋庸置疑，贸易活动反映了国际生产分工的具体结果，是生产过程的最终价值体现。尤其是价值链分工主导国际贸易模式重构背景下，生产和贸易活动的关联性不断加深。在很大程度上，生产活动中受到的影响和冲击可以通过贸易体现出来。事实也是如此，价值链中断风险一旦发生，造成的直接影响就是贸易规模的下降。可以推断：价值链中断风险对东亚区域带来的影响应该在贸易波动性的动态变化中有所反映。需要指出的是，从产品阶段来看，虽然贸易分为中间品贸易和最终品贸易，但是二者之间存在相互影响，它们的变动情况共同构成总体贸易的波动。因此，本节将对东亚区域贸易总量波动性的实证分析作为对东亚区域价值链中断风险实证检验的基础性分析，即本节进行实证分析的第一个层次。

在前文价值链中断风险传导机制的分析中，我们将关键传导渠道归结为东亚区域各经济体间在全球价值链分工下日渐频繁的中间品贸易。可以说，东亚区域生产网络是全球价值链分工不断发展和渗透的典型成果。价值链中断风险造成的影响之所以能从微观企业传导至整个国家乃至涉及其他很多国家（或地区），是和它们之间结成的上下游生产关系相关联的，而中间品贸易正是这种上下游生产关系的具体表现，区域内中间品贸易集中度也是衡量该区域全球价值链分工参与程度的一种主要方式。因此，本节将在东亚贸易波动性分析的基础上，将东亚区域中间品贸易和最终品贸易之比加以分析，试图为东亚区域受价值链中断风险影响的传导机制提供一种现实佐证。这是本节进行实证分析的第二个层次。

二、模型选取和数据处理

基于上述对研究框架的分析，本书将选取一阶自回归模型拟合计算东亚区域贸易波动性，并结合区域内中间品贸易比重的变化趋势对东亚区域价值链中断风险进行实证分析。

(一) 模型选取和变量说明

对于东亚区域贸易总量波动性的衡量，我们采用自回归模型进行相关计量分析。自回归模型是一种时间序列模型，用于研究变量自身的动态变化机制。其优点在于模型建立不必遵循经济理论而完全依据变量自身的某种变化规律，而且在模型估计过程中不必考虑其他解释变量的存在和影响，完全利用外推机制描述时间序列的变化。由于我们的研究重点在于考察东亚区域的贸易波动性，在本质上属于一种随时间变化的内在动态规律，因此采用操作程序较为简便并且分析结果较为准确的自回归模型。

根据经验，宏观经济变量一般都是 AR（1）过程，因此本书采用一阶自回归模型。根据具体研究变量，设立自回归模型的具体表达形式如下：

$$EX_t = c + \alpha_1 m_t + \alpha_2 EX_{t-1} + \varepsilon_t \quad (6-1)$$

其中，EX_t 是 t 时期东亚区域的总体贸易情况，具体用东亚区域各国的总出口来表示。因为一国的出口是对方国家的进口，导致国家之间进口和出口之间的交叉性，在加总时存在较大重复。另外，出口也体现了生产过程的价值实现，其变动情况也在一定程度上对经济总量的波动产生影响，因此本书在此用总出口替代总贸易。EX_{t-1} 为 EX_t 的一阶滞后项。

m_t 是表示月份顺序的离散变量，是一种时间趋势项，考察时间对被解释变量的影响。具体来说，当 t=1 时，取值为 1；当 t=2 时，取值为 2；以此类推。EX_t 的样本数量就是 m_t 的最大值。

ε_t 是误差项，也叫残差项，表示被解释变量实际值与期望值之间的一种偏离，其时间序列包含的数值即表示了东亚区域总出口的波动情况。因此，通过建立 EX_t 的一阶自回归模型而得到误差项的动态变化情况，是本部分实证检验的根本目标。

本节采用 EViews 8.0 软件进行实证检验。

(二) 数据处理

1. 东亚区域总出口

东亚区域总出口来自东亚区域内各国（地区）对外出口额的加总。数据来源于 IMF 的 DOST（Direction of Trade Statistics）数据库。根据数据可得性，本书选取了 1990~2012 年的月度出口数据（24 年、288 个月），东亚区域包含日本、中国、韩国、中国香港以及东盟 10 国（文莱、柬埔寨、印度尼西亚、老挝、马来西亚、缅甸、菲律宾、新加坡、泰国和越南）14 个经济体。

2. 中间品贸易和最终品贸易

本书用中间品贸易和最终品贸易之间的比率来表示中间品贸易集中度。东亚区域内部的中间品贸易数据和最终品贸易数据都来自 RIETI-TID 数据库。由于月度数据很难找到,而且本书进行实证研究的目的在于分析东亚区域中间品贸易比例和总出口波动性之间的关联关系,因此使用年度数据,即默认一年之内各月份之间几乎不变。样本区间为 1990~2012 年。东亚区域包含范围同上。

三、实证检验结果分析

在对东亚区域总出口进行一阶自回归分析之前,按照计量经济学的相关步骤,应该先对其进行单位根检验,以确定其是否符合一阶自回归过程。表 6-3 显示了东亚区域总出口的单位根检验结果。从中可以看出,EX_t 显然是 I(1) 过程,即可以对其建立一阶自回归方程。

表 6-3 东亚区域总出口的单位根检验结果①

变量	ADF 检验式	ADF 统计量	1%水平临界值	相应 p 值	结论
EX_t	(1, 1, 4)	-1.1591>	-3.9937	0.92	I(1)
d(EX_t)	(1, 1, 4)	-5.1991<	-3.9937	0.00	I(0)

资料来源:笔者通过 EViews 8.0 软件计算并整理。

本书最终得到的估计结果如下所示:

$$EX_t = -356.9371 + 88.8938 m_t + 0.9409 EX_{t-1}, \quad R^2 = 0.9817 \quad (6-2)$$
$$(1908.291)\quad(307.29)\quad(0.0214)$$

通过以上具体表达式,我们可以得到 EX_t 的拟合值。由于一阶滞后项的原因,拟合序列的观测值是从 1990 年 2 月开始的。由此,我们得到 ε_t 的时间序列,即 1990 年 2 月至 2012 年 12 月期间东亚区域总出口与期望值之间的偏离值,可以称其为波动性(Volatility)。

---

① 变量 d(EX_t) 代表 EX_t 的一阶差分形式;ADF 检验式 (1, 1, 4) 中第一个 "1" 代表单位根检验中含常数项,第二个 "1" 代表含趋势项,"4" 代表自回归滞后阶数为 4;-1.1591>表示该变量的 ADF 统计量大于 1%水平下临界值,反之亦然。

图 6-1 显示了东亚区域中间品贸易与最终品贸易之比和东亚区域总出口之间的比较变动趋势。其中，中间品贸易强度（Ratio）的纵坐标轴为左轴，东亚区域总出口波动变化（Volatility）的纵坐标轴为右轴。

首先，就表示中间品贸易强度的数值而言，1990~2012 年东亚区域的中间品贸易在总贸易中占据绝对优势，远远超过了最终品贸易，这说明东亚区域的贸易扩张是中间品贸易繁荣的主导结果，从而也证明了东亚区域价值链分工网络的发达程度。

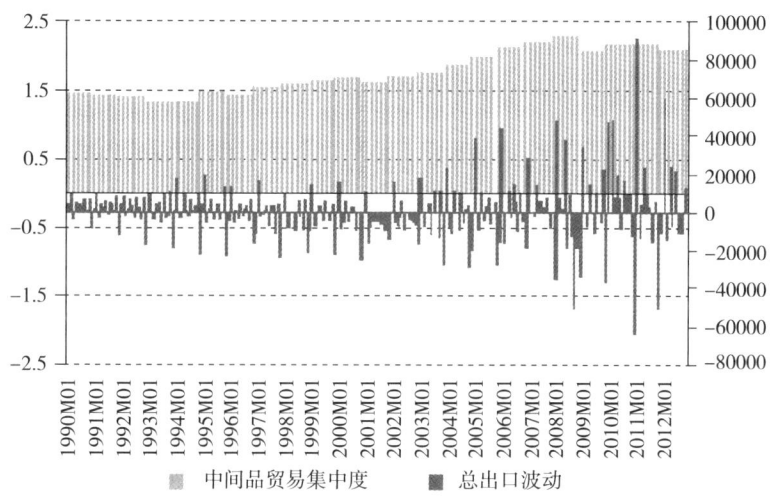

图 6-1　1990~2012 年东亚区域中间品贸易集中度与总出口波动

资料来源：笔者根据相关回归结果和计算结果绘制。

其次，可以看出，从 2002 年开始，东亚区域总出口的波动性与东亚区域中间品贸易集中度之间具有相同的扩大趋势，二者之间表现出一种正相关。这一结果正好验证了我们之前对二者之间存在关联性的推断。中间品贸易集中度反映了全球价值链分工形式在东亚区域的覆盖和延伸，由此可以说明，东亚区域参与全球价值链分工程度的加深与东亚区域贸易波动性具有一定的关联性，虽然这种关联性并不完全代表因果关系。

除此之外，东亚区域总出口在 2011 年第二季度波动幅度最大，而这一时期刚好和日本"3·11"大地震的发生时间相吻合。由此，本书利用时间序列的一阶自回归模型计算东亚区域贸易波动性，可以从一种新的视角进一步证实，日本"3·11"大地震引发的东亚区域价值链中断确实对东亚区域的正常贸易活动和生产秩序造成了严重损害，导致东亚区域贸易量大幅度下降，东亚区域的经济发展因此受到巨大影响。对东亚区域总贸易波动性的实证分析，更加直观地凸显了价值链中断给东亚区域带来的潜在风险，在一定意义上量化了这一风险对东亚区域贸易的影响。

同时还应该注意到，2008年后东亚区域贸易波动性逐渐加大，其原因也包含欧美等发达国家受金融危机影响出现经济下滑趋势，从而导致世界经济增速放缓、整体需求不足等。要进一步分析价值链中断风险对东亚区域的影响，还需要从较为微观的层面进行深入剖析。

第三节　基于具体行业的进一步检验

上一节通过对东亚区域总出口的波动性分析间接对价值链中风险进行了实证检验，从分析对象上看属于整体上的总括分析。在此基础上，本节将针对具体行业对价值链中断风险做进一步实证分析。

一、行业选取和数据处理

价值链中断风险的影响虽然可能涉及整个价值链分工生产系统，从而影响多个国家或地区的生产活动和经济创造，但是在其中起到行为主体作用的却是微观企业。每个企业由于不同的业务特点受价值链中断的冲击程度不同，对价值链中断风险的传导作用也大不一样。对上游生产企业依赖性较小的企业受风险影响的程度较小，其出口贸易的波动性也较小。因此，从企业贸易层面研究全球价值链分工与贸易波动之间的关联性似乎更具有说服力，也更加准确。但是，现实情况中，要获得企业层面的微观数据非常困难。作为替代，我们选取中观的行业层面进行这种关联性的实证分析。

我们选取两个比较有代表性的行业分别进行具体分析。这两个行业分别是电子设备行业（H85）和交通设备行业（H87）。毋庸置疑，这两大行业在东亚区域生产网络中较为发达，相关的中间品贸易活动在区域贸易中所占比重也相当大，可以推断，其受价值链中断风险的影响也不同。

在研究方法上，我们依然采用一阶自回归模型分别对两组被解释变量的拟合值进行估计，从而计算出残差来衡量各自被解释变量的波动性。本节的被解释变量分别是东亚区域电子设备行业的区域内贸易额和交通设备行业的区域内贸易额。

在数据处理上，这两个行业的东亚区域内贸易数据来源于 UNcomtrade 数据库，具体是用各国家之间的贸易加总来获得。考虑到数据的可得性，我们选取 2010 年 1 月至 2012 年 9 月的月度数据进行实证检验。由于该数据库中存在出口月度数据的国家样本有限，这里东亚区域的范围包括日本、中国、马来西亚、泰国、菲律宾和新加坡六个国家。

考虑到以上东亚区域范围所包含国家的具体特色以及它们在东亚区域的经济影响力，我们对前文的一阶自回归模型稍有调整。由于中国的农历春节是中国人最重视的传统节日，该节日假期较长，并且其前后一段时间内整个国民经济的生产活动都出现大量减少，因此我们将其视为季节性因素，在一阶自回归模型中引入季节性虚拟变量 $season_t$。具体回归表达式如下：

$$EX_t = c + \alpha_1 m_t + \alpha_2 season_t + \alpha_3 EX_{t-1} + \varepsilon_t \tag{6-3}$$

二、实证结果的比较分析

表 6-4 汇报了我们分别对东亚区域电子设备行业出口额和交通设备行业出口额进行的一阶自回归结果，由此可以计算出这两个行业在样本区间内的出口额拟合值，进而得到两组残差项 ε_t 的时间序列观测值。这两组残差项分别对应电子设备制造行业和交通设备制造行业实际出口值与期望值之间的偏差，即出口波动值。

为了便于比较，我们将两个行业的出口波动值按照各自回归方程的拟合值进行标准化，这样就将波动值转变为波动率（Volatility），表示实际值与拟合值之间的偏离程度，数值介于 0~1。

虽然我们获得的数据期限较短，但是已经包含了 2011 年 3 月的日本大地震以及 2011 年 5 月的泰国洪水暴发两个导致价值链中断的较为重大的冲击事件。下面我们就结合这两个行业的贸易波动情况以及行业在东亚区域内的发展特征对价值链中断风险对东亚区域的影响进行具体分析。

表 6-4 电子设备行业和交通设备行业的回归结果汇总

	电子设备（H85）		交通设备（H87）	
	Coeff.	S. E.	Coeff.	S. E.
c	70.4156	17.6831***	13.2027	3.8686***
m_t	-0.6606	0.1913***	-0.057	0.0412
$Season_t$	-24.1927	6.9474***	-0.8441	1.9909
EX_{t-1}	0.6665	0.0876***	0.5907	0.1193***
R^2	0.8307		0.4365	

资料来源：笔者根据相关回归结果整理得到。

（一）电子设备制造行业

图 6-2 显示了东亚区域电子设备制造行业（H85）出口波动率的变动情况。可以看出，2011 年 3~5 月，东亚区域的电子设备出口受到较为强烈的冲击，最大波动率出现在 4 月。可见，日本 "3·11" 大地震导致的东亚区域价值链中断给电子设备制造行业的生产和贸易活动带来极大损害。

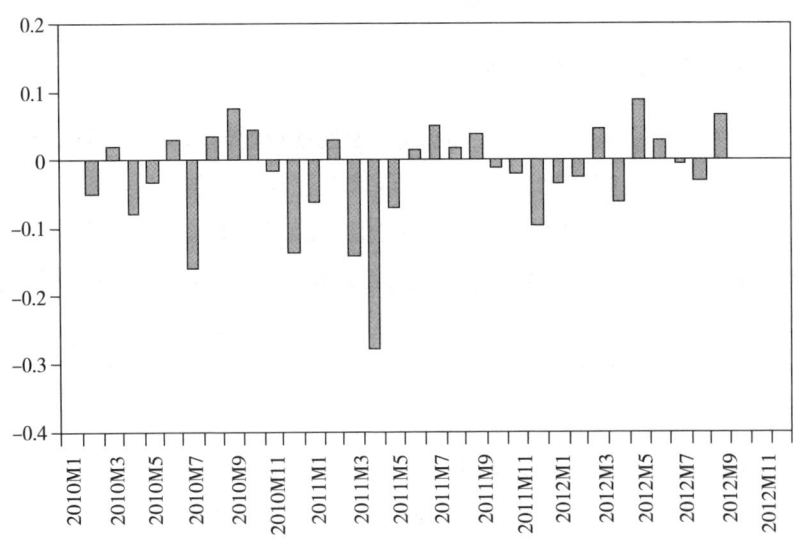

图 6-2 东亚区域电子设备行业（H85）的区域内出口波动率的变化

资料来源：笔者根据相关回归结果绘制。

虽然在东亚区域电子设备制造行业的出口贸易结构中，中国的中间品出口占据了主要份额。但是，日本作为东亚区域内部该行业的上游供应者，其正常生产秩序的中断影响了对区域内其他国家（地区）的中间品供应，进而出现东亚区域价值链的系统性中断，东亚区域该行业的整体出口严重减少。

同时我们看到，在经历"3·11"事件的短暂冲击后，虽然东亚区域电子设备行业的出口出现逐步回升之势，但是在2011年底又突然下降。究其原因，由于2011年10月泰国暴发了近50年以来最恶劣的一次洪水灾害，导致国内生产活动普遍停滞，从而引发东亚区域价值链发生严重中断，东亚区域的很多处于电子设备制造行业的企业因此而受到巨大冲击。究其原因，在日本早年的FDI活动中，泰国已经成为主要投资目的地和接收国之一。就承担的价值链分工活动而言，泰国制造业的垂直专业化竞争优势主要集中在最终装配环节以及为起重机和硬盘驱动器的生产活动提供重要的中间产品。

泰国为全球电子行业价值链供给的硬盘产品占据了全球市场的50%左右[1]。洪水暴发导致正常生产秩序中断影响了泰国这种中间品的出口供应，并且通过上下游生产关系迅速波及其他国家和地区相关电子设备的生产活动，如笔记本电脑和DVD等数码产品。整个东亚区域电子设备制造行业的出口受到巨大冲击。由此，价值链中断给东亚区域带来的潜在风险在电子设备制造行业得到了佐证。

（二）交通设备制造行业

图6-3显示了东亚区域交通设备制造行业（H87）出口波动率的变动情况。可以看出，在2011年3~5月，东亚区域的交通设备出口也受到日本"3·11"大地震较为强烈的冲击。而且，其出口的下降幅度大于电子设备行业。具体而言，交通设备行业出口波动率的最大值接近-0.4%，而电子设备行业的这一比率为不到-0.3%。究其原因，是日本在东亚区域交通设备行业的中间品供应中占据着不可替代的重要地位，而且其在东亚区域中占据的中间品出口份额也较大。

根据日本汽车制造委员会（Japan Automobile Manufacturers Association）的统计资料[2]，日本国内汽车生产总值从2000年的1010万美元下降到2013年的960万美元，在此期间，其海外汽车生产总值却从630万美元上升至1680万美

---

[1] 资料来自 Fujita Masahisa 和 Hamaguchi Nobuaki（2014）.
[2] Http：//www.jama-english.jp/statistics/index.html.

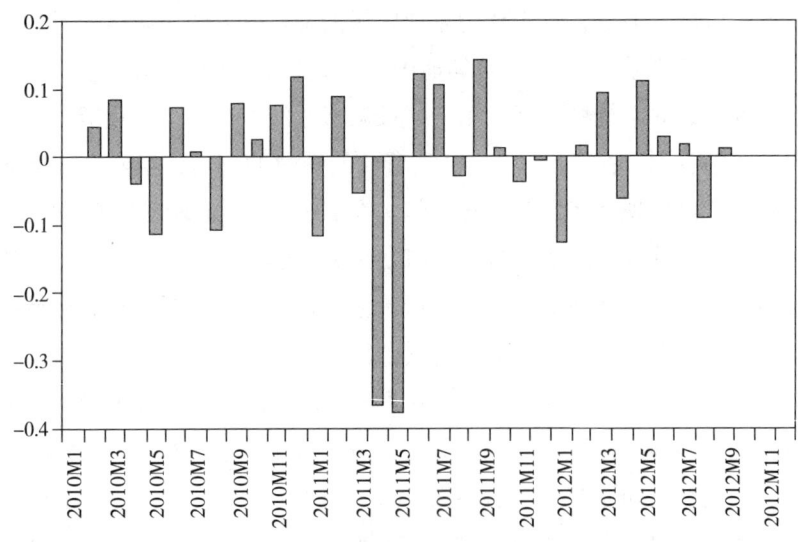

图 6-3 东亚区域交通设备行业（H87）区域内出口波动率的变化

资料来源：笔者根据相关回归结果绘制。

元。日本汽车零部件产业协会（Japan Auto Parts Industry Association）对海外生产经营的年报显示，汽车零部件生产分支机构从 2002 年的 1182 家增加到 2013 年的 1852 家。值得一提的是，在海外汽车行业 1050 万美元的生产总量中，有 740 万美元来自东亚区域；在新增的 676 家海外汽车零部件生产分支机构中，有 555 家设在东亚地区。而且，这两大趋势在中国的表现更为明显。

在另一事件中，2011 年 10 月泰国洪水暴发虽然也对交通设备制造行业造成了负面冲击，但是其受影响程度小于电子设备行业。2011 年 11 月和 12 月的交通设备出口波动率都不到 -0.05%，而电子设备行业的最大波动幅度超过 -0.1%。1996 年东盟通过并实施了东盟工业合作协议（ASEAN Industrial Cooperation, AICO），日本开始逐渐扩大在东盟国家的汽车零部件生产布局，以便充分利用东盟国家的低廉劳动力成本优势以及 AICO 的税收优惠。除了泰国之外，东盟其他国家（如马来西亚、印度尼西亚等）也成为日本汽车制造行业 FDI 的目的地。因此，泰国向东亚区域交通设备制造行业供应的汽车零部件等中间产品份额较小，洪水暴发虽然对正常生产秩序以及出口波动情况造成一定影响，但影响效果不大。

由此可见，价值链中断给东亚区域正常生产和贸易活动带来的冲击在行业层面表现得更为明显,其对东亚区域贸易的冲击程度也由于行业价值链的布局特征等因素而有不同表现。可以间接说明的一点是,上下游依赖程度小的经济体之间,价值链中断风险的传播和扩散程度也不大。

总之,价值链中断风险虽然属于低概率事件,但是一旦成为事实,会对东亚区域基于生产网络的经济整合以及经济发展造成不可忽视的负面影响。值得注意的是,"3·11"日本地震和"10·11"泰国洪水暴发并不是东亚区域遭受过的全部价值链中断风险。例如,2000年3月台湾发生的大地震使集聚在受灾地区的液晶显示器生产企业面临关停状态;2002~2003年中国由于南方地区暴发的SARS流行病严重影响了制造业产量和经济总量的创造,并通过全球价值链波及其他国家或地区的经济活动;等等。但是,由于相关贸易数据难以获得的原因,本书无法一一对其进行实证检验。

第四节 本章小结

本章对东亚区域的价值链中断风险进行了相关实证检验。我们在GVC分解原理基础上构建了"后向关联度"指标作为对上游依赖关系的衡量标准,并选取WTO-OECD中的TiVA数据对东亚区域各经济体间的上下游依赖关系进行计算和检验。考察范围包括东亚区域13个经济体[中国、日本、ASEAN 8(文莱、柬埔寨、马来西亚、印度尼西亚、新加坡、菲律宾、泰国、越南)和NIEs 3(韩国、中国香港和中国台湾)]与区域外的美国、EU15国,重点研究区域内外之间以及区域内部形成的相互依赖关系,由此得到两个主要结果。

一是东亚区域整体和各经济体对区域内部的上下游依赖关系普遍大于对区域外部的依赖关系,并且这种差异在扩大,东亚区域在生产网络中形成了更加紧密的内部联系。

二是东亚区域内部各经济体之间的上下游依赖程度在逐渐加深。值得注意的是,中国在东亚区域的上游供给者地位正在加强。一方面,日本东亚区域中上游供给者的地位正在减弱;另一方面,日本对于东亚区域内部的上游依赖关系却在加强。此外,大多数经济体对区域内部的后向关联度都有不同程度的上升，证明了东亚区域内的经济联系更加紧密。

东亚区域内部的上下游依赖关系直观清晰地说明了价值链中断风险在东亚区域的传导机制。但是，这种依赖关系并不是我们要否定的方面。在东亚区域经济整合过程中，东亚区域生产网络中的这种上下游依赖关系成为有力的促进力量和主观动力。在东亚区域各经济体之间依赖关系不断加强的趋势背景下，价值链中断风险一旦发生，对东亚区域的经济冲击将更加严重。因此，我们更应该重视这种风险，并且加以防范。

随后，作为东亚区域价值链中断风险的总体性分析，本章利用一阶自回归模型对东亚区域总出口的波动性进行了相关实证检验，从区域内贸易波动角度分析这一风险带来的现实影响。具体而言，首先通过估计总出口的一阶自回归方程得到表示实际值与拟合值之间的残差序列，作为东亚区域总出口的波动值。其次是检验东亚区域中间品贸易强度与这种出口波动之间的关联性。

这部分的分析结果表明，从2002年开始，东亚区域总出口的波动性与东亚区域中间品贸易集中度之间具有相同的扩大趋势，二者之间表现出一种正相关。这在一定意义上说明了东亚区域参与全球价值链分工程度的加深与东亚区域贸易波动性具有一定的关联性，前者可以成为价值链中断风险传播和扩大的基础。

最后，为了更清晰地说明价值链中断风险对东亚区域造成的经济冲击，本章进一步选取东亚区域较为发达的电子设备制造行业和汽车制造行业进行行业层面的实证分析，结合行业特点进一步分析价值链中断风险对东亚区域经济整合带来的影响。通过结合"3·11"日本大地震和"10·11"泰国洪水这两次在样本区间内发生的严重自然灾害，我们发现价值链中断风险在这两大行业造成的影响都较为显著。我们沿袭一阶自回归模型的计量方法分别计算出两大行业的出口波动率并加以比较，发现随着行业的生产网络分布特点不同，上下游依赖关系程度不同，价值链中断风险造成的出口波动幅度也不一样。上下游依赖关系密切的经济体之间，价值链中断风险的传播和扩散程度也较大，反之亦然。

第七章
最终需求冲击风险的实证分析

本书前文已经对东亚区域最终需求冲击风险的含义、传导机制以及对东亚区域经济整合的影响等方面进行了较为详细的分析和阐述。本章将从实证分析角度对前文的理论分析做进一步的检验与证实。需要再次说明的是，对于东亚区域整体经济整合而言，最终需求冲击带来的潜在风险来源于美国和欧盟等主要区域外部经济体。因此本章将具体研究欧美等外部区域的最终需求对区域内贸易的影响。

决定最终需求冲击风险在东亚区域传导的一个重要因素是东亚区域在最终品出口中表现出来的"外部依赖"特性。20世纪50年代之后，东亚区域内很多发展中国家以及日本相继实施出口导向型发展战略，出现了令世界震惊的高速经济增长，被世界银行称为"东亚奇迹"。在这一阶段中，正是由于欧美等发达国家不断上升的最终需求拉动了东亚区域出口规模的迅速扩大，促进了东亚区域经济总量的高速增长，因此也体现出东亚区域的经济发展在很大程度上存在着对欧美国家需求增长的"外部依赖"（Yung Chul Park，2011）。王峰（2008）利用面板数据的实证检验分析了东亚区域内贸易扩张的主要影响因素，并将此归结为东亚区域生产网络垂直化的加深以及美国对东亚区域生产的最终产品不断上升的消费需求。而且，陈奉先和涂万春（2006）在研究了东亚区域贸易模式之后也得出东亚内需不足和美国消费拉动等主要特点。由此可见，"外部依赖"在很大程度上关系到东亚区域的经济增长和区域化发展问题，也是分析东亚区域最终需求冲击风险的关键和基础。

鉴于此，在进入最终需求冲击风险的实证检验之前，本书将基于全球价值链分工的视角对东亚区域的"外部依赖"进行实证分析。不同于以往相关研究文献大多使用官方贸易统计中的进出口贸易数据来分析判断东亚区域的"外部依赖"，本书将使用附加值贸易数据对中间品贸易发达程度显著的东亚区域贸易进行深入剖析，构造"最终需求贡献度"指标，为东亚区域的"外部依赖"程度提供更加客观、准确的评估结果。

中间品贸易的高度发达是东亚区域贸易发展的最显著特征，也是东亚区域经济整合的现实基础和有效推动力，其重要性不言而喻。在最终需求冲击风险的传导机制中，中间品贸易也成为东亚区域内经济发展受区域外部最终需求下降冲击的主要渠道。那么，东亚区域的中间品贸易在多大程度上与区域外最终需求相关，或者说，欧美等发达经济体的最终需求对东亚区域内贸易的影响有多大？是否在一定程度上拉动了东亚区域的贸易繁荣？对这些问题的回答也是对东亚区域最终需求风险的进一步衡量和分析。此外，为了更加直观、具体地说明最终需求风险的传导机制，本章将借鉴 Krugman 和 Venables（1996）提出的"垂直化链接"思路，将中间投入品引入生产厂商的成本函数，从微观层面利用市场出清原理来建立中间品贸易的"垂直化引力模型"，并以此作为东亚区域最终需求冲击风险实证检验的指导思路。在实证检验中，本章将以东亚区域内的总体双边贸易以及中间品双边贸易为研究对象，分析美国和 EU15 的最终需求对东亚区域内贸易的具体影响程度。

本章的内容安排如下。第一节是基于全球价值链分工视角在 Koopman（2010）提出的 GVC 分解方法基础上对东亚区域的"外部依赖"建立衡量指标，利用附加值贸易数据进行详细计算并汇报分析结果。第二节是从微观层面利用生产函数和效用函数对"垂直化引力模型"的构建进行推倒和阐述。第三节是在"垂直化引力模型"基础上对欧美等发达经济体的最终需求如何影响东亚区域内贸易尤其是中间品贸易进行实证检验。第四节为本章小结。

第一节　东亚区域最终需求外部依赖的现实评估

本节将基于前面章节中介绍的 GVC 分解方法（Koopman，2010）对东亚区域的外部依赖关系进行重新定义，以此阐明全球价值链分工下东亚区域生产网络高度发达和迅速扩张的深层次原因。通过构建"最终需求贡献率"作为衡量指标并利用附加值贸易数据计算和分析东亚区域最终品贸易的外部依赖程度，为后文对东亚区域最终需求冲击风险进行实证检验提供重要的基础性铺垫。

一、最终需求外部依赖的表现形式

东亚区域最终需求"外部依赖"问题的最初提出是针对东亚区域贸易模式特点而言的。随着全球价值链分工现象逐渐成为新型国际贸易模式的主导，附加值贸易在分析贸易利益分配以及分工地位关系等方面的优势和关键作用也受到国内外学者们越来越多的关注，这也为更加准确理解和判断东亚区域最终需求的"外部依赖"提供了新的研究视角。

(一) 贸易模式角度的"外部依赖"

从贸易模式角度来看，东亚区域的快速经济增长与欧美等发达经济体的外部支持不可分割。东亚地区发达的生产分工网络促使东亚区域逐渐成为世界的"制造中心"，其独特的"三角贸易模式"也因此而形成，欧美等发达经济体作为东亚区域内最终产品的需求者在这种贸易模式中占据一定的主导地位。

基于东亚贸易模式与经济增长之间存在的这种内在联系，2008年全球金融危机的发生令很多国内外学者开始质疑东亚区域对"外部需求"的过度依赖，认为这种贸易模式存在一定弊端，可能会成为影响东亚经济增长的主要制约因素（Obashi, 2009；赵江林, 2010；彭支伟, 2010；李晓, 2010；Ikuo, 2010；等等）。一些学者利用时间序列数据对东亚区域的贸易模式进行实证研究后指出，没有证据表明东亚区域已经具备自给自足的能力（Athukorala 等, 2009），而且东亚区域经济体和区域外部发达经济体之间的联系更加紧密（IMF, 2007；ADB, 2008）。

综合以上的相关文献来看，贸易模式层面的研究普遍将东亚区域的"外部依赖"仅仅定义在进出口贸易层面，采用的研究数据都是传统统计方式的贸易数据[①]。但是由于中间产品在不同国家间的多次流转，传统统计方式在GVC主导的国际贸易中存在明显的"重复计算"（Double Counting）问题，在一定程度上"扭曲"了各参与国或地区之间真实的贸易模式（Koopman 等, 2008, 2010）。

(二) GVC 视角的最终需求依赖

根据第二章中介绍的 Koopman 等 (2010) 的 GVC 分解理论，一国创造的

[①] 这里说的传统统计方式下的贸易数据即指官方的贸易统计数据，是为了与附加值贸易（TiVA）数据相对比。

出口附加值或者通过最终产品的渠道直接被国外最终需求所吸收（即 FDV 部分），或者以中间产品形式经过一次或数次跨国流转之后被国外最终需求所吸收（即 NDV 和 TDV 部分），由此形成该国对其出口附加值最终吸收国的"最终需求依赖"。可以说，"最终需求依赖"是从最终产品角度剖析国家之间在 GVC 中形成的一种依赖关系。从根本而言，这种依赖关系从附加值角度衡量了一国对其他国家的真实出口价值。从简单的 GDP 核算恒等式可知，GDP = 消费+投资+出口，出口是拉动经济增长的"三驾马车"之一。因此，"最终需求依赖"在一定程度上反映了附加值出口国对其最终需求国的经济依存关系。一国出口的国内附加值被某一最终需求国吸收得越多，则后者最终需求的上升对前者经济增长的贡献越大，前者对后者的依赖程度越高。

此外，本节将"最终需求依赖关系"的范围分为东亚区域的"外部依赖"和"内部依赖"两个角度分别进行分析。如果东亚区域各经济体对区域外部的依赖程度普遍大于对内部其他经济体的依赖程度，说明东亚区域的经济增长对外部需求存在较大程度的"外部依赖"，其经济发展易受外部需求冲击的影响；反之，则说明东亚区域内部的经济依存度较高，东亚区域的经济增长动力在很大程度上来源于区域内部。

二、指标建立和数据说明

为了对东亚区域的最终需求"外部依赖"程度进一步判断和分析，我们提出"最终需求贡献率"作为衡量依据。

（一）最终需求贡献率 FD_{ij}_c

全球价值链的迅速发展改变了东亚区域的贸易结构以及贸易模式（Nakgyoon Choi 等，2014）。在这一背景下要深入分析东亚区域各经济体与外部经济体的相互联系，准确把握东亚区域的"外部依赖"问题，"贸易附加值"（Trade in Value Added，TiVA）[①] 无疑是重要的研究途径。TiVA 是各国或地区在参与全球生产网络过程中创造的实际价值，更为现实和准确地体现了全球价值链（GVC）下的国际分工和利益分配。

根据前文的 GVC 分解方法，一国出口中包含的国内价值并不会完全被国

[①] TiVA 是 WTO-OECD 对贸易附加值的名称定义，也有学者或研究机构将其称为 Value-Added Trade（VAT）。

外最终需求所吸收,其中的 RDV 部分会通过在不同国家间流转数次后再流通回本国,被本国的最终需求所吸收,而只有 FDV、NDV 和 TDV 三部分国内附加值才会被包含在最终产品或中间产品中,以直接或间接形式出口到其他国家,体现在它们的最终需求中。

最终需求贡献率 $FD_{ij}\_c = DVFF_{ij}/GDP_i$。其中,$DVFF_{ij}$ 表示 j 国最终需求中包含的由 i 国创造的国内附加值,GDP_i 表示 i 国的同期国内生产总值。最终需求贡献率 FD_{ij}_c 表示 j 国最终需求中包含的 i 国国内附加值在 i 国 GDP_i 中所占的比重,即 i 国的经济发展对 j 国最终需求(附加值形式,下同)的依赖程度,或者说是 j 国最终需求对 i 国 GDP_i 增长的贡献程度。最终需求贡献率实质上反映出 GVC 下 i 国对 j 国真实的经济依存度。而且,j 国的最终需求贡献率越大,说明 i 国对 j 国的"最终需求依赖"程度越大,j 国的最终需求对 i 国经济增长的拉动作用越大。更进一步,如果东亚区域内各经济体之间的"最终需求依赖"普遍大于它们与区域外部的"最终需求依赖",则说明东亚区域的经济增长不存在过度的"外部依赖",东亚区域内部的经济依存关系更加密切,其经济增长动力更多来自于区域内部。

(二) 数据说明

本节采用 WTO-OECD 于 2013 年 5 月最新发布的附加值贸易(TiVA)数据库数据来进行指标的计算。该数据库的研究范围为包括 OECD 国家、金砖五国和印度尼西亚在内的 57 个经济体,研究对象涉及制造业和服务业中的 18 个行业,覆盖年份为 1995~2009 年。根据本书的研究目的,我们只选取国家层面的数据进行整理和计算。

本节研究的东亚区域经济体包括中国、日本、ASEAN 8(文莱、柬埔寨、马来西亚、印度尼西亚、新加坡、菲律宾、泰国和越南)以及 NIEs 3(韩国、中国香港和中国台湾)。东亚区域外部经济体主要指美国和 EU15。

三、评估结果分析

我们依据第二部分中"最终需求贡献率"的指标设定,依据 TiVA 数据进行整理计算,得到了东亚区域各个国家对于区域内部和区域外部由出口附加值导致的"最终需求",如表 7-1 所示。其中报告了 1995 年、2005 年以及 2009 年东亚区域对各需求主体的"最终需求贡献率",其中第一列为各需求主体,主要分为国内需求、区域内需求(除本国之外的来自东亚区域其他经济体最终需求的加总)、欧美国家(美国和 EU15)以及世界其他国家(ROW)四个主要部分。在此基础上,我们将东亚区域分为中国、日本、ASEAN 8 和 NIEs 3 4 个子区域分别进行考察分析,以便深入剖析东亚区域对于区域内部和区域外部的最终依赖。

表 7-1 东亚区域对其内部和外部的"最终需求贡献率"①

单位:%

	总体	中国	日本	ASEAN 8	NIEs 3
1995 年					
国内	87.22	83.67	91.98	69.65	75.93
区域内	4.31	5.75	2.36	11.57	8.93
中国	0.62		0.43	1.04	1.89
日本	1.25	2.93		5.43	3.92
欧美	5.84	7.69	3.94	12.99	9.92
美国	3.44	4.44	2.44	6.89	5.81
EU15	2.40	3.25	1.50	6.10	4.11
ROW	2.63	2.89	1.72	5.79	5.22
2005 年					
国内	80.47	78.15	88.31	58.32	72.77
区域内	5.77	4.82	3.60	14.68	8.70
中国	1.51		1.28	3.05	3.74
日本	1.55	2.49		5.40	2.62
欧美	9.21	11.85	5.47	17.29	11.93
美国	5.37	6.96	3.36	9.52	6.69
EU15	3.83	4.88	2.11	7.78	5.24
ROW	4.56	5.18	2.62	9.70	6.60
2009 年					
国内	82.24	83.40	89.76	64.64	74.51
区域内	4.94	3.13	3.30	12.39	4.64
中国	1.43		1.43	3.23	2.22
日本	1.21	1.41		3.69	10.04

① 表中空白部分是由于一国不对自身产生"最终需求依赖"。

续表

	总体	中国	日本	ASEAN 8	NIEs 3
2009 年					
欧美	7.02	7.69	3.92	11.70	10.81
美国	3.71	3.98	2.18	5.89	5.87
EU15	3.31	3.70	1.73	5.81	4.94
ROW	5.80	5.79	3.03	11.28	10.04

资料来源：笔者根据 WTO-OECD 发布的 TiVA 数据库数据整理计算。

(一) 对东亚区域整体层面最终需求内外部依赖的分析

就东亚区域整体而言，来自区域外部的"最终需求贡献率"明显大于来自区域内部的"最终需求贡献率"（本国内部最终需求贡献除外）。这一结果在一定程度上说明了东亚区域在最终品出口中的"外部依赖"现状。具体来看，东亚区域对内部和外部最终需求的依赖关系上存在以下较为显著的特征。

第一，欧美国家仍然是最终需求的主力军。从表 7-1 的显示结果来看，欧美国家对东亚的最终需求贡献率明显高于区域内和世界其他国家，这在绝对值水平上证明了东亚区域仍然存在一定程度的"外部依赖"。但是，区域内部和欧美国家对东亚区域的最终需求贡献率在 1995~2005 年呈现上升趋势，在 2005~2009 年却呈现下降趋势，表现出一种倒"V"形的变化。一方面说明东亚区域对这两个需求主体的依赖变动是基本同步的，另一方面也说明东亚区域所谓的"外部依赖"程度在下降，但却并没有因此转移到"内部依赖"上，无法证明东亚经济体之间在最终需求上的联系越来越强。

第二，区域内部最终需求开始上升。东亚区域整体对所有经济体国内最终需求的依赖却是先下降、后上升，表明各经济体逐渐对内需拉动经济的依赖有所增加，在经历了出口导向型发展模式之后，开始寻求经济的内在增长动力，或者说内部需求对东亚经济的拉动作用已经开始上升。除此之外，东亚区域对世界其他国家最终需求的依赖却表现出持续的上升趋势，在一定程度上体现了东亚区域的贸易开放度不断提高，贸易伙伴国的范围不断扩大。

第三，对美国"最终需求依赖"呈下降趋势。从中国、日本、美国和 EU15 的数据结果来看，它们对东亚区域整体的最终需求贡献度也均呈现倒"V"形的变化趋势，但是，美国的最终需求贡献度下降最快，从 2005 年的 5.37% 下降到 2009 年的 3.71%，而 EU15 的最终需求贡献率相对于美国在此期间则表现得基本稳定，而且其对于东亚区域的重要性已经接近于美国。这与东亚区域向美国和 EU15 最终产品出口数据的变化相吻合。东亚区域对美国的最终产品出口比例从 2005 年的 28.7% 下降到 2009 年的 24.59%，对 EU15 的最终产品出口比例从 2005 年的 21.35% 下降到 2009 年的 21%[①]。由此可以看出，东亚区域对美国市场的外部依赖程度正处于下降通道。

第四，对中国"最终需求依赖"快速增加。值得注意的一点是，东亚区域对中国最终需求的附加值依赖程度在 1995~2005 年增长最快，从 0.62% 增加到 1.51%，扩大了一倍多。与此同时，东亚区域除中国和日本之外其他经济体对区域总体的最终需求贡献率却实现了小幅上升，从 2.64% 增加到 2.7%。这在一定程度上证明了中国的崛起并没有"挤出"东亚区域对其他新兴经济体的最终需求依赖。

(二) 对东亚区域个体层面最终需求内外部依赖的分析

从各子区域具体的国外最终需求贡献率来看，它们对欧美最终需求的依赖均显示出倒"V"形的变化趋势，进一步说明东亚区域各经济体普遍意义上对欧美"外部依赖"的下降。除此之外，各子区域对于各需求主体的依赖关系各不相同。

第一，ASEAN 8 对区域外部最终需求依赖程度最大。从表 7-1 可以看出，ASEAN 8 对国外最终需求的依赖程度最高，在 1995 年、2005 年和 2009 年分别为 30.35%、41.68% 和 35.36%，显示出它们对国外市场相当高的依赖性，因此其经济很可能易受外部需求扰动的影响。通过比较 ASEAN 8 对不同需求主体的附加值依赖程度，不难发现，除了对 ROW 最终需求的依赖度从 2005 年的 9.7% 上升到 11.28% 之外，对东亚区域内部以及欧美市场的外部依赖均有所下降，但它们对这三个需求主体最终需求的依赖程度依然相当高。而且，观察 ASEAN 8 对中国和日本的附加值最终需求，发现两种截然相反的变动趋势。具体来说，中国对 ASEAN 8 的最终需求贡献率持续上升，从 1995 年的 1.04% 持续增加到 2009 年的 3.23%，而同期日本的这一比率从 5.43% 一直下降到 3.69%，这说明 ASEAN 8 对中国最终需求的依赖越来越大，对日本的依赖越来越小，并且二者的差距在逐渐缩小。尽管如此，中国和日本对 ASEAN 8 的最终需求贡献率远远小于美国和 EU15 的贡献率。

---

① 笔者采用 RIETI-TID 2012 数据库数据进行整理计算而得。

第二，中日相互最终需求依赖趋势反向变化。中国对日本的最终需求贡献率从 1995 年的 0.43% 不断上升到 2009 年的 1.43%，而同期日本对中国的最终需求贡献率却从 2.93% 逐渐下降到 1.41%。可见，在最终需求层面，日本对中国的经济依存度日益加深，而中国对日本的经济依存度却在逐渐减小，换句话说，中国的最终需求对日本经济增长的拉动作用不断加大，而日本对中国却没有产生相应的影响。综合来看，中日两个经济大国之间非对称变动的依赖关系，凸显了中国不断壮大的总体经济实力以及日益提高的经济地位。但是，从其他经济体来看，中国对 ASEAN 8 和 NIEs 3 的最终需求贡献度却相对较小。这说明中国虽然已经发展成为世界级的经济大国，在东亚区域也占据着经济中心地位，但是其作为区域内最终市场的作用并没有得到相应的发挥，中国的购买力水平还存在很大的提高空间。

第三，NIEs 3 对日本最终需求的依赖程度迅速上升。中国和 NIEs 3 都表现出了对区域内最终需求的依赖逐步下降的趋势，与此相对应，它们对世界其他国家（ROW）最终需求的依赖程度正在增加，这在一定程度上证明了区域内部经济体之间在最终需求层面的依赖关系没有显著增强。但是，对于 NIEs 3 来说，来自日本最终需求的贡献率从 2005 年的 2.62% 迅速上升到 2009 年的 10.04%，已经远远大于区域内所有经济体的平均贡献率 4.64%，体现了 NIEs 3 和日本之间密切的经济联系，并且这种依赖关系已经开始超过美国和 EU15。

综上所述，东亚区域在附加值的最终需求上对欧美国家存在一定程度的"外部依赖"。但是，不论是从东亚区域整体来看，还是从各经济体来看，来自欧美国家的最终需求贡献率均呈现出倒"V"形的变化趋势，说明东亚区域的"外部依赖"正在不断降低。

第二节 实证模型的选择

自 20 世纪 60 年代以来，引力模型被经济学家和计量学家由物理领域引入国际经济学中，用于解释双边贸易流的发生结果（Tinbergen，1962；Poyhonen，1963；Linneman，1966）。引力贸易模型是一种标准形式的回归模型，其中，被解释变量为两国之间的双边贸易，解释变量包括这两个国家的 GDP、两国之间的地理距离以及其他一些控制变量。引力贸易模型尤其适合于解释消费品贸易。对于消费品双边贸易，进口国的 GDP 较好地代表了对所进口消费品的消费支出需求，而出口国的 GDP 则代表了总供给能力。

引力模型的微观基础是生产者—消费者之间的一般均衡问题。Anderson（1979）在 CES 偏好基础上对引力方程进行了理论阐述，前提是各国之间只生产一种差别产品。在此基础上，Van Wincoop（2003）又相对应地提出了一种计量方法。随着引力模型在国际贸易领域的广泛应用，以不同贸易理论模型框架为基础，不断有学者对其进行修正和完善以更好地适应不同目的的研究。其中具有代表性的研究包括在垄断竞争模型中的应用（Helpman 和 Krugman，1985），在 Heckscher-Ohlin 模型中的应用（Deardorff，1998），在李嘉图模型中的应用（Eaton 和 Kortum，2001），以及在 Melitz（2003）的异质性企业模型中的应用（Chaney，2008；Helpman，Melitz 和 Rubinstein，2008）等。

但是，将中间品贸易和最终品贸易的问题引入引力模型中的相关文献则相当有限。就本质而言，引力模型中一个固有的问题就是双边贸易代表了出口的总销售额，而 GDP 则代表了价值创造，或者说是一种价值增值。在中间品贸易广泛流行之前，双边贸易和 GDP 之间的这种统计标准不一致的问题相对而言意义不大。但是，近 20 年间全球价值链的迅速发展使中间品贸易不断扩张，中间品贸易在全球贸易舞台中发挥着举足轻重的作用，尤其是对于"世界工厂"东亚区域，中间品贸易的发达程度更加无可比拟。因此，标准引力模型中作为供给和需求代表变量的两国各自的 GDP 对双边贸易流量的解释效果存在一定的偏差。

例如，在中国从日本进口电子产品零部件的中间品贸易中，标准的引力模型将用中国的 GDP 解释中国的进口需求。但是，中国对电子产品零部件的潜在需求是由电子产品的总产出决定的，或者说是最终电子产品出口，而不是该行业的价值增值，决定两国间这一中间品贸易流的决定因素无法完全体现在两国的 GDP 中。由此可见，对于涉及中间产品贸易的引力模型，引入最终产品需求具有十分重要的意义和必要性。

鉴于此，本节将在基于 CES 偏好结构的标准引力模型下，对 Krugman 和 Venables（1996）提出的"垂直化链接"模型进行修正，得到体现中间品贸易和最终品贸易之间联系的"垂直化引力模型"。

一、基于 CES 函数的标准贸易引力模型

Baldwin 和 Taglioni (2007) 利用 CES 结构函数来描述差别化产品,从微观视角解释了引力模型。本书借鉴他们的方法,从生产—消费层面介绍标准贸易引力模型,作为改进垂直化引力模型的基础。

假设 A 国生产的一种消费品出口到 B 国[①],则这项双边贸易流可以表示为:

$$t_{AB} \equiv \left(\frac{p_{AB}}{P_B}\right)^{1-\sigma} E_B; \quad \sigma > 1 \tag{7-1}$$

其中,t_{AB} 是 B 国对此次进口的支出,p_{AB} 是 A 国生产的该种消费品在 B 国的消费价格,P_B 是 B 国整体的 CES 消费价格指数,σ 是消费品之间的替代弹性,$\sigma > 1$ 指完全替代的情况,E_B 是 B 国消费支出。

假设 A 国生产者遵从利润最大化原则,则有 $p_{AB} = \mu_{AB} m_A c_{AB}$。其中,$\mu_{AB}$ 是最大价格加成;m_A 是边际生产成本;c_{AB} 是双边贸易成本,包括所有自然和人为贸易壁垒,例如,$c_{AB} = 1+$从量税。假设在完全竞争和 Dixit-Stiglitz[②] 垄断竞争下,m_A 对于出口到任何国家都是相同的,此时 p_{AB} 即为出厂价,这意味着贸易成本完全转嫁到 B 国的消费者身上。

为了贴近实际,只考虑 D-S 垄断竞争情形,因此 $\mu_{AB} = \sigma/(\sigma-1)$。对于 A 国国内市场而言,一般认为 $c_{AB} = 1$,那么该种消费品在 A 国的国内消费价格为 $p_{AA} = [\sigma/(\sigma-1)] m_A$。进而,$p_{AB} = p_{AA} c_{AB}$。

为了便于计算,假设 A 国和 B 国具有相同种类的消费品,数量都为 n_A,并且 n_A 种消费品都向 B 国出口[③]。那么,B 国对这 n_A 种消费品的总进口支出为

$$T_{AB} = n_A p_{AA}^{1-\sigma} \frac{c_{AB}^{1-\sigma}}{P_B^{1-\sigma}} E_B \tag{7-2}$$

为了将式 (7-2) 的进口支出方程转变为引力方程,我们引入市场出清条件。根据市场出清条件的供求相等,将 A 国向所有国家的出口(包括 A 国内销)进行加总,其和应等于 A 国总产出。如果 A 国生产过程中没有使用进口中间产品,则总产出即为 GDP,用 Y_A 表示。因此,市场出清条件可以表示为:$Y_A =$

[①] 由于引力模型尤其适用于解释消费品贸易,而且为了便于分析,我们只讨论消费品贸易的情况。
[②] 以下简称 D-S 垄断竞争模型。
[③] 该假设借鉴于著名的 Dixit-Stiglitz-Krugman 模型结果。

$n_A P_{AA}^{1-\sigma} \sum_B c_{AB}^{1-\sigma} P_B^{\sigma-1} E_B$。由此可以得到 $n_A P_{AA}^{1-\sigma} = Y_A/\Phi_A$。$\Phi_A \equiv \sum_B c_{AB}^{1-\sigma} P_B^{\sigma-1} E_B$，即通常所说的市场潜力指数。$\Phi_A$ 代表了 A 国所有出口市场大小的加权总和，权重为与距离相关的贸易成本 $c_{AB}^{1-\sigma}$，由于 $\sigma>1$，因此与较远的出口目的地 c_{AB} 距离较大，被赋予的权重也较低。因此，将 Φ_A 代入式 (7-2)，可以得到传统引力方程 (7-3)：

$$T_{AB} = c_{AB}^{1-\sigma} E_B Y_A \frac{1}{P_B^{1-\sigma}} \cdot \frac{1}{\Phi_A} \tag{7-3}$$

其中，P_B 是 B 国的 CES 价格指数，Φ_A 是 A 国的市场潜力指数。$P_B^{1-\sigma}\Phi_A$ 也被称作"多边贸易阻力"[①]。就方程 (7-3) 的主要变量而言，E_B 代表 B 国 GDP，Y_A 代表 A 国 GDP，c_{AB} 代表 AB 两国间距离。

二、引入中间品贸易的垂直化引力模型

从上文的推导过程来看，传统的标准贸易引力模型是建立在不存在进口中间产品基础上的。对于普遍存在中间品贸易的国际生产分工现状，我们需要进一步引入中间品贸易模型。因此，我们借鉴 Krugman 和 Venables (1996) 研究中间品贸易的"垂直链接"模型对传统引力模型进行修正。

假设每个国家只存在两个部门：瓦尔拉斯完全竞争部门 F 和 D-S 垄断竞争部门 M，以及单一生产要素劳动力 L。F 部门的生产投入只需要 L，而 M 部门每种产品的生产投入除了 L 之外，还包括可用 CES 结构表示的所有中间投入品（我们假设每种产品的进口既用于最终消费，也用于中间投入）。根据 Krugman 和 Venables (1996) 的计算结果，生产者的 CES 中间品加总与标准 CES 消费品加总具有相同的结构。

消费者的间接效用方程为：

$$V = I/P^c ; \quad P^c \equiv p_F^{1-\alpha}(P)^\alpha ; \quad P \equiv \left(\int_{i\in G} p_i^{1-\sigma} d_i\right)^{1/(1-\sigma)} \tag{7-4}$$

其中，V 代表消费者间接效用，I 是消费者收入，P^c 是理想消费价格指数，p_F 是 F 产品价格，α 代表 M 部门产品的支出参数，是一种柯布—道格拉斯支出份额，σ 是 M 部门所有产品间的替代弹性，P 是 M 部门所有产品的

[①] 由于我们的研究重点在于引力方程的意义，因此这项"多边贸易阻力"对本书而言并没有太大意义，可以看作模型推导的附属品。

CES 价格指数，p_i 是第 i 种产品的消费价格，G 是 M 部门产品种类。

生产者的成本函数为：

$$C(w, P, x) = (F + a_x x) w^{1-\alpha} P^\alpha \tag{7-5}$$

其中，x 代表产品产量，F 和 a_x 分别代表固定成本和边际成本，w 代表工资，α 代表中间投入品 C-D 形式的成本份额。

在传统引力模型推导过程中，D-S 垄断竞争下的最优价格为出厂价。在此基础上，结合用于消费和生产的每种产品的替代弹性为 σ，那么每种产品对于这两类消费者的价格相同。对于式（7-5），有 $m_A = a_x w_A^{1-\alpha} P_A^\alpha$，令 $a_x = 1 - 1/\sigma$，那么，传统引力模型中的 p_{AB} 变换为（7-6）：

$$p_{AB} = c_{AB} w_A^{1-\alpha} P_A^\alpha; \quad \forall A, B \tag{7-6}$$

对式（7-4）和式（7-5）分别运用 Shepard 引理和 Hotelling 引理，对 B 国总需求进行加总，我们可以得到和式（7-2）具有相似结构的方程，但是，其中 E_B 包含的内容有所变化，不仅包括对最终产品的购买，也包括对中间产品的购买：

$$T_{AB} = n_A p_{AA}^{1-\sigma} \frac{c_{AB}^{1-\sigma}}{P_B^{1-\sigma}} E'_B; \quad E'_B \equiv \alpha(I_B + n_B C_B) \tag{7-7}$$

其中，I_B 代表 B 国消费者收入，C_B 代表 B 国购买一种中间产品的总成本。

应该看出，A 国销售的是 M 部门产出的总价值，而不是价值增值。依照垄断竞争的自由进入假设，生产厂商的销售价值等于总成本，因此 A 国的市场出清方程不再是传统引力模型中的形式，而变为下面的表达式：

$$C_A = n_A p_{AA}^{1-\sigma} \sum_B c_{AB}^{1-\sigma} P_B^{\sigma-1} E'_B; \quad C_A \equiv C(w_A, P_A, x_A) \tag{7-8}$$

由式（7-8）中解出 $n_A p_{AA}^{1-\sigma} = C_A / \Phi_A$，其中，$\Phi_A \equiv \sum_B c_{AB}^{1-\sigma} P_B^{\sigma-1} E'_B$。代入式（7-7），得到适用于中间品贸易的引力模型：

$$T_{AB} = c_{AB}^{1-\sigma} E'_B C_A \frac{1}{P_B^{1-\sigma}} \cdot \frac{1}{\Phi_A} \tag{7-9}$$

由此，传统引力模型被改进为包含中间品贸易关系的垂直引力模型。其中，E'_B 和 C_A 都不等同于两国 GDP，既包含 GDP，又包含中间产品需求。在生产分割条件下，中间品在不同国界间的流转是由生产最终品的需求引起和决定的。而且，在跨国公司主导的全球价值链分工中，在很大程度上，进口中间品是一种生产安排，其目的是生产制造并出口最终产品。由此看来，全球价值链分工下的中间品贸易已经不能完全由传统引力模型下的两国 GDP 解释了，还应该由最终品的需求来解释（Richard Baldwin 和 Daria Taglioni，2011）。

垂直化引力模型实际反映了中间品贸易和最终品贸易之间的影响关系。它反映了一国中间品进口应该也是最终品出口的回归函数，解释变量不应该仅仅是该国 GDP。而且对于中间品贸易较为发达的国家（或地区）之间，最终品出口对于中间品进口的解释作用更大。

第三节　东亚区域最终需求冲击风险的实证检验

本节将在上一节垂直化引力模型基础上构建相关模型对东亚区域内贸易进行实证检验，由此确定欧美等发达经济体的最终需求对东亚区域内贸易的影响程度，从而进一步说明最终需求冲击风险。

一、模型构建和变量说明

（一）模型构建

从前文推导的垂直引力模型中可以看出，在全球价值链分工背景下，由于中间品贸易的存在，进口的决定因素将不仅仅包含国家 GDP，甚至国家购买力（或 GDP）将不再具有主要的决定作用，更应该包括最终品出口。最终品出口和中间品进口之间应该是正向相关的，即最终品出口越多，中间品进口也应该越多。如果这一假设成立，那么，按照东亚区域"外部依赖"的贸易模式，东亚区域中间品进口将与最终品出口同向变化，换句话说，区域内中间品贸易在一定程度上受制于最终品出口的影响。由此便可以在一定程度上解释并证明欧美经济体的经济下滑引起需求不足，从而制约东亚区域的贸易以及经济发展，即前文所分析的最终需求冲击风险。鉴于此，我们利用垂直化引力模型分别对东亚区域内双边贸易以及中间品贸易进行实证检验。

根据上一节式（7-9）表示的两国间贸易的垂直化引力方程，解释变量包括 A、B 两国的 GDP、代表 AB 两国间距离的 c_{AB}、多边贸易阻力 $P_B^{1-\sigma}\Phi_A$ 以及最重要的隐含在 E'_B 和 C_A 中的最终品出口。其中，多边贸易阻力 $P_B^{1-\sigma}\Phi_A$ 一项在实际中很难测量，而且和我们的研究目的没有太大关系，因此，借鉴大多数引力模型面板回归的做法，我们暂且忽略它，将这一项的影响并入回归方程的误差项中。并且为了得到较好的拟合回归结果，结合前人的一些研究成果，我们在实际模型构造中又加入一些其他控制变量。由此，我们构造如下回归模型来检验东亚区域最终需求冲击风险。

$$\ln IM_{ijt} = \alpha_0 + \alpha_1 \ln GDP_{it} + \alpha_2 \ln GDP_{jt} + \alpha_3 \ln PGDP_{it} + \alpha_4 \ln PGDP_{jt} + \alpha_5 \ln dis_{ij} + \alpha_6 lang_{ij} + \alpha_7 FTA_{ijt} + \alpha_8 \ln EXU_{it} + \alpha_9 \ln EXEU_{it} + \varepsilon_{ijt}$$

$$\ln IIM_{ijt} = \beta_0 + \beta_1 \ln GDP_{it} + \beta_2 \ln GDP_{jt} + \beta_3 \ln PGDP_{it} + \beta_4 \ln PGDP_{jt} + \beta_5 \ln dis_{ij} + \beta_6 lang_{ij} + \beta_7 FTA_{ijt} + \beta_8 \ln EXU_{it} + \beta_9 \ln EXEU_{it} + \varphi_{ijt}$$

其中，第一个方程为双边总进口的垂直化引力方程，第二个方程为中间品进口的垂直化引力方程。下标 i、j、t 分别代表进口国、出口国和时间三个维度。两个被解释变量中，$\ln IM_{ijt}$ 代表 t 年 i 国从 j 国进口贸易流量，$\ln IIM_{ijt}$ 代表 t 年 i 国从 j 国进口中间品贸易流量。ε_{ijt} 和 φ_{ijt} 分别为相应回归方程的误差项。

（二）变量说明

1. 经济总量

$\ln GDP_{it}$ 代表进口国在 t 年 GDP 的对数。一般认为，进口国的经济总量越大，其总需求越大，从而进口贸易总量和进口中间产品贸易量也越大。因此，本书预期 $\ln GDP_{it}$ 系数符号为正。$\ln GDP_{jt}$ 代表出口国在 t 年 GDP 的对数。出口国的经济总量越大，说明其供给能力越强，从而出口贸易总量包括中间品出口贸易量也越大。因此，本书预期 $\ln GDP_{jt}$ 系数符号也为正。此外，对于 GDP 数据是使用基于当期汇率的名义 GDP 还是使用基于购买力平价的实际 GDP，我们根据盛斌（2002）的判断方法，由于考察期较短，故选择名义 GDP 来表示经济总量。

2. 人均 GDP

一国人均 GDP 越大，说明该国经济越发达，人民生活水平越高。$\ln PGDP_{it}$ 代表进口国 t 年人均 GDP 的对数，它从两个方向对该国进口贸易造成影响，一方面经济发达导致了对进口的更高需求，影响系数为正；另一方面生活水平的提高使人们对产品的偏好更广泛，选择范围更大，而且对差异性或者优质产品的需求更强烈，因而可能会减少对原来需求产品的进口，影响系数为负。因此，$\ln PGDP_{it}$ 的系数符号不确定，实证检验结果可以体现这两方面影响力量孰大孰小。$\ln PGDP_{jt}$ 代表出口国 t 年人均 GDP 的对数。它从两个方向对该国出口贸易造成影响，一方面经济发达导致供给能力更高，进而出口越多，影响系数为正；另一方面生活水平的提高改变了国内普遍偏好，也在一定程度上影响生产选择，因此可能会减少对原来出口品的供给，影响系数为负。因此，$\ln PGDP_{jt}$的系数符号也不确定。

3. 距离变量

$\ln dis_{ij}$代表双边贸易中两国之间的地理距离，本书使用的是两国首都城市之间的距离。地理距离和贸易成本有关，地理距离越大，导致贸易成本越高，从而双边贸易量越小。因此，$\ln dis_{ij}$和双边贸易量之间是负相关，预期$\ln dis_{ij}$的系数符号为负。由于两国间距离不随时间变化而变化，所以在后面的面板估计中可能会有一定影响。

4. 语言变量

$lang_{ij}$代表双边贸易中的两国之间是否具有共同语言。根据法国智库国际经济研究中心（CEPII）的定义，在贸易伙伴国之间，只要其中一国有至少20%的人使用另一国家的官方语言，则认为两国之间有共同语言。在一定程度上，共同语言可以减少贸易阻力，促进双边贸易。因此，本书预期$lang_{ij}$系数符号为正。当$lang_{ij}=1$时，表示两国之间有共同语言；反之取$lang_{ij}=0$。由于两国间共同语言一般不随时间变化，所以在后面的面板估计中也可能会有影响。

5. 自贸区变量

考虑到进入21世纪以来，东亚区域各经济体之间签署的自由贸易协议逐渐增多，而自由贸易协议中的税收优惠或税收减免等制度安排可以减少贸易阻力，促进双边或多边进出口贸易，因此本书引入自贸区变量FTA_{ijt}，并预期FTA_{ijt}系数符号为正。当$FTA_{ijt}=1$时，代表两国在t年同属于一个自由贸易协议之中，并且从该年之后，FTA_{ijt}一直为1。当$FTA_{ijt}=0$时，代表两国之间没有自由贸易协议或者两国之间不属于同一个自由贸易协议。

6. 最终品出口变量

$\ln EXU_{it}$和$\ln EXEU_{it}$分别代表进口国对美国出口最终产品的对数、进口国对欧盟27国出口最终产品的对数。由上面的垂直化引力模型可知，在全球价值链分工形式下，一国最终产品出口对该国的中间品进口乃至总进口都有一定的引致作用，即最终品出口越多，中间品进口以及总进口越多。由第三章中对东亚区域贸易模式重构的分析，以及本章第一节对东亚区域"外部依赖"的评估，我们得到在东亚区域的最终产品出口主要目的地为欧美国家，因此将$\ln EXU_{it}$和$\ln EXEU_{it}$作为代表最终品的解释变量，并预期其系数符号为正。各变量含义、数据来源与预期系数符号见表 7-2。

表 7-2 各变量含义、数据来源与预期系数符号

变量名	变量含义	数据来源	预期符号
IM_{ijt}	i 国从 j 国进口货物贸易量（百万美元）	RIETI-TID 2012	无
IIM_{ijt}	i 国从 j 国进口中间品贸易量（百万美元）	同上	无
GDP_{it}	进口国 i 国国内生产总值（百万美元）	IMF	+
GDP_{jt}	出口国 j 国国内生产总值（百万美元）	同上	+
$PGDP_{it}$	i 国人均国内生产总值（美元）	同上	待定
$PGDP_{jt}$	j 国人均国内生产总值（美元）	同上	待定
dis_{ij}	两国间距离（千米）	www.earthol.com	—
$lang_{ij}$	两国间有共同语言时为 1，反之为 0	CEPII	+
FTA_{ijt}	两国间同属自由贸易协议时为 1，反之为 0	Li 和 Whally（2014）	+
EXU_{it}	i 国向美国的最终品出口量（百万美元）	RIETI-TID 2012	+
$EXEU_{it}$	i 国向 EU27 国的最终品出口量（百万美元）	同上	+

资料来源：笔者归纳整理编制。

在数据来源中，所有货物贸易数据（包括双边进口、中间品进口以及最终品出口）来源于 RIETI-TID 2012 数据库，单位为百万美元。除中国台湾的 GDP 数据以及人均 GDP 数据来源于《中国统计年鉴》外，其他所有国家的 GDP 数据以及人均 GDP 数据均来自世界银行（World Bank）的世界发展指标数据库（WDI）。其中，GDP 单位为百万美元，人均 GDP 单位为美元。双边地理距离来源于 www.earthol.com 中对两国首都之间的距离测量，单位为千米。共同语言变量来源于 CEPII 中的引力模型数据库。FTA 变量的数据来源于 Chunding Li 和 John Whalley（2014）。

二、实证检验结果分析

本书将样本考察期间确定为 1995~2012 年，主要鉴于以下两方面的原因。一方面，根据相关研究文献，生产分割的国际化开始于 20 世纪 80 年代中期，到 90 年代时发展极为迅速（Hummels、Rapport 和 Yi，1998）。另一方面，根据第三章对东亚区域生产网络发展演变的分析，东亚区域的"三角贸易"分工模式也在 90 年代开始逐渐形成。随着全球价值链分工在东亚区域的覆盖越来越广，影响越来越深，东亚区域的中间品贸易与区域外部欧美国家最终品需

求的联系也越来越紧密。与此同时,考虑到在"三角贸易"模式中,中国和东盟国家在东亚区域中的出口平台作用,本书将主要考察中国、马来西亚、印度尼西亚、菲律宾以及泰国各自在东亚区域内的双边货物贸易进口情况。本部分实证检验中涉及的东亚区域包括中国、日本、韩国、中国台湾、马来西亚、印度尼西亚、菲律宾以及泰国八个国家(地区)。

利用面板数据进行回归,常用的方法有混合最小二乘回归(POLS)、固定效应回归(Fixed Effect)以及随机效应回归(Random Effect)三种基础形式。就本质而言,混合回归使用最小二乘法估计,将样本间差异忽略不计,估计结果中的常数项适用于任何个体和任何时间段。而固定效应回归和随机效应回归则与混合回归有本质上的不同,估计结果中的常数项是针对不同个体而有差异的。对于三种检验方式的选择,应遵循混合最小二乘估计—固定效应估计—混合效应估计的检验顺序。在混合最小二乘估计和固定效应估计之间应遵循F检验进行选择,在根据F值选择了固定效应之后,再根据Hausman检验进行固定效应和随机效应的选择。我们将对东亚区域内双边进口贸易和双边中间产品进口分别按照这三种方式进行面板回归,并根据F检验和Hausman检验对模型作具体分析,表7-3报告了各种回归方式下各解释变量的系数估计结果。

表7-3 双边总进口和中间品进口在 POLS、Fixed 和 Random 下的估计结果①

	$\ln IM_{ijt}$			$\ln IIM_{ijt}$		
	POLS	Fixed	Random	POLS	Fixed	Random
$\ln GDP_{it}$	0.138*** (5.06)	0.691*** (3.59)	−0.040 (−0.64)	0.081*** (2.62)	0.513*** (5.06)	−0.036 (−0.52)
$\ln GDP_{jt}$	0.577*** (52.30)	0.950*** (3.65)	0.591*** (12.48)	0.570*** (45.23)	0.487* (1.78)	0.559*** (10.67)
$\ln PGDP_{it}$	0.342*** (20.10)	−0.308 (−1.51)	0.443*** (7.15)	0.396*** (20.37)	−0.678*** (−3.18)	0.415*** (6.04)
$\ln PGDP_{jt}$	0.139*** (15.44)	−0.316 (−1.14)	0.134*** (3.18)	0.165*** (15.55)	0.059 (0.201)	0.136*** (2.91)

① 系数估计值的上标***、**、*分别代表相应变量在1%、5%和10%的置信水平上具有显著性,即系数估计值通过了显著性检验。括号内数值为各系数估计值的t值。

续表

	$\ln IM_{ijt}$			$\ln IIM_{ijt}$		
	POLS	Fixed	Random	POLS	Fixed	Random
$\ln dis_{ij}$	-0.434*** (-12.68)	—	-0.464*** (-2.87)	-0.411*** (-9.62)	—	-0.410** (-2.29)
$lang_{ij}$	0.063** (2.33)	—	0.036 (0.383)	0.107*** (3.37)	—	0.040 (0.382)
FTA_{ijt}	-0.041*** (-3.41)	0.037** (2.36)	0.016 (0.788)	-0.108*** (-7.99)	0.074*** (4.32)	0.033 (1.44)
$\ln EXU_{it}$	0.289*** (6.18)	0.349*** (5.31)	0.391*** (4.405)	0.364*** (5.15)	0.448*** (4.92)	0.486*** (4.96)
$\ln EXEU_{it}$	0.225*** (4.25)	0.305*** (4.66)	0.410*** (4.671)	0.28*** (4.65)	0.320*** (4.50)	0.320*** (3.30)
常数项	-2.69*** (-17.96)	-5.957*** (-15.07)	-3.216*** (-5.61)	-3.015*** (-17.26)	-5.583*** (-12.91)	-3.378*** (-5.32)
观测值	630	630	630	630	630	630
调整后 R^2	0.93	0.97	0.84	0.92	0.96	0.79
F 检验	32.902	—	—	41.203	—	—
P 值	0.00	—	—	0.00	—	—
Hausman	—	—	24.461	—	—	33.132
P 值	—	—	0.00	—	—	0.00

资料来源：笔者根据回归结果整理编制。

从表7-3中的估计结果来看，不论对于双边进口 $\ln IM_{ijt}$ 的回归方程，还是对于双边中间品进口 $\ln IIM_{ijt}$ 的回归方程，除了人均国内生产总值 $\ln PGDP_{it}$ 和 $\ln PGDP_{jt}$ 的系数估计结果在固定效应模型下没有通过显著性检验外，其他所有解释变量在三种面板回归模型下都表现出极强的显著性，并且六个回归方程的调整后 R^2 都相当高，说明各个方程的拟合效果较好。但是，根据F检验下的F值和P值来看，应该选择固定效应模型。然后在随机效应估计模型下再根据Hausman检验值和P值来选择，应该选择固定效应模型作为最终估计结果。虽然在固定效应模型下，dis_{ij} 和 $lang_{ij}$ 两个变量由于不随时间发生变化而被舍弃，但是从拟合优度来看，固定效应模型的 R^2 最高，说明了其他解释变量可以较好地解释双边进口和双边中间品进口。而且就我们的研究目的而言，我们最关心的是最终品出口变量的系数估计结果,我们在分析中暂且舍弃这两个解释变量。

从固定效应模型的回归结果来看,对于第一个方程(即 $\ln IM_{ijt}$),两国 GDP 的估计系数都通过了 1% 的显著性检验,并且都为正值,与我们的预期相符。其中进口国 GDP 增加 1 个百分点,可以使进口提高 0.691 个百分点,出口国 GDP 增加 1 个百分点,可以使出口提高 0.95 个百分点。这说明,两国经济总量的增加由于提高了进口需求以及产量供给,对双边贸易起到极大的拉动作用。这一估计结果也从实证角度证实了东亚区域经济快速增长与贸易扩张之间的紧密联系。

两国人均 GDP 的系数估计结果不显著,可能是因为在全球价值链分工下,由于中间品贸易的存在,人民生活水平对双边贸易量的影响效果减弱了,并不能在一定程度上解释双边贸易量。

FTA 变量的估计系数通过了 5% 的显著性检验,并且为正值,与我们的预期相符。说明了 FTA 的签订能拉动双边贸易 0.037 个百分点。可以看到,与 GDP 的影响效果相比,FTA 对双边贸易的影响要小得多,这可能有两个原因。其一是由于进入 21 世纪以来东亚区域内 FTA 的个数才逐渐增多,除了东盟自由贸易协议,很多 FTA 是近几年才签订的,所以发挥作用的时间并不长,还不足以取得较为明显的效果。其二是因为东亚区域自贸协议的内容实施范围有限,由于各国为了维护自身利益,对某些产业实施保护,在自贸协议中达成的税收政策等并没有从很大程度上扫除双边贸易的阻力,因此对促进作用很有限。毋庸置疑,FTA 对贸易便利化和贸易自由化都是存在促进效果的,但是正是因为目前 FTA 的作用并没有完全发挥出来,我们才要大力发展 FTA,不仅要努力达成更多的双边或多边 FTA,还要深化 FTA 中的开放内容,进而达到更大程度的互惠互利。

进口国对美国的最终品出口 lnEXU 以及对欧盟的最终品出口 lnEXEU 的估计系数都通过了 1% 的显著性检验,并且都为正值,和我们预期相符。由相应系数估计值可以看到,对美国最终品出口每上升 1 个百分点,可以使东亚区域内双边进口贸易增长 0.349 个百分点;对欧盟最终品出口每增加 1 个百分点,可以拉动东亚区域内双边进口贸易 0.305 个百分点。并且,对美国最终品出口所起的促进作用更大一些。这一估计结果直接证明了我们前文所提出的基本假设。在全球价值链下,双边进出口贸易不仅与两国的经济总量有关,还与第三国的最终品需求密切相关。因此，按照这一逻辑，如果美国和欧盟对东亚区域的最终品需求减少，不仅会直接减少东亚区域的对外出口，还会引起东亚区域内贸易的下降，从而引发最终需求冲击风险，这对于东亚区域经济整合的进程极为不利。

对于第二个方程（$\ln IIM_{ijt}$），两个国家 GDP 的解释作用也相当显著，并且对双边中间品贸易有正向促进作用，影响程度分别为 0.513 和 0.487。但是不难发现，相比于对第一个方程中双边贸易的解释作用，此处 GDP 的解释作用有所下降。说明在中间品贸易中，GDP 的解释作用减弱。而从最终品出口的系数估计值可以发现，对美国最终品出口与对欧盟的最终品出口在中间品贸易中的影响程度要大于对总贸易的影响程度。由此在一定程度上证明了在全球价值链分工下，东亚区域对外最终品出口是通过区域内中间品进口来影响区域内总贸易的。东亚区域对美国最终品出口每下降 1 个百分点，东亚区域内中间品贸易下降 0.448 个百分点；东亚区域对欧盟最终品出口每下降 1 个百分点，东亚区域内中间品贸易下降 0.32 个百分点。毋庸置疑，在全球价值链分工不断扩大和延伸的趋势之下，东亚区域中间品贸易的比例将越来越大，那么按照以上估计结果，如果东亚区域向欧美国家出口最终产品的比例不能降低，一旦欧美国家的最终需求减少，将使东亚区域中间品贸易乃至整体贸易出现更大程度的下降。

除此之外，FTA 对中间品贸易的促进作用要比在双边总贸易中大，说明了东亚区域内自由贸易协议的签署对中间品贸易的促进作用较大，东亚区域内中间品贸易的扩张与 FTA 的贡献不可分割。

第四节 本章小结

本章对东亚区域经济整合中潜在的最终需求冲击风险进行了实证检验。根据第四章对最终需求冲击风险形成和传导机制的分析，本章的实证检验主要分为两个步骤：一是对东亚区域最终需求冲击风险传导渠道——最终品出口"外部依赖"特征的深入剖析，二是对这种风险影响区域内贸易的进一步检验。

首先，为了对"最终需求依赖"关系实现量化，我们依据第二章所论述的附加值贸易理论中的 Koopman（2010）GVC 分解原理构建了"最终需求贡献率"指标，这与本书在第五章中构建"上下游依赖度"的框架思路有异曲同工之处。"最终需求贡献率"指一国向最终品需求国的出口中包含的国内附加值占该国 GDP 的比重，体现了最终品进口国的需求对出口国经济创造的拉动作用，即后者对前者最终需求依赖程度。本书利用 WTO-OECD 发布的 TiVA 数据库，以东亚区域 13 个经济体（中国、日本、ASEAN 8 和 NIEs 3）为实证对象进行了较为细致的计算，得到了东亚区域对美国和 EU15 国等主要区域外部经济体的最终需求依赖远大于对区域内部依赖程度的结论，由此证明了东亚区域"外部依赖"的现实特征，即最终需求冲击风险的传导基础。与此同时，我们还得到其他一些有益结论。在整体层面，东亚区域对美国的最终需求依赖开始下降，而对区域内部特别是中国的最终需求依赖程度有所上升；在个体层面，东盟国家的最终需求外部依赖程度最高，NIEs 3 对日本最终需求的依赖程度迅速上升；等等。这些结论一方面体现出东亚区域贸易模式开始出现从"外部依赖"转为"内需拉动"的迹象，另一方面也将为本书后面对中国充当区域最终品消费市场的政策建议提供证据支持。

其次，在对最终需求冲击风险影响区域内贸易做进一步验证之前，本书对实证模型的选取进行了分析。从传统的标准贸易引力模型出发，我们将中间品贸易引入其中推导出垂直化引力模型，并以此作为实证模型构建的理论基础。值得说明的是，垂直化引力模型是在全球价值链分工视角下对传统引力模型的完善和修正，其核心指导思想是对中间品贸易广泛存在与快速发展的重视。因此，在中间品贸易主导的当代国际贸易格局下，垂直化引力模型也为相关问题的研究提供了较为科学、较为准确的新视角与新方法。

最后，在此基础上，本书对东亚区域最终需求冲击风险做进一步检验。按照垂直化引力模型的思想，我们把东亚国家对美国最终品出口、东亚国家对欧盟最终品出口引入到东亚区域内双边贸易以及中间品双边贸易的回归方程中，均得到了正向影响系数，这充分说明了欧美国家的最终需求对东亚区域内贸易扩张的推动作用，也从侧面反映了最终需求冲击风险的影响程度。而且，通过比较，这一影响系数在中间品双边贸易方程中的回归结果显著较大，在一定程度上证明了东亚区域中间品贸易网络是最终品需求冲击风险的主要传导路径。

第八章
GVC分工地位锁定风险的实证分析

关于全球价值链分工地位锁定的潜在风险,第四章已经从含义、传导机制以及对东亚区域经济整合的影响等方面进行了分析论述。虽然从广义上来讲,全球价值链中处于各个生产环节的主体都可能面临分工地位锁定的风险,不仅处于中低端分工地位(如一般零部件的加工制造、组装装配等生产环节)的国家(或地区)很难进入高端分工地位(如设计研发、品牌营销等高附加值生产环节),甚至处于高端分工地位的国家(或地区)也不一定永久保持竞争力。但是,就全球价值链分工的"南北格局"① 来看,显然发展中国家由于嵌入位置、学习障碍以及研发投入等原因面临更为严峻的分工地位"低端锁定"风险。

那么,东亚区域各经济体在全球价值链中所处的分工地位高低如何?更具体些,对于不同行业,东亚区域的分工地位格局存在哪些差异?这些问题无疑成为我们研究价值链分工地位锁定风险的前提条件。鉴于此,本章将首先对东亚区域各经济体在整体层面和行业层面所处的全球价值链分工地位进行指标衡量和分析,以便更为清晰、更为具体地说明东亚区域是否面临分工地位锁定的风险,以及哪个国家在哪些行业中面临分工地位锁定风险。

需要明确的是,对全球价值链分工地位锁定风险的研究并不是要否定全球价值链分工对东亚区域经济整合或者是国家经济发展带来的促进作用。正如前文所述,参与全球价值链分工使所有经济体都能分享国际分工合作中高效率、低成本创造的最大化经济利益,尤其使发展中经济体可以拥有参与国际分工甚

---

① 这里的"南北格局"是针对按照经济发达程度上划分的南北国家而言的。一般来说,经济发达国家为北方,它们依靠起步较早、发达程度较高的工业技术水平在全球价值链分工中处于高端控制地位;发展中国家甚至不发达国家被称为南方,它们由于工业起步较晚、技术水平不发达从而处于全球价值链分工的低端位置。

至高技术产品生产的机会。全球价值链分工形式在一定程度上促进了发展中国家的经济快速发展，从而拉动全球整体经济增长，但是，对于全球价值链分工地位的形成机制却也对发展中国家蕴含一定的风险。我们的目的是要对这种隐含风险进行分析，居安思危，以期对东亚区域经济持续增长以及经济整合顺利进行提供一些有益的建议。

第一节 GVC 分工地位衡量方法及指标构建

本节将对全球价值链地位指标的衡量方法进行说明，在此基础上选择附加值方法作为构建指标的基本原则，并具体说明 GVC 分工地位指标的含义及构造。

一、全球价值链分工地位衡量方法

从国内外相关研究文献来看，对全球价值链分工地位的衡量方法主要有微观企业数据分析法、传统贸易统计数据方法和附加值数据分析法三种。从科学性和准确性来看，显然第三种方法更符合全球价值链分工合作的背景，也更能突出价值链地位的内涵。

（一）微观企业案例法

很多学者基于微观视角，利用跨国公司的企业数据对母公司与海外分支机构之间的贸易密集度进行分析，进而确定一国在全球价值链中的分工地位。或者利用跨国公司在一国进行生产活动的相关本地数据来衡量"本地嵌入"程度，进而衡量该东道国在全球价值链中的分工地位。其中"本地嵌入"的具体内容包括零部件采购的本地化、本地服务行业参与率、生产活动进一步在本地分包程度、与本地企业研发合作等方面。

Linden 等（2009）、Xing 和 Detert（2010）分析了 iPhone 以及 iPad 供应链，指出中国参与的组装活动只获得了很小一部分的价值增值。从高技术行业视角反映出中国和其他发展中国家在全球价值链分工中地位较低、获益较少的情况。

微观企业案例法虽然能够从企业角度反映全球价值链中的利益分配，但是数据获得较为困难,而且对行业或产品具有特定性,无法衡量出国家之间的整体分工情况。

(二) 传统贸易数据法

利用传统贸易统计方式下的中间品贸易数据对一国在全球价值链所处分工地位进行衡量。中间品贸易是伴随全球价值链分工形式的普遍流行而逐渐繁荣起来的,一国的中间品贸易比例较大,在一定程度上说明该国参与全球价值链的分工程度也越深。例如,Ng 和 Yeats(2003)发现了东亚地区的零部件供应者之间具有很强的关联性。估计结果显示 1984~1996 年亚洲零部件贸易出口增加了 500%多,而同期总出口的增加量为 300%。利用相似的研究方法,Athukorala(2009)、Athukorala 和 Yamashita(2006)发现东亚地区占全球零部件出口的比例从 1992 年的 29.3%增加到 2003 年的 39.2%。

这些证据显示了东亚确实参与了全球供应链贸易,但是它既没有说明哪个国家参与了哪些全球供应链生产,也没有显示出某一生产供应链如何在国家之间进行分割。但是,正如第二章中提到的,在全球价值链主导的国际贸易中,传统贸易统计数据对于国家间利益分配以及分工地位的衡量存在一定程度的偏差,掩盖了附加值贸易中"所见非所得"的结果。

(三) 附加值方法

各国获得的贸易附加值体现了它们在 GVC 中所处的地位。就整体而言,GVC 附加值曲线呈两端高中间低的"U"形分布。左边的高附加值位置属于掌握高技术或核心零部件的上游生产环节,一般由发达国家牢牢把持,汽车发动机、计算机芯片以及电视机显像管等产品生产一般属于这一环节。沿左半边曲线下移,生产环节的附加值随之递减。而在曲线的右半边,高端位置是属于高附加值的品牌营销以及售后服务等流通环节,而且随着曲线下移,生产附加值随之减少。

在全球价值链分工背景下,TiVA 数据有利于我们更加清晰、准确地研究国际贸易为一国经济增长和产业发展创造的价值,及其对就业、资源、环境等经济要素带来的福利效应。除此之外,它还为追踪国家(或地区)之间在国际贸易中形成的经济利益分配、衡量它们各自在全球生产分工网络中所处地位提供了一种高效工具(Nakano,2009;OECD-WTO,2012)。

附加值贸易(VA)指标则可以提供更多信息。测量某一具体产品或行业的附加值贸易可以显示出哪些国家参与了生产加工以及它们都参与了哪个阶段的生产，而且从严格计算角度来看，利用附加值对现实生产分工地位的衡量更为准确。

二、全球价值链地位指标的构建

所谓全球价值链（GVC）地位，概括而言，是指一个国家（或地区）在生产分割导致的诸多生产环节中所处的位置，或者是在生产供应链的上游，或者是在生产供应链的下游。

(一) 全球价值链分工地位的内涵

根本而言，一国（或地区）在全球价值链中所处的分工地位代表了其获得附加值能力的高低。按照全球价值链上生产环节之间的附加值含量差异，GVC 分工地位越高，该生产环节获得的附加值越大。我们虽然可以利用某种方法对 GVC 地位的衡量实现量化，但应该注意到 GVC 地位并不是一个绝对概念，而是一个相对概念。根据生产链接和分割顺序，可以从两个方向对 GVC 地位进行解释。

首先，前向关联角度。如果 A 国（或地区）比 B 国（或地区）在生产过程中使用了较多进口投入品，和 B 国相比，A 国出口产品总价值中包含的来源于其他国家创造的价值更多，例如组装装配或者最终产品的加工制造环节。这可以在一定程度上说明 A 国在全球价值链中所处的位置比 B 国低，反之亦然。

其次，后向关联角度。如果 A 国（或地区）出口的中间品中被其他国家用于连续生产[①]的国内附加值比例比 B 国（或地区）更大，在一定程度上说明 A 国为整个生产价值链提供了较多的投入品，例如原材料或者较为核心的中间产品，即 A 国在全球价值链中所处的位置比 B 国高。

在全球价值链被分割的诸多生产环节中，每个国家（或地区）都在不同程度上发挥了前向链接和后向链接的作用，结合上面两个方向对 GVC 地位的阐释，可以更为准确地构造衡量一国（或地区）的 GVC 地位指数。鉴于此，本书将借鉴 Koopman（2010）的 GVC 地位衡量方法。

(二) GVC 地位指数

本文第二章已经对 Koopman（2010）对传统贸易数据的 GVC 分解方法有所阐述。根据中间品在不同生产环节间跨境交易的使用目的及最终去向，利用

[①] 这里的连续生产意思为生产后再出口，主要为了突出 GVC 地位在生产环节衔接中的意义。

投入—产出表对一国总贸易进行分解，可以得到国内价值增值（DV）和国外价值增值（FV）两大部分，其中国内价值增值又可以进一步分解为三部分，即直接出口到其他国家的国内附加值（DDA）、作为中间投入品出口到其他国家经过生产过程又间接出口到第三国家的国内附加值（IDV）以及出口到其他国家经加工生产后又最终回到本国的国内附加值（RDV）。从本质内涵来看，FV反映了前文所描述的"前向关联"，代表附加值意义的"中间品进口"；IDV则反映了"后向关联"，代表了附加值意义的"中间产品出口"。GVC地位指数可以表示为如下对数形式的方程：

$$GVC\_status_{ir} = \ln(1+IDV_{ir}/EX_{ir}) - \ln(1+FV_{ir}/EX_{ir})$$

其中，GVC_status_{ir}表示i国r行业在全球价值链中的地位。除了IDV_{ir}和FV_{ir}分别表示i国r行业间接出口国内增加值和出口外国增加值，EX_{ir}表示i国r行业的总出口值。上式的含义为，如果i国r行业的"中间品出口"大于"中间品进口"，那么i国在价值链分工生产中发挥的主要作用为中间品供给者，在全球价值链中越有可能处于上游地位。反之，如果i国r行业的"中间品出口"小于"中间品进口"，那么i国的主要作用为中间品需求者，越有可能处于下游地位。并且，GVC_status_{ir}数值越大，代表i国GVC地位越高。

第二节 基于东亚区域各经济体整体层面的GVC分工地位考察

本节将对东亚区域在全球价值链中的分工地位进行系统考察。具体而言，在介绍全球价值链分工地位测量方法基础上，利用附加值贸易数据对东亚区域各国的整体分工地位进行计算和比较，以此为依据对东亚区域的分工格局进行系统分析，并作为东亚区域在全球价值链中面临分工地位锁定风险的判断依据。

一、数据说明

本节采用WTO-OECD于2013年5月最新发布的附加值贸易（TiVA）数据库来进行指标的计算。该数据库的研究范围包括OECD国家、金砖五国和印度尼西亚在内的56个经济体，研究对象涉及制造业和服务业中的18个行业，覆盖年度为 1995~2009 年。根据本书的研究目的，我们只选取其中 9 个制造业行业的相关数据对东亚区域各经济体的 GVC 地位进行计算和比较。这 9 个制造业行业分别为：食品、饮料与烟草；纺织品、皮革与鞋类；木材、纸制品与印刷出版；化学品与非金属矿产品；基本金属与金属制品；机械与设备；电子、电器与化学设备；运输设备；其他制造业。

二、东亚区域各经济体在全球价值链中的分工地位

根据 WTO-OECD 发布的 TiVA 数据库进行相关数据整理和计算，我们得到 1995~2009 年中东亚区域 13 个国家（地区）的整体制造业在全球价值链分工[①]中的地位指数。表 8-1 中各经济体的列示顺序是按照它们 2009 年 GVC 地位排列的，括号中的数字代表了它们在相应年份的 GVC 地位排名情况。从表 8-1 中我们可以总结出东亚区域制造业 GVC 分工地位表现出来的以下几点现实特征：

表 8-1　东亚区域 13 个经济体整体制造业 GVC 地位指数（1995~2009）[②]

经济体\年份	1995	2000	2005	2008	2009
日本	0.394（1）	0.335（2）	0.277（1）	0.209（4）	0.268（3）
印度尼西亚	0.207（13）	0.132（14）	0.107（11）	0.138（9）	0.190（8）
中国	0.329（5）	0.236（7）	0.003（19）	0.042（14）	0.057（17）
韩国	0.109（19）	0.003（23）	-0.05（31）	-0.124（31）	-0.080（30）
泰国	-0.058（37）	-0.100（35）	-0.153（38）	-0.144（35）	-0.094（32）
文莱	-0.119（44）	-0.071（33）	-0.029（24）	-0.060（28）	-0.101（35）
中国台湾	-0.058（38）	-0.026（27）	-0.130（36）	-0.197（43）	-0.128（41）
马来西亚	-0.212（52）	-0.235（46）	-0.228（46）	-0.186（42）	-0.156（44）
菲律宾	-0.135（46）	-0.280（49）	-0.271（48）	-0.229（47）	-0.202（46）
越南	-0.029（36）	-0.120（36）	-0.191（40）	-0.268（51）	-0.213（48）
中国香港	-0.279（55）	-0.238（37）	-0.218（44）	-0.209（45）	-0.217（49）

---

① WTO-OECD 数据库只包含 56 个经济体的 TiVA 统计数据，并没有包含全球所有国家。但是从涉及的国家（地区）来看，基本包含了世界主要经济体，这里的"全球价值链分工"指代广义上的"全球范围"。

② 括号内数字为相应年份中各经济体在 56 个样本国家中的排名。

续表

年份 经济体	1995	2000	2005	2008	2009
柬埔寨	-0.157（50）	-0.190（44）	-0.251（47）	-0.248（48）	-0.226（51）
新加坡	-0.258（54）	-0.309（52）	-0.350（54）	-0.370（55）	-0.302（55）

资料来源：笔者根据 WTO-OECD（2013）发布的 TiVA 数据库进行数据整理和计算得到。

第一，GVC 地位指数普遍出现下降趋势。1995~2009 年，13 个经济体的 GVC 地位指数均呈现不同程度的下降。按照 2009 年的地位排名，在东亚区域位列第一的日本，其 GVC 地位指数从 2005 年的 0.394 下降到 2009 年的 0.268，而最后一名新加坡则从-0.258 下降到-0.302。究其原因，这与全球价值链的迅速发展密不可分。进入 20 世纪 90 年代以来，全球价值链实现了快速扩张与不断延伸，随着各经济体参与全球价值链的范围越来越广，程度越来越深，全球价值链的垂直分工程度也逐渐细化。各经济体之间分工协作紧密程度的加深使它们使用进口投入品的比例不断加大，每个经济体出口的间接附加值部分相应减少，因而导致全球范围的 GVC 地位指数不断下降。这从一个侧面说明了 GVC 分工形式在世界经济中的重要性逐渐上升。

第二，日本在全球制造业中竞争实力显著。在 1995~2009 年，虽然日本在全球制造业中的 GVC 地位排名从第 1 名滑落到第 3 名，期间也有所波动，但总体来看仍处于全球前 5 名，在整体制造业中以绝对优势占据着上游地位。

第三，印度尼西亚和中国的 GVC 地位变化趋势相反。印度尼西亚的 GVC 地位指数排名从 1995 年的第 13 位稳步上升到 2009 年的第 8 位，进入了全球前 10 名。与此同时，中国从 1995 年的第 5 名猛然滑落到 2005 年的第 19 名，之后虽然出现小幅上升，但在 2009 年仍然排在第 17 名，显然没有恢复到以前的分工地位。虽然从地位指数变化趋势来看，印度尼西亚和中国整体制造业的分工地位截然不同，究其原因，这和两国的制造业发展阶段以及要素禀赋优势不无相关。

印度尼西亚在工业发展中起步较中国落后，但近年来在 GVC 中总体地位不断上升恰恰说明了它正处于加工制造业的繁荣时期。就目前来看，印度尼西亚的劳动力成本和资源禀赋都较中国有相对优势，印度尼西亚正在成为跨国公司 FDI 的首选目标，这一点可以看出印度尼西亚的制造业发展路径和 20 世纪

90年代之前的中国较为相似，但是现在的分工地位上升并不一定代表未来的发展趋势。

第四，"亚洲四小龙"的GVC地位指数普遍较低。"亚洲四小龙"是韩国、新加坡、中国台湾和中国香港，不仅GVC地位排名较为靠后，并且GVC地位指数普遍出现负值。其中，指数为负说明了该经济体在全球价值链分工协作中，向后续生产环节出口的"附加值"小于投入使用的进口"附加值"，总体上处于全球价值链的中下游地位。

"亚洲四小龙"的制造业比东盟和中国起步较早，从东亚区域早期的"雁阵形"生产网络模式中，它们在制造业生产率水平和技术进步层面都获益匪浅，早已经历过工业腾飞期，它们的比较优势在高技术行业表现得更为明显。因此，从这个角度来看，应该进一步从行业细分角度考察GVC分工地位。

第五，东盟国家GVC地位处于低端。尽管表8-1中的计算结果并不能完全正确地反映东亚区域13个经济体的GVC地位，但是有一点可以肯定的，从2005年到2009年，除泰国和印度尼西亚之外，其余各经济体的分工地位排名都出现不同程度的下降。正如前文分析的，分工地位只是一个相对概念，排名的变化情况更能体现出一国（地区）的GVC分工地位。总体而言，虽然泰国、印度尼西亚、文莱和马来西亚的GVC分工地位有所上升，但除印度尼西亚外，上升幅度并不明显，基本处于小幅波动状态，而且，东盟国家由于生产资源的限制，整体制造业GVC分工地位普遍处于低端，在一定程度上，东盟国家可能面临潜在的分工地位锁定风险。

由此可见，东亚区域在整体制造业GVC分工地位上的特点可以概括为：日本处于世界领先水平，中国和印度尼西亚紧随其后，"亚洲四小龙"和其余东盟国家的分工地位普遍较低。但这一结果还需要结合具体行业分析进一步加以证实。

第三节 基于东亚区域各经济体行业层面的GVC分工地位考察

为了更为准确地反映东亚区域的GVC分工地位情况，我们将GVC地位指数细化到行业中,进一步从行业层面分析东亚区域在 GVC 分工中是否面临地位锁定风险。表 8-2 报告了 1995~2009 年东亚区域 12 个经济体①在 9 个行业中的 GVC 分工地位指数以及在全球 56 个主要经济体中的排序情况,括号中的数字代表了它们在相应年份的 GVC 地位排名,从中可以看出东亚区域 GVC 分工地位格局及其变化情况。

表 8-2　东亚区域各经济体 1995~2009 年各行业 GVC 分工地位的变化②

国家（地区）	年份	食品	纺织品	木材	化学品	基本金属	机械	电子	运输
日本	1995	0.35 (10)	0.33 (3)	0.35 (2)	0.33 (2)	0.33 (4)	0.40 (1)	0.37 (1)	0.48 (1)
	2005	0.32 (10)	0.29 (2)	0.31 (1)	0.23 (5)	0.27 (3)	0.29 (1)	0.24 (1)	0.33 (1)
	2009	0.32 (10)	0.27 (6)	0.32 (1)	0.21 (7)	0.26 (5)	0.29 (1)	0.24 (2)	0.33 (1)
中国	1995	0.41 (5)	0.33 (5)	0.33 (3)	0.33 (1)	0.35 (3)	0.33 (2)	0.23 (5)	0.35 (2)
	2005	0.17 (32)	0.24 (5)	-0.01 (41)	-0.04 (21)	0.01 (19)	0.05 (15)	-0.15 (35)	0.03 (13)
	2009	0.18 (27)	0.27 (3)	0.05 (34)	-0.02 (28)	0.06 (16)	0.02 (18)	-0.04 (25)	0.08 (9)
韩国	1995	0.27 (24)	0.13 (19)	0.17 (24)	0.02 (25)	0.09 (21)	0.15 (12)	0.09 (15)	0.18 (9)
	2005	0.41 (3)	0.23 (23)	0.13 (23)	-0.18 (37)	-0.03 (25)	0.11 (10)	-0.12 (27)	0.06 (10)
	2009	0.17 (30)	0.04 (24)	0.11 (28)	-0.27 (48)	-0.04 (27)	0.08 (12)	-0.11 (29)	0.02 (15)
中国台湾	1995	0.17 (39)	0.03 (29)	-0.01 (45)	-0.06 (36)	0.04 (27)	0.03 (22)	-0.17 (41)	0.04 (21)
	2005	0.21 (23)	0.05 (20)	0.05 (33)	-0.19 (39)	-0.07 (28)	-0.05 (30)	-0.16 (37)	0.00 (17)
	2009	0.21 (23)	0.06 (20)	0.06 (32)	-0.19 (42)	-0.07 (30)	-0.05 (31)	-0.15 (34)	0.01 (16)
中国香港	1995	0.09 (46)	0.04 (27)	0.01 (42)	-0.32 (55)	-0.11 (43)	-0.01 (29)	-0.32 (51)	0.08 (20)
	2005	0.19 (29)	0.05 (21)	0.11 (24)	-0.26 (49)	-0.08 (32)	-0.05 (28)	-0.25 (42)	0.07 (7)
	2009	0.12 (37)	-0.02 (32)	0.01 (40)	-0.21 (44)	-0.15 (45)	-0.18 (44)	-0.27 (43)	-0.04 (27)
新加坡	1995	-0.00 (51)	-0.08 (41)	-0.04 (47)	-0.27 (53)	-0.07 (39)	-0.03 (30)	-0.28 (49)	0.09 (18)
	2005	-0.15 (55)	-0.29 (51)	-0.13 (51)	-0.33 (52)	-0.29 (50)	-0.30 (50)	-0.40 (51)	-0.13 (36)
	2009	-0.19 (54)	-0.31 (54)	-0.18 (52)	-0.27 (49)	-0.25 (50)	-0.32 (51)	-0.37 (51)	-0.20 (44)
马来西亚	1995	0.13 (43)	-0.16 (50)	0.10 (32)	-0.03 (31)	-0.32 (54)	-0.37 (54)	-0.38 (55)	-0.22 (52)
	2005	0.06 (42)	-0.18 (46)	0.02 (36)	-0.03 (19)	-0.34 (52)	-0.41 (54)	-0.42 (53)	-0.27 (48)
	2009	0.17 (32)	-0.10 (44)	0.12 (26)	0.06 (14)	-0.29 (53)	-0.38 (53)	-0.38 (53)	-0.20 (45)

① 由于文莱的一些行业数据出现缺失现象,无法计算其行业 GVC 分工地位,所以此部分的报告中东亚区域经济体不包含文莱。
② 括号内数字为相应年份中各经济体在 56 个样本国家中的排名。空白单元格表示文莱在机械行业的数据缺失。

续表

国家 (地区)	年份	食品	纺织品	木材	化学品	基本金属	机械	电子	运输
泰国	1995	0.30 (18)	0.11 (21)	-0.05 (49)	-0.02 (28)	-0.09 (40)	-0.06 (35)	-0.24 (48)	-0.13 (42)
	2005	0.21 (26)	0.02 (25)	-0.13 (52)	-0.12 (29)	-0.21 (47)	-0.21 (44)	-0.36 (46)	-0.25 (46)
	2009	0.27 (16)	0.09 (19)	-0.05 (47)	-0.02 (27)	-0.13 (41)	-0.16 (42)	-0.31 (46)	-0.19 (42)
印度尼西亚	1995	0.38 (7)	0.14 (17)	0.32 (5)	0.18 (11)	0.16 (15)	-0.08 (41)	0.02 (21)	0.14 (13)
	2005	0.34 (8)	0.14 (11)	0.16 (14)	0.03 (13)	0.20 (7)	-0.20 (43)	0.01 (15)	-0.04 (22)
	2009	0.36 (5)	0.10 (18)	0.22 (8)	0.20 (8)	0.27 (3)	-0.08 (36)	0.05 (15)	0.183 (7)
菲律宾	1995	0.28 (23)	-0.23 (52)	0.01 (40)	-0.18 (47)	0.01 (29)	-0.19 (49)	-0.22 (45)	-0.15 (45)
	2005	0.29 (24)	-0.16 (43)	0.05 (33)	-0.17 (35)	-0.19 (41)	-0.01 (38)	-0.36 (47)	-0.07 (29)
	2009	0.35 (6)	0.00 (28)	0.16 (17)	-0.02 (26)	-0.06 (28)	-0.01 (23)	-0.24 (40)	0.05 (13)
越南	1995	0.22 (35)	-0.14 (46)	0.17 (23)	-0.12 (42)	-0.18 (50)	-0.18 (48)	-0.22 (46)	-0.15 (46)
	2005	0.02 (46)	-0.30 (53)	-0.06 (45)	-0.25 (46)	-0.33 (51)	-0.31 (51)	-0.34 (45)	-0.29 (50)
	2009	-0.01 (49)	-0.32 (54)	-0.08 (50)	-0.27 (50)	-0.35 (54)	-0.31 (54)	-0.37 (52)	-0.31 (52)
柬埔寨	1995	0.19 (37)	-0.31 (56)	0.14 (29)	-0.28 (54)	-0.35 (55)	-0.33 (53)	-0.38 (54)	-0.30 (55)
	2005	-0.03 (49)	-0.35 (54)	-0.08 (47)	-0.31 (51)	-0.40 (55)	-0.37 (53)	-0.41 (52)	-0.33 (52)
	2009	0.02 (48)	-0.34 (55)	-0.03 (46)	-0.28 (51)	-0.39 (55)	-0.35 (52)	-0.40 (56)	-0.32 (54)
文莱	1995	-0.26 (56)	-0.15 (49)	-0.11 (51)	-0.02 (30)	-0.29 (53)		-0.14 (34)	-0.02 (29)
	2005	-0.09 (52)	-0.03 (28)	0 (40)	0.13 (11)	0 (20)		-0.12 (29)	0 (17)
	2009	-0.21 (55)	-0.10 (42)	-0.10 (51)	0.04 (15)	-0.29 (52)		-0.15 (33)	-0.10 (36)

资料来源：笔者根据 WTO-OECD（2013）发布的 TiVA 数据库进行数据整理和计算得到。

一、东亚区域各经济体行业 GVC 分工地位格局

通过对表 8-2 的比较分析，可以总结出在行业层面东亚区域各经济体 GVC 分工地位情况表现出以下几点现实特征：

第一，印度尼西亚和中国在劳动密集型行业的 GVC 分工地位较高，日本在资本、技术密集度较高的行业 GVC 分工地位较高，分别构成这两大类行业中的第一梯队和第二梯队。从 2009 年的分工格局可以看出，印度尼西亚在"食品、饮料与烟草"和"基本金属与金属制品"两个行业的 GVC 分工地位排名为第 5 位和第 3 位，分别高于日本的第 10 位和第 5 位。中国在"纺织品、皮革与鞋类"这一劳动密集型行业中的 GVC 地位排名为第 3 位，高于日本的第 6 位。在其余的资本密集度较高的行业中，日本在东亚区域均处于分工的领先地位，而印度尼西亚和中国在东亚区域中处于第二梯队，与日本在 GVC 地位指数上具有极大差

距。与此同时,印度尼西亚在很多行业中显示出比中国更高的 GVC 分工地位,除了劳动密集型行业,印度尼西亚在"交通运输设备制造"和"其他制造品及回收设备"行业的 GVC 地位也比中国高。这在一定程度上说明印度尼西亚在全球价值链分工生产中具有较为重要的作用,已经成为世界制造业的"后起之秀"。

第二,韩国、中国台湾和中国香港在东亚区域的 GVC 地位排名中基本处于第三梯队。除了在"木材、纸制品、印刷和出版"与"电子、电器和光学设备"这两个资本、技术密集程度较高行业中的 GVC 分工地位出现高于中国或印度尼西亚的情况,在其余行业中的 GVC 分工地位均低于日本、印度尼西亚和中国。可见,NIEs 3 在经济发展水平上虽然远高于印度尼西亚和中国,但是它们的 GVC 分工地位并没有高于印度尼西亚和中国,从 GVC 地位指数来看,NIEs 3 与中国、印度尼西亚之间的差距并不大,尤其是在资本、技术密集型行业。说明了 NIEs 3 的制造业优势主要存在于资本、技术密集型行业中,其中在"机械与设备""电子、电器和光学设备"与"运输设备"这三个高技术行业比较具有竞争力。

第三,东盟国家①在东亚区域的 GVC 地位排名中普遍低下。其中,菲律宾和泰国在劳动密集型行业中的 GVC 分工地位较为靠前,它们在"食品、饮料和烟草"行业中的地位排名分别超过了印度尼西亚和中国。除此之外,东盟国家在各行业 GVC 地位分工中基本处于最为靠后的位置。说明了它们在全球价值链分工生产中普遍处于附加值较低的生产环节。

二、各经济体在不同行业 GVC 分工地位的主要变化趋势

为了更加充分地说明东亚区域各经济体在具体行业中是否面临分工地位锁定风险,或者在哪些行业中面临这种风险,本书将进一步分析它们各自在行业层面的分工地位变化趋势,得到以下几点分析结论。

第一,1995~2009 年,日本除了在"纺织品、皮革与鞋类"与"化学品和非金属矿产品"两个行业中的 GVC 地位指数出现小幅下滑外,在其他行业中的 GVC 地位指数均保持稳定,占据着世界制造业强国的地位。

第二,中国在大多数行业的 GVC 分工地位自 2000 年以来出现大幅下滑。

---

① 此处的东盟国家不包括上述已经分析过的印度尼西亚。

除了"纺织品、皮革和鞋类"GVC分工地位指数的排名从1995的第5位上升到2009年的第3位之外，中国在其他行业中的GVC分工地位均从1995年的较高地位滑落到2009年的中下游地位，虽然2005年以来出现小幅回升，但远没有达到1995年的水平。其中降幅最大的是"木材、纸制品、印刷与出版"行业，GVC地位排名从1995年的第3位下降到2009年的第34位。从20世纪90年代以来，尽管中国国际竞争力较强的产业仍然是纺织、服装业等劳动密集型产业，但是中国产业国际竞争力毋庸置疑地正在发生深刻的变化，主要表现为中国在国际市场上具有传统竞争优势的劳动密集型产业的国际竞争力在下降，曾经竞争优势不是很明显的技术（资本）密集型产业的国际竞争力正在上升。这与中国产业参与全球垂直专业化分工密切相关。

第三，就韩国和中国台湾比较而言，韩国在"机械和设备""电子、电器和光学设备"与"运输设备"等资本、技术密集型行业中的GVC分工地位虽然高于中国台湾，但从变化趋势来看，韩国处于下降通道，而中国台湾则表现出GVC分工地位的小幅上升。而且，中国台湾在劳动密集型行业中的GVC分工地位不仅高于韩国，同样也表现出上升趋势。可见，从行业GVC分工地位而言，中国台湾的制造业在一定程度上显示出赶超韩国之势。

第四，东盟国家中，菲律宾在"食品、饮料和烟草""木材、纸制品、印刷和出版"以及"运输设备"等制造业中表现出GVC分工地位的大幅上升，而且，其在"运输设备"这一资本密集型行业的GVC地位上升最快，从1995年的第45位上升到2009年的第13位。除此之外，1995～2009年，其他东盟国家在各行业的GVC分工地位基本保持不变，与它们的整体分工地位走势大致相同。

第四节 实证结果分析

从以上对东亚区域整体制造业以及行业制造业的现实评估中可以总结出以下三点启示。

第一，对印度尼西亚和中国的GVC分工地位的重新认识。印度尼西亚和中国并不像大多数文献中分析的那样在全球价值链中处于最低端位置，它们的

GVC 分工地位指数反而可以和经济发展水平较高的韩国、中国台湾以及中国香港相抗衡。这和前文中分析的东亚区域整体制造业分工格局的特点大致相似。尤其对于中国而言，由于其在世界经济中日益上升的大国地位，成为很多专家学者关注的对象。在对中国制造业的相关研究中，不少文献都指出中国对劳动力密集型行业的路径依赖以及在高技术产业中附加值极低的情况，而前文对中国各行业 GVC 地位排名表明中国制造业在世界范围内的分工地位基本处于中端水平，而且从变化趋势来看，中国在劳动密集型行业的 GVC 分工地位出现下降趋势，在东亚区域内逐渐被同为发展中国家的印度尼西亚所取代。不仅如此，在资本、技术密集度较高的行业中，中国的分工地位虽然存在小幅上升，但是从 GVC 地位指数来看，与各行业 GVC 地位较高国家（例如日本）相去甚远，地位上升缺乏足够动力。从这个角度来看，中国制造业面临一定的分工地位锁定风险。

第二，"亚洲四小龙"在 GVC 中的分工地位并不乐观。总体来看，新加坡和中国香港的总体制造业地位指数较低，而且排名基本处于 56 个经济体中的后十位，究其原因，可能是因为这两个经济体的自由贸易港角色，导致了它们在各自的总贸易额中转口贸易比例较大，在一定程度上使 TiVA 数据的测算存在偏差。但是与此同时，韩国和中国台湾经济水平较为发达，制造业中的高技术行业占比也较高，GVC 地位指数普遍不高的情况说明了它们在生产制造中利用的"国外附加值"大于出口投入到其他国家生产中的"国内附加值"，但是这并不代表它们在国际分工中获得的总体经济利益就少，一国制造业所处的 GVC 分工地位高低与经济发达程度没有必然联系。

第三，东盟国家普遍长期处于 GVC 分工地位低端。

不论是在劳动密集型制造部门，还是在资本、技术密集度较高的制造部门，东盟国家在全球价值链分工生产中获得的经济利益较低，分工地位面临被锁定的潜在风险。尽管如此，这也从一个侧面体现了它们在全球价值链分工生产中的参与程度还比较低，存在较大的发展空间。

由此可见，除日本外，东亚区域制造业普遍表现出 GVC 地位较低并且上升乏力的状态，这与东亚区域贸易的迅速扩张形成鲜明的对比。在一定程度上说明贸易总额的逐年增长并不一定代表分工地位和分工利益的上升。发展中国家在进入全球价值链时的比较优势成为其弱势地位的根本原因。根据比较优势的动态发展理论，要实现价值链地位的攀升，需要制定研发战略，一方面利用"干中学"

效应，另一方面增加研发投资，重视自主创新。双管齐下，从而不断形成新的比较优势，最终实现向更高价值链地位的攀升。随着全球价值链逐渐成为全球经济创造和经济增长的主要实现形式，一国（地区）在重视经济总量扩张的同时，更应该致力于 GVC 分工地位的提升，避免出现分工地位锁定，进而为自己在全球价值链分工中争取更大的经济利益。因为在"任务"贸易中，"所做的"（What you do）远比"所卖的"（What you sell）更重要（OECD，2013）。

第五节 本章小结

本章对东亚区域在全球价值链中的分工地位进行了实证分析，从现实评估角度对东亚区域面临的 GVC 分工地位锁定风险做了较为详细的判断。本章首先说明了全球价值链分工地位的衡量方法，对微观企业案例法、传统贸易数据法以及附加值方法进行了比较分析，并确定选择附加值贸易方法作为指标构建原则。与此同时，本书还对全球价值链分工地位的具体含义进行了突出说明，并强调了其"相对性"的意义。沿袭前两章在对上下游依赖关系和最终需求关系进行衡量时，以 Koopman（2010）的 GVC 分解方法为基本原则，我们据此构建了 GVC 分工地位指数作为本章实证分析的评估工具。

在实证分析部分，本章将对东亚区域各经济体 GVC 分工地位的考察分割为两个层面：一是整体制造业层面，二是行业层面。并且为了使得我们对 GVC 分工地位的考察结果更有现实意义，在行业分析层面，我们还区分了劳动密集型行业和资本、技术密集型行业分别加以比较。

整体制造业层面的 GVC 分工地位的实证分析结果主要体现了东亚区域 GVC 分工地位的以下几个特点。一是 1995~2009 年，13 个经济体的 GVC 地位指数均呈现不同程度的下降；二是日本在全球制造业中竞争实力显著；三是印度尼西亚和中国的 GVC 地位变化趋势相反；四是"亚洲四小龙"的 GVC 地位指数普遍较低；五是东盟国家 GVC 地位处于低端。这说明了对东亚区域生产分工网络而言，日本处于世界领先水平，中国和印度尼西亚紧随其后，"亚洲四小龙"和其余东盟国家的分工地位普遍较低。

行业层面 GVC 分工地位的实证分析结果主要体现了以下几个特点。第一，印度尼西亚和中国在劳动密集型行业的 GVC 分工地位较高，日本在资本、技术密集度较高的行业 GVC 分工地位较高，分别构成这两大类行业中的第一梯队和第二梯队。第二，韩国、中国台湾和中国香港（即 NIEs 3）在东亚区域的 GVC 地位排名中基本处于第三梯队。第三，东盟国家在东亚区域的 GVC 地位排名中普遍低下。此外，从 GVC 分工地位指数的变化趋势看，有以下几个特点。首先，日本的 GVC 地位指数均保持稳定，占据着世界制造业强国的地位。其次，中国在国际市场上具有传统竞争优势的劳动密集型产业的国际竞争力在下降，曾经竞争优势不是很明显的技术（资本）密集型产业的国际竞争力正在上升。再次，中国台湾的制造业在一定程度上显示出赶超韩国之势。最后，除菲律宾外，其他东盟国家在各行业的 GVC 分工地位基本保持不变，或者出现小幅波动，与它们的整体制造业 GVC 分工地位走势大致相同。

由此可见，除日本外，东亚区域制造业普遍表现出 GVC 地位较低并且上升乏力的状态，很容易陷入分工地位锁定风险。

第九章
东亚区域开展货币金融合作的必要性

总体而言,东亚区域开展货币金融合作的基础是区域经济发展以及经济一体化进程中面临的各种金融风险。

第一节 东亚经济一体化的视角

自 1997 年亚洲金融危机以来,东亚经济一体化的概念被明确提出并逐渐被接受。在开启并不断发展的过程中,东亚经济一体化目标本身的设计聚焦了世界范围内很多专家学者的兴趣,引发了很多有关东亚经济一体化进程、东亚经济一体化路径以及东亚经济一体化前景等问题的研究和讨论。在东亚区域广泛开展贸易、投资、金融等主要经济领域合作的过程中,东亚区域经济的快速发展以及中国在其中的突出表现似乎更加光彩夺目,令人惊叹。

一、概念范畴的包含关系

从概念范畴看,东亚区域经济一体化的属性是区域化的,在全球化与逆全球化这两种趋势此起彼伏的过程中,东亚区域一体化在不同阶段面临不同的利弊平衡环境。

东亚区域经济一体化包含贸易一体化和金融一体化,其核心基础和有力支撑则是战后逐渐形成并发展演化的东亚生产分工网络。从生产分工的内容与实质看,似乎贸易一体化这一发展结果更加水到渠成,联系紧密,而且在现实经济活动中,东亚区域内部的双边贸易网络确实愈加频繁,不断扩大。另外,东亚区域的金融一体化却发展得不温不火,甚至引发了一些关于东亚区域金融合作基础与必要性等问题的探讨。

20世纪后半期以来,随着布雷顿森林体系的瓦解以及以美元为中心的国际货币秩序的逐渐确立,区域和多边金融合作成为世界各国和经济体国际金融关系的主要特征。多边金融合作虽然也是在数个国家或经济体之间展开,但是随着区域化活动逐渐集中的趋势,区域化在全球经济活动中的主导作用和辐射作用越来越强,在金融便利化和辐射性等方面具有多边金融合作不可比拟的显著优势,多边金融合作已经不能完全满足区域经济增长的需要。另外,全球以及区域范围内的基金组织也不足以维持金融稳定。在一定程度上,区域金融合作是以多边金融合作为基础和背景产生的。

20世纪60年代初以来,金融区域主义在全球获得了新的发展,亚洲以外地区的双边与多边的货币互换与融资安排适应时代和各地区自身的需要不断涌现,区域双边与多边货币金融合作获得了长足的进步[1]。这一点上,东亚区域与区域外其他经济一体化组织[2]的发展模式与发展情况确实存在一定的不同。可以说,东亚区域金融货币合作可以被归纳为起步较晚,进展较慢。

毋庸置疑,东亚金融一体化目标的达成有益于促进东亚区域内部经济贸易发展,同时在此过程中建立起来的东亚金融合作项目也是对多边融资机构的一种补充,可以增强东亚区域各经济体加强区域监督与政策对话的主动性和积极性。金融的本源是为实体经济服务,从这个意义上说,东亚金融一体化必然对东亚区域经济一体化进程起到有力的支撑作用。因此,探讨东亚区域金融合作的可行性和发展模式,提升东亚金融深化水平,将对东亚区域各经济体的长期稳定可持续发展具有深刻的现实意义。

二、为经济增长保驾护航

东亚地区经济继续保持较快增长态势,但也面临不少挑战,包括人口老龄化、产业结构转型压力加大、部分国家金融脆弱性上升等。各方应共同采取政策行动。一是要继续深化结构改革,提高潜在增长率;二是要加大区域基础设施投资和互联互通,坚定维护多边贸易体制;三是继续加强区域金融安全网建

---

[1] C. 兰德尔·亨宁. 东亚金融合作 [M]. 陈敏强译. 北京:中国金融出版社, 2004.
[2] 发展比较突出的一体化经济组织以欧盟为代表。

设，有效防范金融风险①。

东亚区域经济一体化的主要内容是生产分工网络基础上的贸易深化与贸易依存。进入21世纪以来，东亚区域内部的进出口总额占东亚国家和地区总出口的份额比例从50%逐渐上升至70%以上。其中，中国、日本、韩国对东亚区域内的出口占它们各自总出口的比例保持在50%左右，东盟国家对东亚区域内部的出口比例更高一些，甚至达到80%~90%。

除此之外，东亚区域内的出口占东亚地区相应国家和经济体国内生产总值的比例不断上升。不论是以中国和日本为首的大规模经济体对东亚区域内出口占国内生产总值的比例，还是东盟国家的这一比例，无不表明东亚区域内各国家和地区对区域内生产贸易网络的依赖和联系。该区域内经济体之间贸易与投资关系的稳定对区域内各国经济带来巨大的利益，所以有利于维护网络结构稳定的金融服务或者融资安排对区域内经济体的整体和个体发展都具有重要的发展价值。

毋庸置疑，货币金融合作可以在较长时间里支持很多领域的区域经济一体化进程。融资便利、资本流动检测以及政策监督可能成为区域性货币倡议的提出基础。值得注意的是，有关联合汇率钉住制的倡议和实行共同货币的设想已经开始显现，虽然没有被区域内外广泛认可和实行，但是从东亚区域已经存在的次区域贸易安排②来看，区域内的融资安排和金融便利化可互补于这些次区域贸易协议。

三、抵御经济风险

对于抵御外部冲击的方法，可以有三种选择。第一种是重视自保，寻求短暂的相对安稳，待冲击过后择机而动；第二种是做好十足的准备正面迎接战争，部署好各种战略战术，在遭遇冲击时能够在枪林弹雨中所向披靡，不受重创；第三种是另辟蹊径，在受到外部冲击时能够挖掘出自身的其他潜力。

从适用期限和范围上讲，第一种方法可以算作是一种短期策略；第二种方法可能需要一定时间去未雨绸缪、培育实力，可以说是一种中期积累；第三种方法则是一种长期策略，实现过程可能比较漫长和艰辛，但是一旦达成，却能为其主体提供坚固有力的城墙堡垒，以及源源不断地增长潜力。

---

① 2016年5月3日下午，在第19届东盟与中日韩财长与央行行长会议结束之后，中国财政部长楼继伟在出席新闻发布会时回答记者提问。

② 中国、日本和韩国都不同程度地与东盟10国建立并签署了自由贸易协定，由于都属于东亚区域范围之内的一部分，所以称之为此区域自由贸易安排。

从现实上讲，东亚经济一体化进程就属于第三种方法，一种需要长期才能建立起来的防御措施，也是提升自身实力和实现持续增长的长久战略。虽然，本书在前文中曾经对东亚区域生产贸易网络基础上建立的东亚经济整合进行了潜在风险分析，在其中指出了全球价值链体系中东亚区域外部依赖的特征为东亚经济发展带来一定脆弱性。但是，在宏观经济管理的策略中，贸易和金融是两个既联系又相对独立的范畴，贸易风险和金融风险可能在发生时间、影响时滞、效应周期等方面存在差异。就像贸易一体化和金融一体化是两个并行共存的模式一样，金融和贸易就像经济发展的两个不同侧面，金融政策和贸易政策在宏观审慎管理的目标之下是可以相互配合、分别发挥作用的。

第二节　金融风险的视角

从风险来源渠道划分，金融风险可以分为直接风险和间接风险。直接风险可以视为由于金融自身属性和金融特殊性所导致的资产价格、主体信用、收益率等不确定性，间接风险则来源于实体经济受到外部冲击后通过微观企业经营绩效、行为决策、市场前景等因素对金融市场和金融资产等产生的影响。

金融的本源是服务于实体经济，从金融市场以及金融中介产生与发展演变的历史轨迹来看，金融业的起源与国际贸易是密不可分的。作为现代经济的核心，金融建立在时间和信用两大基石上，其本身就蕴含着不确定性即风险这一与生俱来的属性，但对影响程度而言，金融活动中的自身风险更多地表现为短期风险。除此之外，由于金融的立足基础根植于实体经济，导致中长期金融风险的因素则在更大程度上受经济和贸易发展趋势的制约。

一、贸易微观主体的股票风险

在国际贸易中，当加征关税的风险发生时，企业盈利水平将降低。如果关税对象主要集中在高科技高附加值行业，则 IT 硬件、工业和汽车行业将首当其冲，而且受到的冲击较大。考虑资本支出减少等间接后果，企业盈利的减少程度将更大，盈利增长预期毋庸置疑会直接下降甚至减少为零。作为实体经济晴雨表的股票市场，企业盈利能力和经营业绩的下降无疑对股票市场将形成致命的打击，不仅可能出现股票价格一落千丈，而且股市行情在节节减退之后很可能将在未来一段时期内处于震荡调整甚至熊市运行。

在全球贸易战风险上升、美元走强大背景下，新兴市场雪上加霜，股市、债市全线下行。美国与新兴经济体股票市场走出截然不同的分化之路。其表现主要有两点：一是大量资金撤出以新兴国家为代表的非美金融市场，二是美国指数走强的态势使这些国家股市受到严重冲击。如果这种表现一旦形成趋势性恐慌，势必造成相关金融市场的震荡，资产价格快速跳水，甚至崩盘。

短期来看，全球股市动荡带来的蝴蝶效应就是股票风险的一个有力证明。

二、通胀恐慌下的金融风险

从亚洲金融危机的视角看，"通胀恐慌"迫使货币政策当局进入加息周期，由利率—资产价格的有关投资学原理，与利率相关联的一系列资产价格向相反方向调整，发生严重跳水，从而最终导致金融危机全面爆发。

以回顾并梳理亚洲金融危机的发生始末为线索来剖析东亚区域通胀风险的发生机制。在1990年和1991年两年间，美国经济曾一度增速放缓，1991年GDP同比增速甚至降为-0.1%。于是美联储实行宽松货币政策以应对和逆转经济衰退，具体做法为削减利率到3%。这一货币宽松政策确实取得了不错效果，1992年美国经济增速开始回升，当年GDP同比增速达到3.6%，之后几年也维持在2.5%以上。但好景不长，在随后的几年间，这一货币宽松政策的不良后果逐步显现，从1993年开始美国通胀水平快速上升，1993~1995年通货膨胀定基指数甚至达到年均增速18.6%的水平。为了对冲通胀影响，美联储开始步入加息通道，在7次加息之后，美国基准利率从3%上调至6%，美元再次回归强势上涨周期。

美联储加息前，东亚各国经济持续高速增长。在1997年之前的五年中，亚洲新兴经济体GDP年均增速高达9%，远超同期全球平均水平（2.7%）。在此带动下，各国经济逐步加杠杆，经济体系逐渐向"庞氏型"① 社会转变。在

---

① 美国经济学家明斯基（Hyman Minsky，1919~1996）的"金融不稳定假说"强调，现实经济中更多的是跟风投资者而不是价值投资者；对冲型借款人、投机型借款人和庞氏型借款人的普遍存在，导致了不良债务的累积膨胀和债务危机的最终爆发。"金融不稳定假说"认为：经济在一些融资机制下是稳定的，在另一些融资机制内是不稳定的；经过一段长时间的繁荣，经济会从有助于稳定系统的金融关系转向有助于不稳定系统的金融关系。

宏观层面，表现为经济过热、信贷和投资急剧扩张、外债规模不断扩大；在微观层面，表现为房地产和股市泡沫膨胀，风险逐渐集聚。以亚洲金融危机率先爆发的泰国为例，1992~1996 年泰国 GDP、国内信贷和固定资本投资年均增速分别高达 7.9%、23% 和 9.3%，显著高于危机爆发后五年的 0.4%、-2.3% 和 -13.1%。经济过热造成经常项目逆差、外债规模和结构失衡，债务期限严重错配，大量中短期外债进入房地产投资领域。1992~1996 年泰国外债占 GDP 比重从 38.9% 升至 62%，短期外债占比平均高达 46%，外债年度利息支付占出口收入比重为 11.3%，而危机当年已升至 25.6%。而且泰国等国在扩大金融自由化、取消资本管制的同时，仍然维持固定汇率制，给国际投机资本提供了条件。

1997 年，泰铢、菲律宾比索、印尼盾、马来西亚林吉特等先后成为国际投机资本攻击对象，国内资本在恐慌趋势下大量出逃，这些国家被迫放弃钉住美元的固定汇率制，官方宣布大幅贬值本币，在利率—资产价格联动机制下，国内股市和房地产市场遭受重创，接连导致银行呆账、坏账大比例增加，进而金融危机全面爆发。

在美国通胀回升、欧洲经济增速放缓以及地缘政治关系紧张加剧动等一系列风险因素的推动下，美元指数在 2018 年出现了一定程度的"超预期"走强，10 年期美债收益率更是出现一路走高到达 3.11%，创 2011 年以来新高[①]，相比之下，东亚区域的发展中经济体通胀水平却较高，其潜在的汇率风险不可忽视。从长期来看，温和而稳定的通胀才有助于维系本币币值的稳定，见表 9-1。

表 9-1 美国和东亚区域部分国家通胀水平对比　　　单位：%

国家	1964~2017 年平均 CPI 同比	2001~2017 年平均 CPI 同比
美国	4.0	2.1
日本	2.9	0.1
中国	6.0	2.3
印度尼西亚	43.3	7.2
菲律宾	9.1	4.0
越南	6.5	7.3

资料来源：IMF，恒大研究院。

---

① 资料来源：Bloomberg 美元走势与国债收益率走势图。

2018年以来,"贸易战"的拖累和美元持续走高的态势给全球经济发展和贸易格局变化带来很大不确定性。一方面,全球贸易规模有所萎缩,贸易路线出现迁移,世界贸易环境对东亚区域发展负面效应的辐射范围呈边际递增趋势。另一方面,美国加息、美元升值引发的一系列国际资本流动以及基于利率平价的汇率定价机制都使东亚区域的贸易、金融动荡因素增多,前景的不确定性上升。因此,在贸易战的"贸易效应"和美元加息的"利率效应"作用机制之下,东亚各国特别是缅甸、菲律宾和越南等国通胀抬头。

由此可见,东亚区域国家或地区对于通胀可能引发的金融风险应该予以一定的审慎防控。

三、美元依赖下的汇率风险

如果回顾历史经验,从实际案例来分析,不难总结出东亚区域以及区域外的一些新兴市场国家所面临的汇率风险,很大程度上来源于世界货币体系中"以美元为锚定货币"这一汇率形成机制的特征。从2016年以来全球范围内新兴市场国家所经历的货币危机或者潜在的汇率风险来看,国际金融格局中非美国家普遍存在着对美国国债或者美元的外部依赖性,表现为出现汇率大幅贬值乃至崩溃的现象。

汇率风险是国际贸易活动中的常见金融风险。一般来说,不同货币之间的汇率波动通常对应短期调整,如果不发生严重的经济冲击或者宏观环境自身的改变,汇率调整将不在中长期持续产生单向影响。但是,一旦汇率波动形成一定持续性的趋势,市场投资者对货币贬值的预期将最终形成并传染给其他市场参与者,进而形成市场恐慌情绪甚至导致做空压力。

要分析影响汇率波动的因素,可以追溯到三个重要的金融理论上。一是古典汇率理论,认为经济基本面的变化导致汇率波动,其中包括通胀、经济增长速度和货币供应量等,这些都属于长期因素。二是外汇供求理论,即外汇市场上供需力量的比较导致汇率波动,而导致供需关系变化的原因又可以归结为国际收支平衡表中经常项目差额、资本项目差额以及本币在国际贸易、国际投资、资本流动等活动中的地位。三是行为金融理论,即由于微观主体对经济冲击和市场波动等不稳定因素存在认知差异,进而形成预期驱动下的异常交易行为。

对于汇率风险的影响而言,从期限角度可以分成三个等级。一是短期内由于汇率波动造成的汇兑损失；二是其他国家或地区的经济危机通过该国或地区的外部经济依赖形成传导渠道，经济冲击由此传染和波及该国企业，即汇率风险的中期影响；三是汇率波动一旦触及预期形成机制，短期影响演化成市场恐慌和担忧，由此可能在长期对该国或地区的经济发展造成信心上的影响和冲击。

正如前面章节中所分析的，东亚生产贸易网络整体上对于欧美最终产品市场具有一定的外部依赖性，不论是欧美市场发生的经济危机冲击，还是由于在国际贸易中以美元计价产生的汇率波动下的汇兑损失，都直接影响着微观企业的经营绩效和利润结果。

除此之外，就国家或地区主体而言，表现为本币贬值外币升值的汇率风险将对经常账户带来负面影响，使该国或地区赤字增加，货币脆弱性上升。

四、外债扩大下的主权债务风险

在美国不断收紧政策之际，阿根廷经济陷入困顿，土耳其经济也出现动荡，这引发了新兴市场风险是否会蔓延的忧虑。从国际上曾经发生的金融危机来看，历史经验无不表明，无论是在拉美债务危机还是亚洲金融危机期间，深陷危机遭遇冲击的拉美国家以及东亚地区相关的新兴市场国家都是由于自身较为严重的外债规模，并与通货膨胀、金融资产等其他因素相互交织，加剧了金融危机的扩散和蔓延。

东亚区域的一些国家或经济体也存在一些软肋。其中，马来西亚的外债风险较高，占 GDP 的 69%；但该国经常账户顺差占 GDP 的比重达 3.7% 带来了充足的缓冲，且该国的新政府似乎也竭力控制债务。与此同时，存在外部赤字的主要亚洲新兴市场（印度、印度尼西亚和菲律宾）的平均赤字水平占 GDP 的比重仅为 -0.6%。虽然从外债角度来看，亚洲新兴市场并不脆弱，但在通胀高企的环境下（平均为 4.4%，亚洲新兴市场为 3.1%，土耳其为 14.4%），新兴市场的动荡行情对该区域的货币走势造成拖累[①]。因此，虽然预计不会出现危机，但在贸易逆差回稳之前，这些国家受政策利率调升影响的可能性较大。

目前在美联储较快加息和全球流动性趋紧背景下，负债率高的国家外债偿还压力将逐渐增加，外债占 GDP 比重越高，短期外债占比越大，发生债务危

---

① 陈卫东，钟红等. 加息背景下新兴市场金融风险演化路径 [J]. 国际金融, 2018 (7).

机的风险越高。著名的国际评级机构穆迪经过研究认为，大多数新兴市场国家存在着外债期限较短而本国财政规模又较小的特点，在面对全球流通资金趋紧、债权国债券收益率走高的情况时，债务成本将大幅度上升，导致国家经济财政极其脆弱，甚至被推到崩溃的边缘。

但是就东亚区域而言，中美贸易摩擦的不断升级似乎为东亚地区的新兴市场国家带来一些好转的契机。因为美中贸易争端虽然处于升级之中，但是极大可能会重塑全球贸易格局。在金融领域，中美贸易摩擦已经促使中国货币政策基调短期内从趋紧转向宽松，进而有助于防止经济急剧放缓。因此，在很大程度上以中国经济发展状况为中心的东亚区域，经济基本面以及经济增长前景稳健，受到新兴市场动荡冲击的可能性较小。

第三节 国际经验的视角

从国际经验来看，东亚区域受影响最为明显的两次危机分别是 1997 年亚洲的金融危机以及 2008 年美国的次贷危机。这两次危机虽然在发源地和危机发生与传导机制上各不相同，但存在两个相同特征：其一，它们都是在世界范围内"传染"和"蔓延"到其他国家及地区的国际金融危机；其二，这两次危机都是以贸易和投资为主要渠道来进行传染的。

一、亚洲金融危机的冲击和"起爆器"

1997～1998 年的亚洲金融危机是推动东亚区域主义发展的强大动力之一。为了避免区域内外金融危机再度发生对东亚区域造成的直接或者间接的冲击，不论是东亚国家政府，还是相关专业领域的专家学者，都提出许多加强区域货币金融合作的建议[①]，其中包括建立新的汇率制度、创立共同货币、设立区域融资便利化组织以及成立亚洲货币基金组织（AMF）。其中，以货币互换安排为中心用以维持资金流动稳定性和国家货币安全性的"清迈倡议"无疑成为

---

① 可参考但不限于：Wang（1999，2000）；Kim、Ryou 和 Wang（2000）；Yoshitomi 和 Shirai（2000）；Rajan（2000）；Park（2001a）；Park 和 Wang（2001）；Sakakebara（2001）；de Brouwer（2002）；Rana（2002）；Parkinson、Garton 和 Dickson（2002）；Bird 和 Rajan（2002a）。

最具实用性和可操作性的方式。但是从实际使用来看,自"清迈倡议"的双边货币互换安排建立以来,至今还未有区域内任何国家或地区使用过该种形式的融资援助,而所发生的货币交换均为区域内国家间的单向流动。

对于 1997 年爆发的亚洲金融危机,很多学者研究并分析了此次危机在东亚国家产生的原因以及传导的机制。其中,Frederic S. Mishkin(1999)指出,亚洲金融危机的爆发源于泰铢汇率的节节下挫。泰国政府在应对国际投机问题时依赖于中央银行,而中央银行则主要运用紧缩性利率政策,这就构成政策手段的单一性和依赖性,投机者利用泰国央行在货币政策调节机制上的脆弱之处,用对冲基金进行做空,从而最终导致亚洲金融危机。余永定(2007)分析得出的结论源于外汇储备规模过小不足以满足对冲操作,所以导致应对危机的力度不够,效果不及时。其中具体的影响机制是汇率变动以及工资价格机制的调整导致出口大规模减少,进而经常项目出现逆差,引发资本大量外逃的现象发生的原因,泰国政府因此才动用原本规模不太充足的外汇储备进行对冲,继而引发危机。刘遵义(2007)认为,亚洲金融危机爆发的主要原因在于相关国家个体在外汇储备库上的余量不足。

总之,从诸多学者的研究中不难总结出导致亚洲金融危机爆发的几个重要原因:其一是外汇储备不足,这是直接原因。其二是东亚区域国家金融体系脆弱,这是本质原因。其三是汇率政策的灵活性不够,这是间接原因,也是深层次原因。但是从东亚区域以及世界经济政治格局来看,汇率政策关系到汇率形成机制,进而关系到美元的货币中心地位,想要调整优化而利于东亚国家自身,存在一定难度。其四则是金融监管的滞后性,这属于框架设计的不足,可以也有必要进行改革和完善,而且,就金融危机之后东亚区域在货币金融合作内容上的发展来看,金融风险的防控和监管确实成为了东亚国家不断加深相互探讨和合作的重要方面。

由此可知,东亚各国脆弱的金融体系和缺乏区域内危机预警机制以及有效的救助措施,是 1997 年亚洲金融危机爆发并且快速传染和蔓延的主要原因。正由于 1997 年亚洲金融危机的传导具有较强的区域性[①],因此极大地增强了东亚区域相关国家和经济体对金融危机加以预防和控制的利益诉求。区域利益的

---

① 关于区域传染方面的研究,可以参考 Calvo 和 Reinhart(1996);Glick 和 Rose(1990);Drazen(2000);Kruger、Osakwe 和 Page(1998);Kaminsky 和 Reinhart(1999);Masson(1998);Rose(1998)和 Rajan(2001a,2001b)等。

稳定和增长需要维护经济发展的宏观环境,其中最重要的就是贸易投资环境、金融环境以及货币体系环境。因此,亚洲金融危机才被一致认为是推动和发展东亚区域货币金融合作的"起爆器"(见表9-2)。

表9-2 亚洲金融危机对印度尼西亚、韩国、泰国三国经济的影响程度　　　　单位:%

	年份	印度尼西亚	韩国	泰国
失业率	1996	4.9	2.0	1.5
	1997	5.9	2.6	3.5
	1998	13.8	7.5	10.9
实际工资变动率	1996	13.5	7.3	2.3
	1997	5.5	-1.4	2.1
	1998	-40~-60	-0.4	-10.3
GDP增长率	1996	8.0	6.8	5.9
	1997	4.5	5.0	-1.4
	1998	-13.1	-6.7	-10.5
政府新增债务占GDP比重	1996	43	39	34
金融充足费用占GDP比重	1996	19	30	30

资料来源:ADB. Asian Development Outlook, 2003; IMF. 全球经济展望.

二、国际金融危机下暴露的脆弱性

对东亚区域而言,如果说1997年亚洲金融危机的发生和传导都在区域内,2008年美国次贷危机引发的全球金融危机则是起源于区域外,传导到区域内的一场不同性质的金融危机。即便如此,2008年全球金融危机也在不同程度上影响和蔓延到东亚国家,传导途径是源于东亚区域生产分工网络下庞大的区域内贸易在最终需求上依赖于区域外部欧美国家。这种贸易上的外部依赖在某种程度上导致了区域经济的脆弱性以及金融脆弱性,是一种潜在的金融风险。在这次危机的经验启示下,东亚区域内建立稳定统一的货币金融体系以抵御外部金融危机的诉求更加具有必要性。

2008年美国次贷危机爆发后,以快速蔓延之势传导到世界其他国家和地区,包括远隔太平洋的东亚区域,演化成一场国际金融危机。东亚区域货币合作再次受到极大的重视,并在区域内会议和组织安排中开始新一轮如火如荼的推广。

三、新兴市场国家货币金融风险的启示

近年来,新兴市场国家已经遭遇或者正在面临金融危机的事件表明,新兴市场经济体的脆弱性主要来源于其规模相对小于国际金融市场及规模较大的单个金融公司。通过货币互换和其他融资便利,这些区域性合作伙伴将自己拴在一起,从而使较为脆弱的政府有能力解决它们的市场与国际金融机构在规模上存在的不对称问题。

2017 年以来,在美国通胀回升、欧洲经济增速放缓以及地缘政治关系紧张加剧动荡等一系列风险因素的推动下,东亚区域开展金融合作的目的在于审慎规避和有效防范东亚区域在生产分工、贸易合作、经济发展中可能面临的金融风险。

世界银行东亚太平洋地区副行长维多利亚·克瓦所说:"稳健增长一直是并将继续是东亚地区减少贫困与脆弱性的关键。保护主义和金融市场动荡可能伤害中期增长前景,对最贫困、最弱势的人口造成最不利的影响。在这一时期,东亚各国政策制定者需要保持警惕,积极提高本国的准备度和增强韧性。"对于抵御外部冲击的方法,可以有三种选择。第一种是重视自保,寻求短暂的相对安稳,待冲击过后择机而动;第二种是做好十足的准备正面迎接战争,部署好各种战略战术,在遭遇冲击时能够在枪林弹雨中所向披靡,不受重创;第三种是另辟蹊径,在受到外部冲击时能够挖掘出自身的其他潜力。

第四节 最优货币区的功能视角

一、有利于减少外汇储备占款

同一货币区内的国家之间通过建立公共外汇储备池并制定分享规则,这在一定程度上为各国的外汇使用提供了一种保险,为这些国家在需用外汇储备的时候增加了一条供给渠道,所以各国可以在一定程度上减少外汇储备,进而降低持有外汇储备的机会成本。对于加入货币区可以减少持有外汇储备的原因,卡夫卡(1969)将其归结为三个:一是成员国之间可以通过建立外汇储备池

和相互抵消贸易差额来调节国际收支不平衡，进而节省外汇储备；二是区域内成员国之间可以利用货币互换进行相互融资，进而减少持有外汇储备；三是各成员国通过建立货币联盟进行新的结算，也可以减少外汇储备。货币区内各国减少了外汇储备占款，可以将更多资金投入其他经济领域，如扩大内需和投资，进而拉动经济。由此可见，货币区内的固定汇率促进了区域内国家内部经济建设以及稳定发展。

二、有利于减少货币汇兑成本

货币区内的各成员国实行固定汇率制度，各国货币之间采用固定的汇率进行汇兑，有效减少了不同货币兑换的汇兑成本，同时也在一定程度上避免了货币错配问题。

三、可以有效抵御区域外的投机性资本冲击

一国能否抵御来自外部资本的投机性冲击，很大程度上取决于其是否有足够庞大的外汇储备以进行抵抗和防御。正如前面所分析的，货币区的外汇储备池为区内成员国提供了一道额外的外汇保障，外汇储备池集合各成员国的外汇储备为整个区域筑起一道坚固的堡垒，当某一成员国需要外汇支援时，就可以按照事先规定的机制动用外汇储备池，进而抵抗住外部投机的冲击，大大降低金融危机发生的概率。当然，外汇储备池发挥功效的前提条件是区域内资本完全流动，而且对于小型经济体，外汇储备池对其的保障和支持作用可能更加有效，加入最优货币区就更具有吸引力和价值。

四、降低融资成本

由于货币区内汇率固定，汇率和利率之间的联系存在一定程度的弱化。货币区内经济实力较弱的国家不必为了维持币值稳定而实行高利率，从而在一定程度上降低企业融资成本，有利于资金利用效率，有效实现投资对经济的拉动作用。

五、货币区的建立可能会推动财政一体化

作为经济一体化中的一个组成部分，财政一体化往往被忽略，或者显得不是特别重要。由于货币区内成员国之间存在着经济发展水平以及工资、物价、利

率等价格体系的差异，因此两个高低不同的成员国之间就有可能形成示范效应或者攀比效应。例如，经济发展水平比较低的国家工资水平一般也处于较低水平，当该国工人同区域内高工资国家的工人进行比较时，就会提出涨工资的要求，如果企业无法满足这一要求，就会出现失业率上升。由于失业率往往被视为比较明显的一个经济指标，所以就会产生财政一体化的动力。但是财政问题往往具有政治敏锐性和政治关联度，可能实现的难度更大一些。

第五节　金融一体化的视角

金融一体化是指国家之间的金融活动相互渗透、相互影响而形成一个整体联动和相互渗透的发展趋势。金融一体化既是区域内金融市场水平和金融运行机制所表现出来的特点，其本身也是一种有组织的制度设计，其目的一方面是保障本区域范围内的国家之间在经济、贸易、投资等各方面的共赢化发展，另一方面也是区域内各个国家和经济体之间相互形成一定的经济依赖，维护本区域内正常的经济秩序不受冲击，利用区域内的整体力量筑成一道抵抗区域外经济冲击的"防火墙"。

一、区域化效应

金融资源在空间地域分布上表现出非均质或不联系的特点，正是这种初始的地域禀赋差异性，引发了金融在不同国家、不同区域的运动，而且金融资源的价值及作用迥异，参与地域运动的受制因素和空间表达也不尽一致，非同一性十分突出。这种差异造成了金融产业成长的差别。由于金融产业成长的时空复合型特质非常突出，金融中心与金融增长极、金融支点在金融产业成长状态上千差万别，整体上呈现非均衡的特征。但是金融产业作为一种特殊的经济实体，是由初始配置、积累、沉淀的金融资源以及参与地域运动后的金融资源与各地域空间的具体条件凝聚而成的专业部门组织。从这个角度而言，与其说金融一体化是一种组织化、区域化设计，不如说是一种天然需要的自发趋势。在区域内各种经济基础环境的共同作用下，在一定地理范围内，该区域金融中心的聚集效应推动金融产业逐渐向一体化方向发展。由此，金融一体化实质上是金融产业一体化，金融一体化是对已经形成的金融地域系统内宏观特征的阶段性归纳。

二、帕累托效应

从微观经济学基本原理来看，金融一体化是金融效率帕累托改进的结果，也是金融资源在区域内有效分工协调和配置的过程。如果仔细审视金融一体化在福利改进中的作用和意义，金融一体化的基本功能可以归结为以下三个：

第一，金融一体化可以实现区域内金融产业的创新能力。虽然东亚区域内各国金融产业在金融资源基础、金融市场发达程度以及金融交易规模上存在参差不齐，整体上体现不均衡、不同步和不统一的现状特征，但是通过在区域内逐步扩大金融一体化范围和规模，形成金融资源的相互流通，进而促进不同国家间金融产业内部"干中学"的技术溢出效应，提高相应国家金融产业的生产力水平，从而实现区域内金融产业整体的外部规模效应。

第二，金融一体化有利于提升区域内金融产业的生产能力。区域内金融一体化必定起到提高区域内金融市场之间的融资贷款、证券发行中的交易频率，扩大交易流量，进而实现金融产业内部收益递增。

第三，促进区域内金融资源的优化配置和价值挖掘。金融一体化过程会在一定程度上调整本区域金融产业结构，依靠资源的区域内流动促进不同市场中金融要素的相互利用，使发展水平不均衡的市场之间趋于结构合理、成本递减以及资源的优化配置。

第十章
东亚货币金融合作的发展进程

如果将亚洲金融危机作为东亚区域真正开展货币金融合作的起点,东亚区域取得的主要进展集中体现在两个方面:一是"清迈倡议"(Chiang Mai Initiative,CMI)框架由双边化向多边化和区域整体化扩展;二是东亚区域各国政府层面对构建东亚债券市场的准备和实施。

如果从全球化与区域化之间的关系视角来看,不难发现,东亚货币金融合作的进程不仅关系到区域内经济一体化的目标和进展,还与区域外的国际经济金融环境息息相关。从政治上代表最高权威性的东盟国家和中日韩(10+3)财长和央行行长参与的历次会议内容看,每一次关于东亚货币金融合作的形式和内容上的重要变化都与区域内外发生的金融危机或者潜在的金融风险联系紧密。

第一节 溯源"清迈倡议"

从 20 世纪 20 年代开始,以多边和区域融资便利为主要内容和目标的国际金融合作逐渐兴起,得到世界范围内各国中央银行广泛接受并快速流行开来。1997 年亚洲金融危机给东亚区域的金融秩序和经济活动带来极大的冲击,东亚区域国家和地区开始反思区域内金融体系和金融监管防控方面的弊端和漏洞,开始着手筹划区域内维护金融稳定、巩固金融安全的组织制度。2000 年 5 月,第二次东盟 10 国与中日韩三国的"10+3"财长会议一致通过货币互换网络协议,著名的"清迈倡议"开始建立。"清迈倡议"在东亚金融合作中的地位非常重要。"清迈倡议"作为以满足区域性融资便利的组织机制,成为东亚区域货币金融合作进程的开端，是深入分析东亚金融合作各方面问题的基础和源泉。其主要内容涉及东亚双边货币互换协议的原则框架、基本特征以及一些货币互换协议的谈判安排。

一、"清迈倡议"的主要内容

1997年亚洲金融危机爆发，泰国等东亚国家经济收到了巨大冲击，在这种情况下，为了解决危机国家的流动性不足以及国际收支困难等问题，泰国、新加坡、印度尼西亚、马来西亚以及菲律宾的中央银行行长签订了能够为这些危机国家提供短期资金支持的《东盟互换协议》（ASEAN Swap Agreement, ASA）。ASA刚刚签订的时候每个国家出资2000万美元，资金总额达到1亿美元。1998年，各国出资4000万美元，资金总额达到2亿美元。实际上，"清迈倡议"是以ASA为基础并在其协议内容上扩展而来的。"清迈倡议"的主要内容可以总结为三个方面：

首先，在ASA原有规模的基础上进行扩展。扩展对象包括两个方面：一是成员国个数，二是成员国的出资额。成员国个数由原来的东南亚国家联盟（ASEAN）五国增加到ASEAN 10国，出资总额由最初的2亿美元增加至十亿美元。10个国家中，文莱、泰国、马来西亚、印度尼西亚、菲律宾、新加坡这6个国家各提供资金1.5亿美元，其他四个国家提供资金500万~6000万美元。货币互换的具体方式为，一方先以本国货币作为抵押，另一方以伦敦市场隔夜拆借利率（LIBOR）平价，提供日元、欧元或美元中的任意一种，互换期限6个月，最多不能超过8个月，互换额度的上限为出资额度的2倍。

其次，初步谋求构建双边国债回购协议。"清迈倡议"中对其设立的构建机制安排如下：当一国出现流动性危机时，可以向倡议框架所包含的其他国家主体中的一方提出短期贷款申请，贷款抵押物可以以该国的政府债券或者美国国债来提供。

最后，"清迈倡议"的核心任务是围绕在东亚区域内部各国和经济体之间构建一个双边货币互换网络，主要国家涉及东盟10国和中国、日本和韩国。在这一双边互换网络中，互换上限由双方共同出资并且经过逐一协商决定。在进行互换资金额度的拨付时，该额度的90%必须经过国际货币基金组织（IMF）的批准才能进行拨付，另外10%则可以自行拨付。互换贷款的利率为伦敦隔夜拆借利率加上150个基点，期限为90天，每展期两次增加50个基点，最多不能超过 7 次。

"清迈倡议"下的货币互换实际上是一种中期信贷，是东亚区域货币互换安排的开始。但是就实质内容而言，这种对于区域内经济活动扩大化和便利化给予资金和货币支持的金融合作，仅仅在"互换"二字中并没有足够体现出其真正的含义和作用。"清迈倡议"为东亚区域经济一体化发展以及区域内各国家和地区的个体利益提供的"融资服务"，是东亚区域金融资源的整合，也体现了区域内金融制度的协调与统一。即使在东亚区域内部，各国和地区在汇率制度以及资本账户开放程度上存在不同程度的差异性，但是并没有影响东亚货币金融合作的内容和效果。东亚的货币互换安排不会受该地区实行多种汇率制度和各国不同的资本流动水平的影响，因此具有较强的可行性，预期结果也较好。

虽然"清迈倡议"中有关东亚双边货币互换的规模较小，而且看似只有"象征意义"[①]，但其却对东亚区域经济一体化的发展前景有着广泛而深远的实质影响。时任美国国际经济研究所所长的伯格斯坦教授对于"清迈倡议"曾经给予非常高的评价，认为"清迈倡议"是通向建立亚洲货币基金组织及区域性货币安排等更为广泛的过程的一部分，这些趋势与贸易区域主义相结合将推动东亚经济区的发展。

二、"清迈倡议"协议的多边化发展

2000 年"清迈倡议"正式启动后，尚且没有一个参与过启动双边互换基金。2006 年 5 月，ASEAN "10+3" 财长会议决定组建"清迈倡议"工作组，针对多边化的具体形式进行研究。2007 年 5 月，在 ASEAN "10+3" 财长会议上，"清迈倡议"的多边机制取得了重大进展，确定多边机制的具体形式，各成员国独立管理区域外汇储备库。

区域外汇储备库是"清迈倡议"多边化的一个"里程碑"，其作用是巨大的，影响也是深远的，具有极其深刻的经济意义。这主要体现在以下三个方面。

首先，从融资便利性的直接效用来看，构建区域外汇储备库能够使东亚区域整体上以及单个国家都具备应对经济危机的能力。一旦发生经济危机，不论危机的来源国是在区域内部还是区域外部，储备库都能在第一时间向危机国家提供

[①] 在"清迈倡议"刚被提出时，一些国际评论认为东亚双边货币互换只是"象征性"的，其安排规模太小，不会起什么实质性作用。

资金援助，帮助受危机冲击和损害的国家解决流动性不足的问题，不论是对危机国家自身还是区域原有的金融秩序，都具有重大的作用。

其次，外汇储备库是对现有国际金融体系的一种有效补充，在一定程度上起到弥补国际基金组织（例如IMF）以及金融稳定机构在金融救助能力上的欠缺①。在这一层面，区域外汇储备库实际上起到了预警危机发生的作用，进而可以帮助东亚国家防范危机发生。

最后，从东亚区域各国和地区之间货币金融合作的进展来看，构建区域外汇储备库起到了一个规范、健全以及稳定基础平台环境的作用。一方面为推动东亚财政金融合作奠定坚实的基础，另一方面也为东亚区域经济发展提供良好便利的区域经济环境。

"清迈倡议"多边化协议签订的目标主要体现在两方面：一是具体目标，也是即期目标，即当东亚区域内部一些国家或经济体出现流动性危机的时候，向它们提供金融支持，以解决财政或者国际收支困难，进而摆脱危机困扰。二是整体目标，也是长期目标。"清迈倡议"多边化作为国际融资安排的补充，可以弥补现有国际融资体制和能力上存在的问题。在协议框架生效的时间期限和主体范围内，各成员国可以依据协议上所规定的程序和条件，在允许的额度内进行本国货币与美元之间的互换交易，见表10-1。

表 10-1 CMIN 多边化贷款数额以及各国份额

国家	占 GDP 比重（%）	借款乘数	各国所占份额			
			百分比（%）		金额：10亿元	
中国	1.81	2.5	32	3.5	38.4	中国香港 4.2
	36.41	0.5		28.5		中国（不包括中国香港）34.2
日本	41.32	0.5	32		38.4	
韩国	7.82	1	16		19.2	
以上合计	87.36	—	80		96	
越南	0.76	5	0.83		1	
菲律宾	1.40	2.5	3.07		3.68	
新加坡	1.53	2.5	3.97		4.77	

---

① 郑联盛. 储备库、清迈倡议与东亚财金合作进展、前景与中国对策［EB/OL］. www.rcif. org.cn, 2009-05-07.

续表

国家	占GDP比重（%）	借款乘数	各国所占份额	
			百分比（%）	金额：10亿元
马来西亚	1.86	2.5	3.97	4.77
泰国	2.30	2.5	3.97	4.77
印度尼西亚	4.31	2.5	3.97	4.77
老挝	0.05	5	0.02	0.03
文莱	0.12	5	0.02	0.03
缅甸	0.22	5	0.05	0.06
柬埔寨	0.09	5	0.1	0.12
总计			100	120

资料来源：中国人民银行网站[1]。

第二节 东亚区域货币金融合作的不断深化

一、亚洲金融危机后的第一阶段

1997年亚洲金融危机爆发，对区域内原本稳定的经济秩序和金融活动带来较大的冲击和影响，东亚区域国家和地区开始着手筹划区域内维护金融稳定、巩固金融安全的组织制度。2000年5月，在第二次东盟与中日韩"10+3"财长会议上，著名的"清迈倡议"一致通过并开始建立。

"清迈倡议"的主要内容是围绕双边货币互换，将东盟内部原有的货币互换机制扩展到"10+3"范围内，逐步建立双边货币体系。"清迈倡议"旨在帮助区域内部遇到短期外汇流动性短缺或国际收支问题的国家渡过难关，防范金融危机的发生。但是，在发展过程中，东亚国家并没有出现实质性使用"清迈倡议"中货币互换安排的情况，究其原因，一方面可以归结为"清迈倡议"本身在东亚区域货币金融合作进程中发挥的监督和预防功能成为其主要属性，另一方面则从侧面印证了"清迈倡议"中的货币互换范围应该从双边化向多

---

[1] 说明：中国香港不是IMF的成员国，因此其借款数额仅限于与IMF所设定的比例不挂钩的部分。

边化逐步扩大的现实需要。

事实上,"清迈倡议"自提出以来一直在经历着不断完善和扩大。定期召开的东盟国家和中日韩的"10+3"高层首脑会议,每一次都会涉及对"清迈倡议"具体安排的重新审视和完善。

2003年10月,在第七次东盟和中日韩"10+3"国家领导人会议上,我国时任总理温家宝首次提出"推动清迈倡议多边化",建议将"清迈倡议"下较为松散的双边货币互换机制整合为多边资金救助机制,进而深化东亚财金合作,提高区域危机自救能力。

2006年5月,东盟和中日韩"10+3"财长会议在印度海德拉巴举行。会议决定成立"清迈倡议"多边化工作组,研究多边化的形式和内容。这一决议和改革为"清迈倡议"多边化的建立初步奠定基础,"清迈倡议"多边化开始实质性的进程,也从官方层面全面认可了以多边化形式发展深化东亚区域货币金融合作势在必行。

2007年5月,东盟和中日韩"10+3"财长会议在日本京都举行,集中讨论了东亚区域宏观经济形势和加强东亚区域国家进行财政金融合作的必要性和可行性。会议决定选择自我管理的区域外汇储备库作为"清迈倡议"多边化的具体形式,"清迈倡议"多边化雏形基本建立。

二、美国次贷危机后的第二阶段

2007年底,美国次贷危机以房地产市场的崩盘为开端开启了多米诺骨牌似的传导和蔓延,东亚区域国家也没有能够独善其身。2008年5月,东盟和中日韩"10+3"财长会议在西班牙马德里举行,决定是否建立并启用区域外汇储备库对东亚区域相关国家实施金融救助和融资便利。该外汇储备库的初始规模为800亿美元,中日韩与东盟出资比例为80%和20%。随着"10+3"外汇储备库的投入运行,"清迈倡议"下的货币互换体制将由双边扩展到多边,由于投资方增多,每个国家可减少为防范流动性短缺风险所预留的外汇储备,并且在需要时可以在更短时间内获得更多帮助。

2009年2月,为了帮助东亚区域内相关国家和经济体对抗国际金融危机的影响和冲击,东亚区域一致决定召开一次特别财长会议。此次会议对于东亚货币金融合作的实质进展产生巨大的推动力,也为东亚区域未来深入规划货币金融合作安排提供了可借鉴的经验。在该次会议上,东盟和中日韩国家联合公布《亚洲经济金融稳定行动计划》（以下简称《行动计划》）。决定加快"清迈倡议"多边化进程，将区域外汇储备库从 800 亿美元扩大到 1200 亿美元，并努力在 2009 年 5 月召开的"10+3"财长会议前就各国出资具体比例以及借款具体条件等达成一致。同时，为保证共同储备基金有效管理和使用，提议建立独立的区域监控实体。这一新计划将使得共同储备基金启动与国际性基金组织的条件性贷款的挂钩比例将从之前决定的 80% 进一步降低。《行动计划》的推出为"清迈倡议"多边化的制度发展做了准备，也为未来中长期内更高层次的政策协调和货币合作搭建了平台。

2009 年 5 月，东盟和中日韩"10+3"财长会议在印度尼西亚巴厘岛举行，各国财长就储备库出资份额分配、出资结构、贷款额度、决策机制、经济监督机制等主要要素协商一致。欢迎中国香港加入区域外汇储备库。包括香港在内的中国出资比例为 32%、日本为 32%、韩国为 16%。东亚各国财长代表各国政府同意尽快建立独立的区域监督机构，以监控和分析区域经济状况并支持区域外汇储备库决策。并同意成立一个专家咨询委员会，与亚洲开发银行和东盟秘书处紧密合作，加强现有的监督机制。东亚区域货币合作迈出历史性的一步，"亚洲货币基金雏形"基本建立。

2009 年 12 月，东盟和中日韩"10+3"财长和央行行长以及香港金融管理局总裁宣布正式签署"清迈倡议"多边化协议。"清迈倡议"多边化将强化"10+3"区域内部防范风险和应对危机的能力，核心目标是解决区域内短期流动性短缺和国际收支困难，并对现有国际融资安排形成补充。会议强调和表明了"清迈倡议"的最终目的是建立亚洲货币基金组织（AMF）。由此可见，东亚区域金融一体化的趋势更加鲜明，东亚区域金融合作方式也被最终抉择。

2012 年 5 月，东盟和中日韩"10+3"财长和央行行长会议在菲律宾马尼拉举行，会议就全球、区域经济金融形势以及各国应对措施交换了看法，并就加强"清迈倡议"多边化危机应对能力达成共识。各方同意将"清迈倡议"多边化资金规模扩大 1 倍至 2400 亿美元，且各方出资份额不变；与国际货币基金组织贷款规划的脱钩比例从 20% 提高到 30%，并延长救助资金使用期限。会议决定将现有危机解决机制命名为"清迈倡议"多边化稳定基金。会议同意新建地区危机预防功能，并将其命名为"清迈倡议"多边化预防性贷款工具。此次会议实现了东亚区域货币金融合作彻底革新为多元化属性，明确和巩固了东亚金融合作的形式和纲领。除此之外，该次会议将各国参会代表的范围首次扩大为"10+3"

财长和央行行长，体现了东亚区域对金融在经济发展中地位和作用的认可，以及在国际金融危机后全球开展金融监管的大背景下，东亚区域对防控金融风险的重视和监督。从这一角度而言，东亚区域金融合作的范畴有所扩大，从以融资便利为中心逐步扩大到金融风险防控和金融监管等方面。

三、金融风险不断升级的第三阶段

随着国际金融危机余波的逐渐减退，欧美经济体的宏观经济基础有所恢复，世界经济总体形势出现明显改善，但是与金融危机爆发之前的经济增长速度和经济发展态势相比，复苏步伐仍较为缓慢，并且在某些经济领域增长前景缺乏牢固基础，仍面临诸多不确定性。在国际金融领域，金融资源的稀缺性、市场发展中的高泡沫、主权债务高企以及资本的无序流动等情况时有发生。东亚经济虽保持着一定程度的较快增长，但全球经济增长预期的低迷以及金融市场动荡产生的不利影响，激发东亚区域加强多变化合作政策以应对这些区域内外风险不断升级的挑战。

2015年5月，在阿塞疆巴库举行的第18届"10+3"财长和央行行长会议对全球和区域宏观经济形势、东盟与中日韩财政、金融合作等议题进行讨论。会议也针对全球化趋势下不断升级的国际经济金融风险研究制定对策，对东亚区域内将继续采取宏观审慎措施达成一致。东亚区域的货币金融合作范畴进一步扩大，不仅加强宏观经济政策协调，共同维护区域经济和金融稳定，还努力进一步加快结构性改革，走经济内涵化发展道路，重视经济增长潜力，推动东亚区域各国家和地区的持续健康发展。

2015年10月，中国、日本和韩国三国财长和央行行长举行会议，针对宏观经济形势，三国经济增长前景以及金融市场动荡等国际经济问题进行研究和探讨。中、日、韩三国共同强调应该根据需要密切监测经济、金融形势发展，评估溢出效应影响，妥善解决当前出现的风险，并努力使相关政策、措施谨慎微调，清晰传递，以凝聚信心，维护金融稳定。此次会议虽然是在中、日、韩三国之间领导层展开，但是仍然对推进东亚区域货币金融合作的深化起到了重要作用。就维护东亚区域财政金融合作以维护经济增长信心和地区金融稳定目标而言，"清迈倡议"仍然具有必要性，其主导区域金融一体化的地位没有变。因此在和平时期，需要优化"清迈倡议"的内容安排，使其内容随着国际金融局势的改变与时俱进，进而提升其有效性。此外，亚洲债券市场倡议得到一定重视，开始进入实施阶段。

2016年举行了两次东盟和中日韩"10+3"财长和央行行长会议，均以东亚区域财政金融政策的优化和改革为中心议题。就东亚区域总体经济形势而言，虽然还在保持较快增长，但面对前景不太乐观的国际经济环境、全球经济格局中的货币政策分化、通缩压力由国际间传导形成的潜在金融风险等挑战，需要制定更加谨慎的经济金融政策，区域内经济金融合作的体制和安排也要随之相配合和改善。东亚区域金融合作的新内容一方面包含财政政策、货币政策的协调配合以促进结构性改革，进而在增强市场信心的基础上实现经济的持续、稳定和包容增长。另一方面围绕短期资本流动，采取更为宏观审慎监管政策和资本流动管理措施，增强金融部门弹性，应对大规模资本逆向流动可能产生的风险。

就"清迈倡议"的作用而言，随着全球金融市场动荡的加大，新的金融风险不断涌现，东亚区域金融合作的秩序面临新的任务和压力。就金融安全目标而言，"清迈倡议"在某种程度上就是区域金融安全网的主要部分，发挥其和平时期的预警和准备功能。例如，在履行维护东亚区域金融稳定方面，"清迈倡议"多边化机制（CMI Mutilateral Mechanisms，CMIM）与IMF进行联袂合作，实行联合救助演练以增强金融风险爆发时对本区域的应急救助能力。此外，推动亚洲债券市场倡议的进一步实施也成为东亚区域金融合作的重要内容。

2017年5月，第20届东盟与中日韩"10+3"财长和央行行长会议在日本横滨召开。会议同意2017年启动五年一次的"清迈倡议"多边化机制（CMIN）定期评估，进一步加强CMIM的有效性和可用性，并探讨CMIM融入全球金融安全网有关问题。对于亚洲债券市场倡议（ABMI），会议肯定了区域本币债券市场发展所做出的贡献，并批准了ABMI未来三年发展的中期路线图。毋庸置疑，"清迈倡议"多边化协议作为区域金融安全网重要组成部分的作用继续得以强化。

随着全球金融环境收紧态势愈加明显，贸易保护主义抬头、贸易摩擦加剧等影响国际经济政治格局的宏观因素逐渐升级，虽然东亚区域国家和经济体继续保持较快经济增长，但是仍面临不断涌现的金融风险和中长期结构性挑战。在此背景下，东亚区域继续深化域内贸易和投资联系，推动区域经济一体化和互联互通。与此同时，在区域货币金融合作方面加强资本流动监测，进而改善经济脆弱性，增强有效应对外部冲击的韧性，维护区域经济金融稳定。

2018年5月，第21届东盟与中日韩财长和央行行长会议在菲律宾的首都马尼拉举行。会议内容涉及对亚洲债券市场倡议（ABMI）对于东亚区域经济发展所起作用的评价。ABMI 在发展区域本币债券市场和促进区域债券市场一体化方面成就显著，而且在其基础上，区域信用担保与投资基金（CGIF）通过中期商业战略和 5 亿美元增资方案。

第三节　东亚区域货币金融合作的多方制衡

对于东亚金融合作的进程和前景问题，作为东亚区域的经济主体，"东盟（ASEAN）+3①"对于东亚金融合作的信心和积极性无疑会起到主要的促进或者抑制作用。东亚金融一体化的进展速度和拓展范围需要各国或地区的政府部门进行主导和组织，而各经济体在决定其是否参与货币互换或者汇率安排时，必然要在政治关系、经济利益以及其他有可能产生利害关系的相关问题上加以权衡比较，因此对于结盟、攻击、防守、维持、中立、激进等主观偏向有时在一定程度上会超越对利弊得失的判断，影响相关主权国家或地区政府对于东亚区域金融合作的态度和决策。

一、东亚区域内汇率政策的协调统一

随着全球化在各经济体中渗透程度越来越高，贸易收益分享、贸易规模扩大、资源的有效获得和利用等，都是各国以及各地区在开展国际贸易过程中获得的经济利益，也是垂直化生产分工的全球价值链对各参与主体实现的价值分配。这虽然都是全球化下世界贸易潜力的极大挖掘，是贸易价值的增长体现，但是随着链条不断延长，节点不断增加，领域不断扩展，参与主体不断增多，在全球化进程中逐渐产生了各经济体之间对利益得失的计较，以及由此衍生的国际政治经济关系的摩擦和再平衡问题。全球化包含区域化，时而一致，时而相对，而作为不同主体参与经济贸易的主要媒介，各经济体的货币就蕴含了越来越多的国家利益、政治意愿，或者在某种程度上化身成为"战争的武器"。作为各国货币价值的衡量工具，汇率波动就成为货币战争中的主要内容和战斗

---

① 在这里，ASEAN+3 指东盟 10 国和中国、日本、韩国。

目标。

就汇率政策对话以及协调平衡方面,"东盟+3"中各经济体面临现实问题的困难和挑战,这主要是由于东亚各国或地区实行的汇率制度在决定机制和作用渠道上的差异性决定的。一国或地区货币的汇率制度主要与经济发展水平、经济增长模式、金融发展水平、金融开放程度、经济的市场化程度、资本账户开放水平以及具体的外汇管制措施等因素有关。从变动周期和作用期限上看,这些因素属较长期因素,短期内不易改变,而且,如果国家或地区的经济基本面在这些因素和条件上存在一定的差异性,那么汇率政策的协调和谈判可能更加困难,而且协调效率会处于较低水平。因此,建立东亚汇率机制的目标将会是一个曲折而漫长的过程。但是无论如何,东亚区域内国家或地区间货币汇率的基本稳定和制度统一,不仅有利于东亚区域间自由公平贸易、投资与资本流动稳健发展之需要,也会不同程度地影响世界其他国家或经济体的经济金融稳定和经济长期均衡增长,是东亚货币金融合作的前提基础和长期目标。

二、与区域外部国家和组织的利益权衡

(一) 东亚区域金融合作与美国的利弊得失

不论是在当今国际经济格局,还是在以美元为核心的国际金融体系下,美国都占据着重要地位。美国凭借着其强大的经济实力和美元的货币体系中心地位,在世界经济格局中发挥着主导和支配的作用。对于已经形成的绝对优势和不容竞争的话语权,美国十分关注并想要尽力维持这种优越感,任何区域金融合作的发展都或多或少受到美国的影响和支配。某一区域范围内的货币金融合作是否会对美国自身利益带来好处还是损坏,以及是否会削弱或者增强美国在国际政治经济活动中的话语权和影响力,都是美国特别关注和审视的问题。

众所周知,在军事安全和政治利益角度,美国和东亚区域内很多国家及地区之间都有着错综复杂、千丝万缕的联系。美国虽然在地域范围内与东亚地区隔洋相望,但是从控制力和影响力而言,美国对于东亚国家或地区之间政治、军事利益相互制衡格局的形成具有不可忽视的作用,并且对于某些事件在某种程度上美国甚至充当了寒暄者和协调者。

从经济贸易视角而言,正如本书前面章节中的研究结果显示,美国是东亚区域生产分工网络主要的最终产品消费者,美国为东亚区域庞大贸易规模和结构的形成贡献了很大程度的最终需求。所以,沿袭着生产分工—产品内贸易—

最终产品出口到区域外—美元结算这一经济活动的主要线索，从中不难看出美国在东亚区域经济金融领域的主导性和影响力不容小觑。东亚区域一旦形成和开展区域自主的货币金融合作，必定或多或少地影响美国在该区域的原有安排，扰乱美国在东亚国家和地区形成的政治、经济以及军事关系框架，因此，美国对东亚货币金融合作的各项活动十分关注和敏感。

例如，早在1990年马来西亚前总理马哈蒂尔较早提出建立东亚经济集团的建议时，美国就表示明确反对，其原因是没有将美国包含其中。当然这只是美国表面上的说辞，而关键原因在于美国认为建立东亚经济集团会损害美国在东亚区域的经济利益，以及削弱其在东亚区域的政治、军事影响力。具体而言，美国比较担心的问题有：区域性融资安排缺乏透明度及不对美国公开、使美国在该地区倡导的改革受挫、摆脱与基金组织的关系以削弱美国对该地区的影响力等。但是，很多专家和学者的分析和研究结果说明，不论是东亚区域的经贸合作，还是货币金融合作，都将会给美国带来极大的潜在利益，美国的担心和忧虑是没有根据的，是不科学的。为了巩固自己在东亚经济合作中的绝对话语权和主导地位，美国更是在2011年提出建立TTP①，意欲将东亚区域经济贸易中与其关系密切的主要国家和地区笼络在自己主导的体系之中，便于维护自身利益以及对抗经济快速崛起并不断壮大的中国。不仅如此，不断升级的中美贸易摩擦更是体现了美国强烈的占有欲和控制欲。

总之，就美国对东亚区域有关经济金融合作的各项倡议所表现出来的反应以及所采取的措施来看，东亚经济一体化最终目标的达成也会为美国带来相当程度的经济利益，美国对东亚经济一体化中各项进程不持十分积极的支持态度。而美国决策者支持东亚区域金融合作的前提条件是区域性融资安排符合美国的大多数利益。

（二）与货币基金组织核心作用的联系

随着经济体量的快速增长，一方面，东亚区域的国家或地区在基金组织所占份额虽然比以前有所增加，但还远没有东亚区域经济增长的速度快。另一方面，自1997年亚洲金融危机以来，东亚区域经济体受区域内外金融危机影响和波及，自身濒临危机的风险也在不断增加，与之对应的是东亚地区经济体在不断提高贸易与金融的对外开放程度以增强防范和抵御金融危机的能力，而东

---

① TTP，跨太平洋战略伙伴关系协定，该协定中不包含中国。

亚国家在基金组织所占份额的增加也没有与之一致。由此可见，基金组织在东亚地区分配的资源份额与东亚区域本身的实力水平和自身需要存在一定程度的不一致和不匹配，需要基金组织在政策机制和结构程序等方面进行改善和提升，而这就增加基金组织的工作负担和任务压力。对此问题的有效解决途径就是依靠东亚国家自我组织程序下的协调互助。因此，从这个角度而言，基金组织和东亚金融合作安排之间的关系是互惠互利的分工合作和互助互补的关系。

就"清迈倡议"而言，其与基金组织的关系也比较微妙。"清迈倡议"比较重视与基金组织的关系，因为"东盟+3"的货币互换在很大程度上是与基金组织便利挂钩的。从基金组织对东亚区域货币金融合作项目的态度上看，表现出由反对转为支持的变化趋势。从实力范围的影响上看，东亚区域或金融合作与国际基金组织之间并不存在竞争和替代关系，东亚金融一体化的兴起和发展并不会削弱国际基金组织在东亚区域的利益地位和活动安排。从实质内容上看，"清迈倡议"所包含的东亚双边货币互换不仅是对基金组织执行主体和资金资源的一种有效补充，也在基金组织对于关系区域经济发展的项目规划之中，双边货币互换协议90%金额的启用与基金组织的规划目标相一致，由此也获得了基金组织的支持。

各级不同区域范围的基金组织则是国际多边金融关系的组织中心和协调中枢。尽管基金组织由于能力范围的原因，在调整政策和贷款条件等方面存在这样或那样的不足，但基金组织经历数十年的演变和实践，证明其在维护国际金融稳定和促进国际金融货币合作等方面发挥了不可替代的积极作用。总体来讲，任何区域性安排都不应削弱基金组织的核心作用，而要维护基金组织在国际金融关系中的核心地位[①]。

基金组织应该根据东亚地区国家不同的国情，一方面，有所区别地实行有效的监督，同时完善基金组织对国别监督的政策和程序，开展更灵活、更具有针对性的宏观经济金融政策，进而加强对东亚区域整体经济和金融流动的监督与政策协调。另一方面，基金组织应充分发挥其拥有的强大资源和丰富经验，在人力、财力和技术上对"东盟+3"给予一定的支持和帮助，建立和发展满足东亚区域国家货币金融合作不同时期的发展需要，以及适应东亚区域经济一体化进程的区域监督机制和程序。这种分担和互补也有助于基金组织自身专业性和工

---

① C. 兰德尔·亨宁. 东亚金融合作 [M]. 陈敏强译. 北京：中国金融出版社，2004.

作范围的更大提升，使基金组织可以更多地关注全球性的经济金融问题，特别是加强对在全球经济金融中具有重要影响的主要工业国家经济与政策的监督。

第四节　东亚债券市场的发展

东亚区域货币金融合作安排，除了开展双边或多边货币互换以促进区域性融资便利化程度外，还应该在融资渠道和融资方式的扩大和增加等方面有所开拓和创新，而就融资方式而言，除了货币市场这一常用渠道，资本市场在融资规模和融资期限上更具有明显的比较优势。对于一定规模和一定情况下的融资需求，资本市场不但具有较高的融资效率，还发挥分散风险和专业化管理的作用。实际上，东亚地区已经开始启动若干旨在培育国别和区域债券市场的倡议。

亚洲合作对话（ACD）、东亚及太平洋该地区中央银行行长级会议（EMEAP）、亚太经济合作组织（APEC）及"东盟+3"（其中"3"指中国、日本和韩国）均起到了在这个领域进行研究和规划的作用。

债券市场是东亚金融合作的重要议程之一，属于区域资本市场发展领域。发展东亚债券市场是基于这样一个普遍认识：东亚各国普遍保持着贸易盈余，然后再把不断增加的外汇储备的相当一部分投入到美国债券市场；另外，东亚经济体的许多外资又来自美国债券市场，这就形成了东亚区域金融资源的整体区外循环，东亚区域外汇储备均流出本区域。因此，通过发展东亚区域债券市场，使东亚区域各国及地区的金融资本流回区域内部，进而在资金流动结构中逐渐形成东亚区域资本、资金区内循环。

亚洲债券基金（ABF）的建立始于2003年6月召开的东亚及太平洋地区中央银行行长级会议。该基金规模约10亿美元，由11个成员国提供资金，其管理部门为国际清算银行。成立以来，亚洲债券基金的自身规模和使用范围得以不断扩大，对东亚区域内各国及地区的债券市场起到了极大的支持作用，有效地促进了东亚各国私募、公募债券市场的发展，而更具有深远意义的是，亚洲债券基金的建立和实施除了对东亚地区债券市场发展起到直接的推动作用，还在东亚区域各国和地区间原本存在差异性的制度和监管等基础条件方面起到了协调和优化的作用。亚洲债券基金是一种区域化的组织，是区域内具有较高人力层次和专业技术层次的金融资源聚集体。其采用的多边国际金融组织秩序的严格标准和高效管理在东亚区域内产生一种示范效应，使处于不同发展程度和层次的资本市场获得学习机会，进而有利于区域内市场制度和监管设施的改善和趋同，从而为东亚金融一体化的发展铺平了道路。

发展东亚区域债券市场的意义不仅体现在金融资源区域内部循环上，还有利于东亚区域金融深化发展的多个层面，包括：改变东亚区域经常账户、资本账户对美元的高度依赖；通过发展区域内资本市场改善区域在整体上以间接融资为主的金融体系；增强区域整体抵抗外部金融危机冲击的能力；进一步实现东亚区域金融深化进而为货币金融合作乃至金融一体化提供基础条件；等等。

即便如此，不得否认的一点是，由于东亚区域内部各国家及地区之间在金融市场基础环境的发展中具有差异性，它们在融资结构中由于自身存在的种种问题也各有特点，因此，建立和发展东亚债券市场的目标必然会面临较大的困难和挑战，东亚区域债券市场的正常稳健发展也必然是一条漫长而曲折的道路。

第十一章
东亚区域继续深化货币金融合作的条件基础

本章主要阐述东亚区域货币金融合作对东亚区域经济一体化的作用和意义，将以货币金融合作的概念层次为顺序，从理论上分析东亚区域货币金融合作对东亚区域各国家或地区的政策启示。

第一节　全球化提供了前提条件和发展契机

从 20 世纪 80 年代末开始，世界经济出现了两大引人注目的新趋势：一个是全球经济一体化逐渐开始萌芽并扩大，另一个则是区域双边或多边经贸合作的遍地开花。一方面，随着全球化思想的提出，以 WTO 组织为核心，倡导自由贸易原则，组织自由贸易协议安排，全球性自由贸易被广泛接受，各个国家或经济体都积极主动地加入到全球性自由贸易活动中；另一方面，随着区域双边或多边经贸合作的开展，区域化也开始"抬头"，区域化经济合作组织相继成立，区域化发展成为自由贸易体系中的另一部分体系。值得注意的是，区域化的发展似乎有超越全球化发展的趋势，其延伸范围更加广泛，表现形式更加灵活，发展趋势越来越明显。

尤其是进入 21 世纪，在产品内分工主导的贸易模式下，全球价值链集高效率、专业化、低成本的优势于一身，成为全球化经济发展的主要平台和集中体现。全球价值链实现了整合全球生产资源以创造最大化价值，同时为参与其中的国家或经济体带来最便捷的全球化体验以及最高效的利益创造。在全球价值链的集中组织下，全球化所带来的经济效益有目共睹，全球化趋势已深入人心，发展如火如荼。与此同时，各个国家或者经济体之间在生产分工协作中建立起相互交织、互相依赖的价值分享关系，这就为区域经济合作的发展注入了新的发展契机和联系纽带。

那么，一方面是全球化的集中推进、另一方面是区域经济一体化的自由生长，一个是整体大局、另一个则是个体利益，这一对看似矛盾的经济发展趋势为什么能够并行发展呢？对于世界所有经济体这个共同的大家庭而言，经济全球化和区域经济一体化这两种经济发展特征是否会存在此消彼长的关系？又或者，经济全球化和区域经济一体化在具有某种并行不悖的逻辑联系？这些问题都需要我们在深刻理解这两对表面特征背后的真正意义基础上进行具体而深刻的剖析。

概括而言，全球化和区域经济一体化在以下几点上存在一定的逻辑联系：一是不论是全球价值链，还是区域经济一体化，相关国家和经济体之间都是其中的利益共同体；二是全球化为区域经济一体化提供了前提条件和发展契机；三是区域经济体一体化对全球价值链的纵深发展形成一定的补充。

从 20 世纪后半期全球化趋势开始显现并逐渐发展演化的过程中，发展至今，逆全球化主义在特朗普的贸易战硝烟中有所抬头。当今全球经济发展处于一个不均衡、不稳定、充满不确定的环境中，各经济体间经济实力对比不断变化，差异差距有所加大，整个世界经济政治格局犹如一盘变化莫测的棋局，其间不乏险境，但也有很多机会。所以，东亚经济一体化在其前进进程中也存在着机遇和挑战。但是，东亚经济一体化进程和发展问题，首先应该是其在世界经济中扮演何种角色和发挥何种作用的问题，东亚区域不是一个独立的经济体，而是全球化浪潮中重要的组成部分以及强大的经济增长引擎。

东亚经济一体化有其产生背景，也有其发展必要性和必然性。对内符合东亚区域各经济体的经济利益诉求，对外也紧紧嵌套在以全球价值链为核心的错综复杂的全球贸易流动、金融联系传导的网络之中，东亚区域经济一体化注定是一个不容忽视和轻视的问题。

第二节　东亚区域总体经济发展水平和增长前景

根据国际货币基金组织（IMF）在 2018 年第一季度末发布的《世界经济

展望报告》预计,未来两年间,全球经济平均增速将均为 3.9%。其中,新兴市场和发展中经济体的预期经济增长将远高于发达经济体的经济增速,前者几乎将达到后者的两倍。而亚洲新兴市场和发达经济体的经济增长前景更为乐观,在全球经济发展态势中遥遥领先,依然是全球中经济增长最具活力和潜力的地区。作为亚洲市场的主力军,中国经济又一次彰显出强劲的实力基础和强大的发展动力,其在 2018 年和 2019 年的经济增长预期分别为 6.6%和 6.4%,高于欧美发达经济体预期经济增速的两倍多(见表 11-1)。

表 11-1 2018~2019 年世界主要经济体经济增长展望比较

区域	经济增长(%)	
	2018 年	2019 年
全球	3.9	3.9
发达经济体	2.5	2.2
美国	2.9	2.7
欧元区	2.4	2
新兴市场和发展中经济体	4.9	5.1
亚洲新兴和发展中经济体	6.5	6.6
中国	6.6	6.4

资料来源:IMF. 世界经济展望,2018.

中国在 2017 年增速超预期后,2018 年增速预计将放慢至 6.5%。除中国外,预计亚太地区其他发展中国家 2018~2020 年增速将稳定在 5.3%,主要驱动因素是内需。预计泰国和越南 2018 年增速保持稳健,2019~2020 年逐渐放慢,因为内需增强只能部分抵消净出口增长减速的影响。印度尼西亚因投资和私人消费前景改善,增长应能保持稳定。预计菲律宾 2018 年增速放慢,但预期的公共投资规模扩大将会在中期促进增长。马来西亚增速预计会随出口增长放缓而减慢,在取消了两个大型基础设施项目后公共投资出现减少。

东亚地区较小经济体的增长前景继续保持稳健,预计 2018~2020 年柬埔寨、老挝、蒙古国和缅甸各国年均增长 6%以上。东帝汶在解决了政治僵局之后预计将恢复增长。巴布亚新几内亚在 2018 年上半年遭受大地震后预计 2019 年增速将回升。太平洋岛国虽然极易遭受自然灾害冲击,但预计增速将会保持相对稳定。

世界银行东亚太平洋地区首席经济学家苏迪尔·谢蒂说："东亚地区大部分经济体的区域和全球一体化程度，增加了它们面对外部冲击的脆弱性。继续稳健增长面临的主要风险包括保护主义升级、金融市场动荡加剧，及其与国内财政金融脆弱性之间相互作用。在这种风险上升的大背景下，东亚太平洋地区发展中经济体需要利用各种可用的宏观经济、审慎和结构性政策，缓和外部冲击，提升潜在增长率。"

第三节　东亚区域金融市场发展

总体而言，东亚区域金融深化对区域内金融市场发展的作用主要体现在以下四个方面。

一、东亚区域内金融市场资源的优化配置

自 20 世纪 90 年代以来，随着产品内分工模式的扩大和流行，全球价值链主导的全球化生产分工网络逐渐形成，东亚区域各国在加入全球价值链分工体系的过程中，相继实现了经济快速发展，其经济成果令世界惊叹。一方面，东亚区域经济蕴含的巨大增长潜力吸引了以欧美国家为主的区域外部国际投资，全球价值链的价值创造机会和利益共享机制驱动诸多跨国企业纷纷布局东亚市场，东亚区域各国或地区的外商直接投资得到不断积累。另一方面，欧美等金融发达国家的大型国际管理基金也积极抢滩东亚地区，它们在扩大资产配置范围的基础上实现了更大程度的风险分散。马什（1999）通过实证检验证实了无论短期还是长期，欧美金融市场与东亚区域内主要金融市场均存在显著的联系。

就东亚区域整体金融市场而言，其对区域外部金融市场的依存度较高。这是由于东亚区域各国或地区大量积累起来的外汇储备及其主要投资于美元和欧元计价的长期债券等特点导致的。正如前文所进行的分析，东亚区域经济高速增长来源于全球化产品分工体系中的价值创造，生产分工的必然结果是产品内贸易的频繁化和扩大化。长期保持的经常账户盈余和直接投资的流入，使东亚

区域积累了大量的外汇储备。截至 2007 年 5 月,东亚经济体的外汇储备年净增额在 2000 亿美元以上①。同时,东亚经济体投资于欧美长期债券市场的资金又通过短期游资的形式流回东亚区域。我国香港特别行政区原财务长官曾荫权早在 2005 年曾经估算,东亚区域主要国家及地区投资于欧、美债券市场的年收益最多仅为 4%,而这些回流的短期投机资本在东亚地区的收益率能够高达 10%~15%,这说明东亚金融资源的配置效率极低。由此可见,东亚区域资金如果按照流出—流入循环中的机会成本计算,总体收益率为负,但是这一循环仍然在不断进行,其原因主要在于东亚区域内部缺乏一个完善、发达的金融市场,因而不能提供充足的金融资产和有效的投资渠道。东亚各国虽然普遍具有高储蓄率的特征,但是储蓄转化为投资的效率较低,区域内各国及地区对欧美金融市场的依赖性较强。

不难看出,东亚区域金融深化有利于促进区域内金融资源的优化配置和区内流动,随着区域内金融资本形成较高程度的循环,可以改变区域内资本严重依赖区域外金融市场的状况,一方面提高区域内资本的配置效率,另一方面实现区域内资本增值收益的区内分享,为东亚区域经济增长增加一条新的渠道。

二、改善东亚区域各国及地区金融市场发展水平

从区域金融深化角度来看,东亚区域金融发展水平较低,金融市场发展结构不平衡,个体差异较为明显。就经济发展而言,东亚区域内各经济体之间存在着发展起步早晚不同和水平高低之分,东亚区域不乏存在经济比较发达的经济体和经济欠发达的经济体。与此相对应,在金融市场发展水平上,东亚区域既存在金融市场较为发达的国家和地区,如日本、新加坡、中国香港等;也存在金融市场欠发达的国家,如老挝、越南等,除此之外,东亚区域的其他国家和地区的金融市场则是介于中间某个发展水平上。

由于金融体系不完善,导致东亚区域金融资产形成不足,以及区域金融市场的对外依赖性。理论上,开放资本账户、放松资本流动管制,将使一国居民能够有更多机会接触海外金融市场,在家庭部门和企业部门的投资组合中更加自由地配置资产,以实现更加分散化的投资组合,从而减轻各种潜在金融危机的影响和冲击。这种微观机制使得实行金融市场开放制度的国家间赋予其居民相互持有

---

① 国际货币基金组织 IMF 的国际金融统计,2007 年 5 月。

海外金融资产，国家间经济波动的非对称性得到一定对冲和平滑。然而，资本自由流动只是一种制度设计，为居民提供了一种机会，是否形成真正的资本流动，要受到很多因素的影响和制约。如果资本流入对象国的金融市场能够提供种类多样化、数量充足的金融资产和投资工具，那么资本流动的持续增长一定成为必然。对东亚区域国家的投资资本而言，长期的经济增长积累起来的庞大的外汇储备急于寻找投资对象，而欧美国家的金融市场恰恰满足上述条件，这就解释了为什么东亚区域金融资本的流动特征是区域外循环，而不是流向区域内部，更不可能在区域内循环。

因此可见，东亚各国金融市场的发展水平是推进区域金融深化的必要前提。东亚区域各国或地区只有根据本国金融市场发展水平不断推行金融改革，进而实现国家和地区之间金融市场的和谐统一发展。

三、提高金融市场的规范化程度

众所周知，由于东亚区域的各个国家在发展历史、发展时间、经济基础、法律环境、制度体制等方面情况各异，特征不一，东亚区域内不论在制度层面还是在内在需求上还远没有形成统一的金融市场，东亚区域内市场基本处于分割状态。东亚各国在市场运行和规制方面存在差异，并且金融市场的税收、法律制度、公司治理结构及文化等方面也存在较大差异，这些不和谐、不均衡因素都不利于金融资产的跨国流动、跨区域流动。

除此之外，由于历史发展轨迹不同，东亚地区的金融监管标准与国际标准，在最初发展的理念和框架安排上就存在很大不同，因此发展至今虽然经过学习经验的不断积累和大刀阔斧的改革创新，但东亚区域普遍状况与国际前沿标准之间仍存在很大差异。并且，东亚区域内部还存在国别差异。从金融产品审批制度来看，东亚地区每一种金融产品在被允许进行跨国交易前，必须进行个案审批和注册，东亚区域形成许多妨碍金融产品相互贸易的限制性壁垒。例如，一家卢森堡注册的共同基金在爱尔兰证券交易所上市，再到东亚地区交易，其交易成本要远远小于一家中国香港建立的共同基金获得批准并在东亚其他国家或地区进行交易所耗费的交易成本。反之，东亚区域范围内一国或地区的金融产品到区域外部金融市场交易也比在区域内部交易要节约交易成本。

因此，东亚区域国家或地区应该针对各自金融市场的发展水平以及存在的问题和不足之处，将区域化发展作为其金融体系国际化的首要目标，加强区域内各国或地区的货币合作和金融合作,推进金融政策和监管制度的趋同,早日实现区域内金融市场规范制度的对接、发展水平的融合。

四、东亚区域内部金融市场结构的同质化发展

金融市场结构主要分为两大类,间接融资市场和直接融资市场,二者之间的比例决定了金融市场的体制类别。如果间接融资占据市场内总融资比例的绝大部分,该金融市场为银行主导型;与之相反,如果直接融资比例较大,则该金融市场被称为市场主导型。

就东亚区域来看,一方面,总体来看,东亚国家的金融市场结构大多为银行主导型的金融市场,融资方式以间接融资为主,资本市场发展水平较低;另一方面,由于国别经济发展水平参差不齐,各有特征,因此区域内部各国或地区的金融结构存在巨大差异,东亚区域内不同国家和地区间进行交叉资产配置的灵活性不高,现实可操作空间有限,实际形成的跨国跨地区金融资产规模不均匀,也缺乏对称性。东亚区域国际金融资产的流入和流出集中于少数几个经济体,例如新加坡、中国香港、日本、中国、韩国等,国际金融资产在东亚区域内部配置极不均匀。

东亚区域只有持续不断地加强加深国家、地区之间的货币金融合作,实现各国、各地区之间金融结构的同质化发展,才能进一步实现金融深化,为统一货币和金融一体化提供必要的条件基础。

第十二章
东亚货币金融合作前景展望

随着 2007 年底爆发的美国次贷危机迅速向国际间传导并蔓延成为国际金融危机，东亚区域国家和地区也未能幸免，受到了不同程度的冲击和影响。在这一新背景下，东亚区域货币金融合作在进程中又获得一个更大的推动力，被东亚区域内相关政府首脑以及学术界的专家学者所重视。东亚国家以央行财长为主要出席人的政府官员围绕该问题进行了多轮磋商与对话，东亚区域货币金融合作的模式和趋势问题成为商讨的核心热点。

第一节 东亚区域经济格局的变化趋势

随着东亚区域经济一体化进程的不断推进，东亚区域的经济格局也发生了快速变化，变化的趋势主要体现在本区域整体经济发展情况、区域内经济实力对比以及与美国之间经济利益联系等方面。在具体内容上，可以概括为以下五点：一是在全球经济格局中，东亚区域的经济影响力不断增强，国际地位大大提升；二是在东亚区域生产网络的纵深发展下，东亚区域各经济体间的依赖关系更加融合；三是在东亚区域经济格局内部，中国整体经济实力迅速提升，已经取代日本成为东亚区域经济增长的核心；四是东盟国家近年来在参与国际分工合作中表现出来较大的经济潜力；五是中美日之间的经济依赖关系不断调整和改变。

一、全球经济地位快速攀升

进入 21 世纪以来，东亚区域在全球经济舞台上表现出极大活力，经济增长速度之快令世界瞩目，东亚区域已经成为全球经济增长的新引擎。东亚区域在全球经济舞台中发挥的作用越来越大,不仅实现了经济快速增长,还在世界经济普遍遭受危机冲击下表现出巨大的经济增长潜力。东亚区域因此在全球经济中的地位快速攀升,影响力不断扩大。

(一) 东亚区域经济快速增长

从20世纪80年代起,东亚区域内大多数国家相继实施"外向型"经济发展战略。受益于该战略带来的国际贸易和FDI的双重扩大,东亚区域国家参与了更多的国际经济合作,不仅在国际生产分工中分享了全球资源配置下的利益分配,而且依靠本区域资源禀赋的比较优势创造出更大的财富价值。进入21世纪,随着中国加入WTO后成为世界经济舞台中经济增长势头最为强劲的国家,东亚区域的整体经济实力更为强大,经济增长趋势也得到有力支撑。

图12-1显示了东亚区域在2001~2010年10年实际GDP增长率的变化趋势。可以看到,在21世纪的最初三年,东亚区域整体GDP增长率从2001年的大约1%快速增长到2003年的7.5%,增长幅度高达6.5个百分点。在随后的五年,虽然东亚区域的GDP增长率表现出上下波动的不稳定情况,但是总体幅度仍然保持在5%以上,在世界范围内仍然处于领跑地位。在2000~2007年,东亚地区的平均实际GDP增长率达到6.3%,相比之下,具有世界经济霸权地位的美国却只有2.7%[1]。

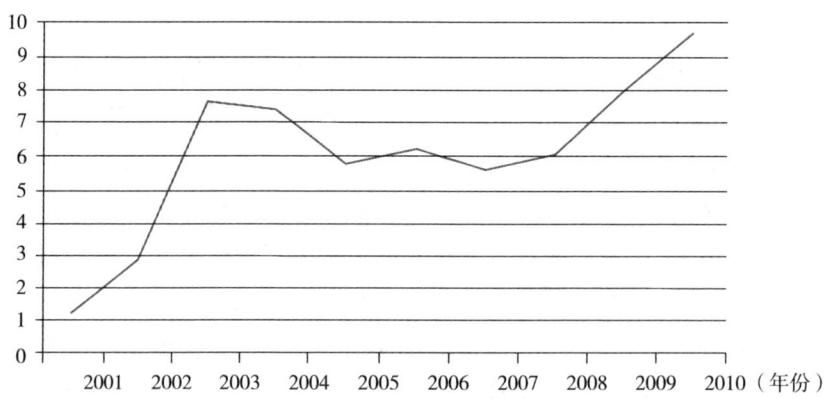

图12-1 2001~2010年东亚区域整体GDP增长率变化趋势

资料来源:笔者根据IMF相关数据进行加总计算并绘制。

---

[1] 世界银行WDI数据库。

在世界经济舞台中,美国、欧盟和东亚区域三足鼎立,构成了全球三大经济板块。按当年名义汇率计算,2010年,美国的GDP为14.6万亿美元,欧元区的GPD为12.2万亿美元,东亚区域(东盟10国+中日韩)为14.2万亿美元,这三大经济体创造的GDP合计达到41万亿美元,占到同年全球经济总量的2/3[①]。除此之外,东亚区域的经济地位和影响力还表现在国际贸易活动中。在2009年的全球贸易中,欧盟占据35.1%,东亚占据26.3%,美国占据12.8%。东亚区域在国际贸易中的全球份额虽然低于欧盟,但明显高于美国。而且,按照它们各自的经济增长趋势,这三大世界经济中心的经济格局还将延续,而且东亚区域的绝对实力优势将显露无遗。

由此可见,东亚区域在经济快速增长之下,整体经济实力不断提高,经济总量已经超过欧盟经济体,并与美国呈抗衡之势,在全球经济发展中已经占据举足轻重的地位。

(二) 东亚区域成为全球经济的新增长极

虽然美国、欧盟和东亚区域共同构成全球经济的三大板块,但是这三大板块在各自的经济发展态势下,经济实力、经济增长速度以及全球地位的对比是处在动态变化之中的。2008年爆发的全球金融危机导致欧美等发达经济体受到严重冲击,世界经济格局由此经历了剧烈转变。

在此次危机影响下,全球经济经历了20世纪30年代经济大萧条依赖最为严重的一次经济衰退。根据有关数据统计,2008年全球实际GDP增长率比2007年下降了约2.6个百分点。其中,美国和欧元区受此次全球危机影响最大,经济严重下滑,甚至在2009年均出现了GDP负增长的情况。据统计,美国和欧盟在2008年和2009年的GDP增长率分别为0.0%和-2.6%以及0.4%和-4.1%,但是,在欧美经济体经济疲软、增长乏力的状况下,东亚区域却在经受了危机波及的影响后,继续回归经济增长轨道。虽然在恶劣的全球宏观经济环境下,2008年和2009年,东亚区域的实际GDP增长率却达到5.8%和7.8%,依旧处于上升通道中。由此,东亚区域的经济增长潜力在此次危机中已初步显露。

2010年起欧美经济体开始走出经济危机的阴影,逐步进入新一轮经济增长。但是,由于金融危机带来的影响过于强大,以及随后欧元区又爆发了以希

---

① 江瑞平、竺彩华(2012)。

腊为导火索的主权债务危机，导致欧美国家的经济增长势头极不稳定。如表 12-1 所示，2010~2013 年，美国和欧盟 27 国 GDP 增长率均呈现出先下降后上升的"V"形走势，虽然上升和下降的幅度以及时间并不一致，但是明显都低于世界平均经济增长率水平。

对于东亚地区而言，2011 年日本由于"3·11"大地震而遭受了严重的经济损失并通过东亚生产网络波及影响了东亚区域其他国家和地区的经济运行，日本在该年出现了 GDP 负增长，东亚区域（除日本外）的经济增长率也在全球经济危机后出现了第一次下降，但是，即便如此，东亚区域的经济增长率仍然高于世界平均水平，并在随后的两年间继续快速上升。通过与世界平均 GDP 增长率的对比，东亚区域的经济发展实力已经表露无遗，而且，根据日本贸易振兴委员会（JETRO）对世界经济走势的预测，2014 年和 2015 年全球经济三大板块的经济格局还将延续，东亚区域将继续发挥拉动全球经济增长的引擎。

除此之外，非常值得说明的是，东亚区域的快速经济增长在很大程度上归功于区域内新兴发展中经济体（Emerging and Developing Economies）。这些新兴经济体不仅给东亚区域，而且为全球经济带来了不可比拟的经济增长动力。

表 12-1　2010~2015 年美国、欧盟、东亚 GDP 增长率的比较　　单位：%

年份	2010	2011	2012	2013	2014*	2015*
世界	4.6	3.7	3.4	4.5	4.7	4.1
美国	3.0	1.7	2.4	2.6	3.0	3.5
EU27	1.8	1.6	0.0	1.3	1.9	2.5
日本	4.1	-0.5	1.7	3.3	2.4	1.5
东亚	6.9	4.0	4.7	6.2	5.7	5.2

注：此处"东亚"的统计范围包括中国、韩国、中国香港、中国台湾、东盟 10 国以及印度，不包含日本。

资料来源：JETRO Global Trade and Investment Report, 2014。其中，2014 年、2015 年的数值为预测值。

以上分析充分证明了，随着 21 世纪以来世界经济的快速发展，全球经济格局发生剧烈变动，世界经济增长的核心已经从西方发达国家转移到东亚区域。东亚区域尤其是东亚新兴经济体表现出的坚挺经济实力以及深厚发展潜力，成为拉动全球新一轮经济增长的生力军。

二、区域内部各经济体之间的依赖关系更加融合

东亚区域高速经济增长以及其在全球经济范围的影响力不断增强,是东亚区域各经济体共同努力经济合作的结果,而连接东亚区域内部经济合作的核心和枢纽,就是东亚区域生产网络。在全球价值链的覆盖和影响下,东亚区域生产网络更加发达,由此而扩大的区域内贸易网络使区域内部各经济体之间逐渐形成更加紧密的经济依赖关系。这也成为东亚区域经济一体化继续向前发展的基础和动力。

(一) 区域内贸易扩张速度不断加快

毋庸置疑,东亚区域经济快速发展、整体实力不断上升的主要推动力之一就是贸易规模的迅速扩大。东亚区域的贸易扩张过程从20世纪60年代开始由来已久,在此过程中区域内贸易模式也经历了发展变迁。在不同的贸易模式中,东亚各经济体发挥的作用和扮演的角色都不同,从而也在很大程度上造就了东亚区域不同的经济格局。

从20世纪60年代起,东亚经济体相继实现令世界惊奇的高速经济增长,被世界银行称为"世界奇迹"。进入70年代后,韩国、中国台湾、中国香港和新加坡等新兴工业经济体也不断实现经济腾飞,同时东盟经济也开始在世界舞台崭露头角,由此,在东亚区域内部,逐渐形成了以日本为"雁头"、"亚洲四小龙"和东盟经济体为"雁身"、中国和东亚其他经济体为"雁尾"的"雁阵形"贸易模式。在此模式中,产业间分工和产业内分工方式并存,日本经济核心地位显著,区域经济发展不平衡,资金和技术引进渠道单一。

从20世纪90年代开始,垂直专业化生产分工形式开始出现并迅速流行,很多跨国公司纷纷利用自己在海外各国的分支机构或者合作伙伴建立供应链网络,逐渐形成全球一体化生产网络并导致了中间品、最终品和服务的全球贸易网络的发展。在此过程中,东亚区域的"雁阵形"贸易模式开始出现瓦解并逐渐向"三角贸易"转变。在"三角贸易"模式下,日本和新兴经济体(NIEs,包括新加坡、韩国、中国香港、中国台湾)主要向中国和东盟出口中间产品,中国和东盟在对其进行加工生产之后将最终制成品出口到美国和欧盟。与此同时,东亚区域各经济体间在垂直专业化分工主导下实现了中间品贸易规模的不断扩大,成为东亚区域内贸易扩张的主要特征以及支撑东亚区域经济快速增长的核心动力。

表12-2列示了2000~2012年东亚、欧盟和北美三个区域货物贸易的变动情况。显而易见，东亚区域的区域内贸易额从2000年的8007.2亿美元增长到2012年的23984.7亿美元，增幅将近2倍；而同一时期，EU27从13913.1亿美元增长到30290.9亿美元，增幅仅为1.17倍；北美自由贸易协议（NAFTA）从6358.1亿美元增长到10098.6亿美元，增幅还不足1倍。不仅如此，东亚区域在世界范围内的总出口和总进口也急速扩张，在2000~2012年均增长了2倍左右。这在一定程度上证明了东亚区域在区域内贸易与区域外贸易之间、总进口和总出口之间都实现了平衡跨越式发展。

表12-2 2000~2012年东亚、欧盟、北美三个区域各自区域内贸易情况

单位：亿美元

	东亚区域			欧盟（EU27）			北美自由贸易区（NAFTA）		
	2000年	2008年	2012年	2000年	2008年	2012年	2000年	2008年	2012年
区域内贸易额	8007.20	18432.97	23984.66	13913.05	33406.29	30290.92	6358.10	9041.39	10098.60
区域总出口额	17153.12	39439.96	48446.45	21311.77	50021.59	49074.19	12132.61	19010.27	21582.75
区域内出口比重（%）	46.68	46.74	49.51	65.28	66.78	61.72	52.41	49.56	46.79
区域总进口额	14672.60	36415.02	48519.78	22802.21	55896.66	53486.05	16054.50	27164.74	29804.58
区域内进口比重（%）	54.57	50.62	49.43	61.02	59.76	56.63	39.60	33.28	33.88

注：区域内出口比重＝区域内贸易额/区域总出口额；区域内进口比重＝区域内贸易额/区域总进口额。

资料来源：笔者根据RIETI-TID数据库整理计算。

（二）区域生产网络中的依赖关系更加紧密

东亚区域内贸易规模的不断扩大以及增长速度的逐渐加快，归根结底是东亚区域各经济体之间大力开展经贸合作关系的结果。在以东亚区域生产网络为连接纽带的新型贸易格局中，东亚区域各经济体之间形成不同程度的上下游生产关系，也使得它们对东亚区域其他经济体的依赖关系更加紧密。值得说明的一点是，东亚区域各经济体间依赖关系的这种发展趋势既和市场需求有关，同时也离不开区域经济合作制度化的推进。随着第二轮多哈回合谈判陷入僵局，全球范围内相继形成一股建立FTA潮流。东亚区域也不例外，各经济体之间

纷纷签订建立多个自由贸易区协议。在一定程度上，东亚区域内部已经签署并实施的 FTA 也对参与成员国之间的经济依赖关系起到了促进作用。

表 12-3 列示了 2000~2012 年东亚各经济体的区域内进出口情况。总体而言，各经济体的区域内总出口和区域内总进口在此期间普遍实现了高度扩张，正是它们广泛参与垂直化生产分工、积极融入东亚区域贸易一体化体系的体现。在区域内总出口规模上，越南和柬埔寨的增长幅度极其显著，都高达 7 倍之多，其次是韩国的 2.8 倍以及中国的 2.7 倍。在区域内总进口规模上，越南同样显示出高于 7 倍的增幅，其次是印度尼西亚的 5.7 倍以及中国的 5.1 倍。

在表 12-3 所示的 13 个东亚国家（或地区）中，有 10 个国家（或地区）的区域内出口比重和 8 个国家（或地区）的区域内进口比重有所提高。不论是区域内进口比重还是区域内出口比重，都代表着东亚区域各经济体对区域内市场或者是区域内其他经济体的依赖程度，从一个侧面反映出东亚区域贸易一体化的发展趋势。其中，向东亚区域出口份额增幅最大的是菲律宾，从 49.8% 上升到 69.5%，增加了近 20 个百分点；其次是中国台湾，从 50.1% 上升到 66.8%；再次是日本，从 41.1% 上升到 54.8%。从东亚区域进口份额增幅最大的是文莱，从 39.6% 上升到 77.7%，增加了 28 个百分点；其次是印度尼西亚，从 53.3% 上升到 65.0%，再次是越南，从 64.5% 上升到 74.8%。

由此可见，东亚区域各经济体在不断扩大区域内市场的同时，和区域内其他经济体间建立了不同内容、不同程度的经济合作关系，东亚区域经济格局变化总体趋于更加融合。这种趋于融合的经济格局也为东亚区域经济一体化进程的纵深发展奠定了坚实的利益基础。

表 12-3 2000~2012 年东亚区域各经济体的区域内进出口情况　　单位：%

	2000~2012 年区域内出口增长率	区域内出口比重			2000~2012 年区域内进口增长率	区域内进口比重		
		2000 年	2008 年	2012 年		2000 年	2008 年	2012 年
日本	118.4	41.1	50.0	54.8	134.4	40.7	38.2	41.9
韩国	281.3	46.6	53.2	58.3	202.3	42.7	43.3	40.4
中国	268.9	46.3	33.3	34.7	512.4	51.5	45.4	40.2
中国台湾	174.1	50.1	63.7	66.8	79.9	54.8	49.3	51.0
中国香港	22.1	38.8	46.4	47.5	107.3	79.4	79.3	74.0
印度尼西亚	209.8	58.8	60.5	62.5	573.2	53.3	64.9	65.0

续表

	2000~2012年区域内出口增长率	区域内出口比重			2000~2012年区域内进口增长率	区域内进口比重		
		2000年	2008年	2012年		2000年	2008年	2012年
马来西亚	190.6	55.2	60.2	67.9	147.7	62.0	60.6	63.4
菲律宾	121.5	49.8	69.2	69.5	118.6	56.5	60.6	63.5
新加坡	190.6	54.9	62.8	64.6	92.1	60.2	52.7	45.1
泰国	255.6	47.6	53.0	56.7	299.3	56.5	52.6	57.1
越南	750.1	48.0	40.1	47.0	742.1	64.5	76.2	74.8
文莱	238.6	81.7	82.6	75.8	223.6	39.6	56.0	77.7
柬埔寨	742.5	17.8	12.6	24.7	429.0	87.5	88.9	90.2

注：一国（或地区）区域内出口比重＝对区域内总出口/对世界总出口；一国（或地区）区域内进口比重＝从区域内总进口/从世界总进口。

资料来源：笔者根据RIETI-TID数据库计算整理。

三、中国取代日本成为东亚区域经济增长的核心

中国和日本作为东亚区域经济总量最大的两个国家，在东亚区域整体经济发展中占据着举足轻重的地位，二者在经济实力上的此消彼长关系影响东亚区域经济合作格局。在东亚区域整体经济的飞速发展中，区域内的经济结构以及贸易模式也历经了动态调整与演变。在全球价值链主导的国际分工模式下，日本早已不再是东亚区域"雁阵形"贸易模式中的"雁头"，虽然其在世界范围内依旧处于发达国家水平，经济实力不可小觑，但它对东亚区域经济增长的主导权正在逐渐丧失，取而代之的是作为新兴发展中经济体的中国，为东亚区域经济增长提供了主要动力和坚强支撑。具体而言，中日之间经济地位的变化主要体现在以下两点：一是二者在东亚区域生产网络中的地位变化，二是二者对东亚区域经济增长的实际贡献。

（一）中国和日本在东亚区域生产网络中的地位变化对比

在市场化特征鲜明的东亚区域经济一体化进程中，东亚区域生产网络无可非议地成为影响东亚区域各经济体之间经济依存的核心纽带。东亚区域生产网络在不同时期为东亚区域经济增长发挥着不同程度的作用，中国和日本在其中的地位变化也影响着它们经济实力的调整和改变。

1. 日本处于领导地位的"雁阵形"生产网络时期

20世纪60年代后，战后的日本经历了飞跃式发展，成为东亚地区经济实

力最强的国家。20世纪80年代后，东亚经济繁荣发展，在世界上表现出极大的活力。韩国、中国台湾、中国香港和新加坡等新兴工业经济体也不断实现经济腾飞，同时东盟经济也开始在世界舞台崭露头角，由此，在东亚区域内部，逐渐形成了以日本为"雁头"、"亚洲四小龙"和东盟经济体为"雁身"、中国和东亚其他经济体为"雁尾"的"雁阵形"增长模式。此阶段东亚经济主要特征：外向型发展战略，以FDI为发展纽带，实现与美国、西欧等外部经济体的资金和技术对接，与此同时，日本的经济核心地位仍然显著。区域经济发展不平衡，资金和技术引进渠道单一。

2. 中国逐渐在"三角贸易"模式中崛起成为东亚区域的主要支柱

在垂直专业化分工的推动下，东亚区域由"雁阵形"生产网络支撑的贸易格局开始逐渐向"三角贸易"转变。20世纪90年代后，格局开始第一次变化。在这种贸易格局下，日本和"亚洲四小龙"（包括新加坡、韩国、中国香港、中国台湾）主要向中国和东盟出口中间产品，中国和东盟在对其进行加工生产之后将最终制成品出口到美国和欧盟。

随着中国改革开放战略的不断深入，中国凭借自身的劳动力资源优势以及种种税收优惠政策成功地吸引了大批跨国公司来华投资，中国的加工贸易产业也从最初的来料加工、简单加工装配业务发展到高技术产品加工贸易出口迅猛扩大的局面，加工贸易出口占据中国出口总额中的半壁江山，中国也由此成为"世界工厂"，"新三角贸易"的新型贸易结构在东亚地区自然形成。与"三角贸易"不同的是，"新三角贸易"更加凸显了中国取代东盟作为东亚地区出口平台的作用地位（李晓等，2005）。中国作为东亚"新三角贸易模式"的核心枢纽，承担着进口区域内其他经济体生产的中间产品，进而加工制造成最终产品出口到东亚区域之外的重要角色。中国作为东亚生产网络的最终出口平台，不仅实现了自身经济的迅猛增长，还通过东亚贸易模式带动了整个东亚区域经济的振兴与繁荣。

（二）日本对东亚区域经济增长的贡献显著下降

从20世纪50年代开始，"战后"的日本大力发展工业，恢复经济，经济实力迅速扩大，国际地位快速提升，在东亚区域率先步入高速增长时期。凭借财富积累，日本在60年代末已经发展成为世界第二大经济体，并且奠定了其在东亚区域经济中领导者的地位。在随后逐渐形成的"雁阵形"分工模式中，日本引领"东亚四小龙"（即韩国、新加坡、中国台湾和中国香港）以及东盟四国（即

ASEAN 的雏形，包括印度尼西亚、马来西亚、泰国和菲律宾）和中国共同实现了令世界惊叹的"东亚奇迹"。进入 20 世纪 90 年代初，在经济泡沫的恶性破灭以及随后"广场协议"的共同夹击下，日本经济开始陷入长期萧条之中，由此经过了"迷失的十年"。虽然日本经济并没有因此而一蹶不振，而是仍然保持着增长趋势，但与 90 年代之前的辉煌业绩相比，经济衰退的阴影至今尚未彻底抹去，该时期的实际 GDP 增长率平均徘徊在 1% 左右。

进入 21 世纪后，中国开始爆发出强大的经济发展潜力，经济增长率连年高涨，经济实力迅速增加。不可否认，近十几年来东亚区域在世界范围内不断提升的经济地位与中国令人瞩目的持续经济增长密不可分。2008 年以来，中国已经超过美国和欧盟，成为拉动世界经济增长的第一大引擎（刘世锦等，2014）。不仅如此，中国更是在 2010 年不仅创下了 GDP 增长率的最高纪录，而且取代了日本成为全球第二大经济体，当之无愧地成为东亚区域的经济强国和增长中心。

相比之下，受到 2008 年全球金融危机的严重冲击，日本实际 GDP 增长率在 2008 年和 2009 年分别为 -1% 和 -5.5%，创下战后最坏纪录。但是，在 2010 年刚实现经济正增长，2011 年"3·11"大地震使日本经济再次受到重创，导致全年的 GDP 增长率为 -0.9%。由此，日本经济实力严重下降并导致国际地位快速下滑，日本已经无法再为东亚区域的经济增长提供有力支撑，其在东亚区域的经济领导地位几乎完全被中国取代（见表 12-4）。

表 12-4　2008 年后日本和中国的 GDP 增长率变动趋势　　单位：%

年份	2008	2009	2010	2011	2012	2013	2014*	2015*
日本	-1	-5.5	4.1	-0.5	1.7	3.3	2.4	1.5
中国	9.6	9.5	10.4	9.0	8.1	9.1	8.8	8.3

资料来源：JETRO Global Trade and Investment Report，2014。其中，2014 年、2015 年的数值为预测值。

四、东盟国家的经济发展潜力不断凸显

东亚区域生产网络的分工合作经历了从"雁阵形"到"三角贸易"的模式转变。在此过程中，东盟国家作为主要参与者，随着贸易分工的扩大以及贸易往来的增多，在区域生产网络中的重要性不断上升，而且承担的角色也随之

发生微妙变化。

(一) 东盟国家的区域内贸易比重普遍较高

从表 12-3 中可以看出，2000~2012 年，在东亚区域内贸易整体结构中，东盟国家的区域内贸易比重普遍高于其他东亚经济体，成为东亚区域内贸易密集度的新增长点。其中，马来西亚、印度尼西亚、新加坡、泰国、文莱等国家在区域内出口比重上具有较高水平并保持增长，而文莱和越南则在区域内进口中比值较高，并且增长趋势也十分明显。这说明东盟国家虽然在东亚区域生产网络中依靠自身的比较优势而处于不同的上下游分工地位，但整体上均表现出极大的发展潜力，在东亚区域贸易一体化进程中发挥着生力军的作用。

(二) 东盟与区域其他国家之间的中间品贸易不断扩大

东亚区域生产网络高度发达导致的一个直接结果就是东亚区域各经济体间中间品贸易的频繁与扩大。在全球价值链分工主导的新型贸易模式中，中间品贸易结构最能体现区域生产网络中的地位作用与经济联系。

2008 年全球金融危机之后，日本分别向中国、"亚洲四小龙"的中间产品出口比重以及"亚洲四小龙"向中国出口中间产品的比重都呈现出下降趋势，而日本、"亚洲四小龙"以及中国向东盟出口中间产品的比重却呈现出上升趋势。其中，"亚洲四小龙"向东盟出口中间产品的份额从 2001 年的 17.63%增长到 2012 年的 22.4%，增加了大约 5 个百分点；日本向东盟出口中间产品的份额从 2001 年的 17.67%增长到 2012 年的 18.85%，增加了 1 个百分点，中国向东盟出口中间产品的份额从 2001 年的 8.78%增长到 2012 年的 12.7%，增长了 4 个百分点[①]。在一定程度上，这种上升趋势与东盟地区分别与中国、韩国、日本签订和实施自由贸易协议紧密相关。

(三) 中国—东盟之间贸易关系更加紧密

东盟和中国以垂直专业化分工为纽带，贸易往来不断加深，尤其是 2004 年中国—东盟自由贸易区协定的正式成立，更是在很大程度上推动了中国和东盟之间的贸易往来。2001~2012 年，中国向东盟出口中间产品的比重从 8.78%上升到 12.71%，与此同时，东盟向中国出口中间产品的比重从 8.13%上升到 17.88%。2008 年全球金融危机后，由于以欧美国家为代表的经济增长乏力拖累的全球经济增速放缓，东亚成为众所期待的推动世界经济增长的主要力量，而在

---

① 笔者根据 RITIE-TID 2012 数据库相关数据计算获得。

东亚地区内部，中国由于面临着"人口红利"逐渐消失而导致的工资成本上升以及经济结构转型等经济调整问题，使得东盟地区中劳动力低廉的国家将替代中国成为下一个"世界工厂"① 的趋势更加明显。

除此之外，从中国—东盟之间的最终产品贸易来看，东盟向中国出口最终品的比重在逐年上升。2001～2012年，东盟向中国出口最终品的比重从2.194%大幅增加到10.139%。这从另一个侧面说明，中国成为东盟地区最终产品市场的能力正在增强。

21世纪初期，东盟最大的贸易伙伴是日本。但是在2009年，中国首次超过日本和欧盟而成为东盟的第一大贸易伙伴国以及出口目的地，而且，截至2015年，在东盟内部，中国已成为马来西亚、缅甸和越南的第一大贸易伙伴，印度尼西亚、泰国和老挝的第二大贸易伙伴，新加坡和菲律宾的第三大贸易伙伴。中国与东盟之间的关系愈加紧密，中国为东盟提供最终消费品市场的主力趋势明显。

值得说明的是，在东盟的最终品出口结构中，电器和电子产品以及机械产品等占比最大，这表明东盟正在逐渐成为东亚区域多边生产网络的核心。近年来，全球生产网络中的很多多边合作都利用越南和印度尼西亚作为专业化分工生产基地，进而避免不断加大的"中国威胁"以及充分利用东盟的生产资源。一个典型的例子就是越南的北部区域正在逐渐成为全球电器和电子产业的生产基地。

五、中、美、日之间经济关系不断调整

美国作为全球范围内最发达的国家，以无可比拟的经济实力、高度发达的金融市场以及高标准的国际贸易规则对世界很多国家的经济发展都产生着一定影响。虽然在地理意义上美国不属于东亚地区，但是从经济利益角度出发，东亚区域的经济增长与美国的消费支持是不可分割的；而且，美国在经济、政治、军事等领域与东亚区域很多国家一直保持着不同程度的双边关系，这些特殊关系将直接或间接地影响东亚区域的经济合作与经济一体化进程。尤其是中国和日本这两个东亚区域的经济大国，它们与美国之间的利益博弈更是成为东亚区域经济主导权争夺的决定因素。因此，在东亚区域经济格局的变化中，

---

① 林勋强于2013年11月在"博鳌观察"上撰文指出，邻近中国的印度尼西亚，凭借其更为低廉的劳动力成本，很可能取代中国成为下一个"世界工厂"。

中、美、日三个大国之间经济利益关系的调整一直都是不可忽视的重要因素。

（一）中美贸易相互依赖的紧密程度不断加深

中国在 20 世纪 80 年代中期开始实行改革开放战略，在中日恢复建交的推动下，中日贸易日趋繁荣。在垂直化专业分工推动下，日本开始在中国大规模开展 FDI 活动，并由此导致了中日之间中间品贸易规模的不断扩大，极大促进了中日贸易的紧密程度。在之后的 20 多年间，日本始终都是中国最重要的经贸伙伴，对日贸易在中国对外进出口总额中占有极高比重，日本长期保持着中国第一大贸易伙伴的位置。根据相关数据显示，在 1985 年，中国对日贸易依存度最高，中国对日本的进出口总额在中国对外贸易总额中达到 27.2% 的比重，一直到 2000 年，这一比值仍然高达 17.5%。

随着 2001 年中国加入 WTO，中国在国际贸易舞台中发挥的空间越来越大，对外贸易发展机会逐渐增多，向东亚区域外扩展的贸易规模也不断增大。在这一趋势下，中国与美国之间的贸易往来越来越多，不论是进口份额还是出口份额，中国对美国的数值比重都呈现出整体上升之势。究其原因，很大一部分可以归结为全球价值链分工的广泛覆盖以及东亚区域生产网络的高度发达。20 世纪 90 年代，全球价值链分工模式的形成与发展给中国这样起步较晚的发展中国家更多机会去参与国际分工合作。中国迅速崛起的加工贸易产业促使其成为东亚区域生产网络中的出口平台，也成为"世界工厂"，而美国是东亚区域生产网络的主要消费市场，这与中国向美国不断扩大的出口份额保持一致。到了 2004 年，美国终于取代日本保持的 11 年之久的中国第一大贸易伙伴的地位，成为中国的首要贸易对象。

更为重要的是，在 2008 年全球金融危机的重创之下，虽然在之后的几年中，美国经济出现严重下滑和贸易需求不足现象，但是 2008~2014 年的中国对外贸易份额中，美国都比日本占据着绝对优势。如表 12-5 所示，从 2011 年开始，中国对美国的进出口比重出现持续上升之势，而对日本的贸易比重不但数值较低，而且保持着不断下降的走势。由此可见，在美国取代日本成为中国第一大贸易伙伴后，美国在对外贸易中对中国的重要性越来越高。

总体来说，对于中国而言，对美出口份额的不断增加表现了其在贸易利益上更加依赖美国的趋势，而中国从美国进口份额的逐渐加大则显示了中国市场对于美国的重要性。可见，中美之间的双边贸易关系都朝着相互依赖更加紧密的方向发展。

表 12-5　2008~2014 年中国分别对美国和日本的进出口份额变动情况

单位：%

年份	进出口份额		出口份额		进口份额	
	美国	日本	美国	日本	美国	日本
2008	13.0	10.4	17.7	8.1	7.2	13.3
2009	13.5	10.4	18.4	8.1	7.7	13.0
2010	13.0	10.0	18.0	7.7	7.3	12.7
2011	12.3	9.4	17.1	7.8	7.0	11.2
2012	12.5	8.5	17.2	7.4	7.3	9.8
2013	12.5	7.5	16.7	6.8	7.8	8.3
2014	12.9	7.3	16.9	6.4	8.1	8.3

资料来源：中国商务部亚洲司综合数据统计。

(二) 日本对中国出口市场的依赖不断增加

从日本角度来看，战后日本经济的快速增长，始终得益于对外贸易的快速扩大。在此期间，日本和美国之间保持着长期紧密的贸易联系，美国是日本的第一大贸易伙伴国、第一大进口来源国以及第一大出口对象国。正如前文所述，随着中国改革开放战略的实施以及东亚区域生产网络在垂直专业化分工中的纵深发展，中国与日本之间的贸易来往越来越密切，二者之间的贸易规模也不断扩大。由此导致的一个重要结果就是，日本对中国的贸易份额不断上升，而对美国的贸易份额有所下降。

2002 年，中国取代美国成为日本第一大进口来源国；2007 年中国又取代美国成为日本第一大贸易伙伴国；最终在 2009 年中国再次取代美国成为日本第一大出口对象国。由此，中国对日本的贸易地位得到不断巩固和提升，日本对中国在对外贸易中的依赖关系不言而喻。从联合国贸易统计司的相关数据统计中可以看到，从 2000 年到 2011 年，中国在日本进出口总额中的比重由 9.9%增加到 20.6%，美国则由 25%减少到 11.9%；中国在日本进口总额中所占的比重由 14.5%增加到 21.5%，而美国的这一份额却由 19.0%减少到 11.9%；中国在日本出口总额中的占比从 6.3%增加到 15.3%，而美国则由 29.7%减少到 15.3%。以上具体数据充分证明了中国和美国在日本外贸关系中此消彼长的重要性。

总体而言，中、美、日三国之间经济利益关系的调整和改变可以概括为，中国和日本之间的贸易依赖具有不对称性，中国对于日本的重要性大于日本对于中国的重要性。而美国同中国之间的贸易往来不断加深，就中国而言，美国已经成为其更加依赖的贸易伙伴；与此同时，美国对中国出口市场的依赖程度也不断加深。

第二节　东亚货币金融合作的主要趋势

虽然作为东亚地区货币金融合作的主要框架——"清迈倡议"被提出后，并没有任何情况需要任何国家启用双边货币互换安排，但是"清迈倡议"在东亚金融一体化进程中的战略意义和基础地位并没有被影响或者磨灭。东亚区域货币金融合作的有效性仍然是东亚金融合作应该考量的核心问题，它影响着未来东亚金融合作的模式选择。

一、"清迈倡议"框架下东亚金融合作的四种可能性

关于东亚金融合作的路径或模式，C. Randall Henning（2003）认为有四种可能性。一是扩大双边货币互换参与国的范围和协议的规模。二是加强监督，增强中期货币互换政策与启用条件的能力。三是通过货币互换向汇率稳定方向迈进。四是存在放弃货币互换安排的可能性。当然从现实发展情况来看，第四种可能性出现的概率不大。

从监督视角来看，如果东亚区域在金融监管方面进一步完善提高，东亚区域的双边货币互换安排规模存在扩大的绝对空间，在一定程度上，货币互换规模的扩大与金融监管制度的规范和完善具有紧密的联系。除此之外，影响货币互换安排扩大的另一个重要因素是东亚区域汇率稳定，而汇率问题又与生产分工网络、双边贸易、货币安全以及金融危机等问题存在错综复杂、千丝万缕的联系。

在国际金融活动和国际贸易活动中，汇率是核心话题，汇率波动也是影响价值收益水平的重要因素。汇率与国际资本流动、国内通货膨胀、国际收支、国际投资等内容息息相关，剧烈或者大幅的汇率波动还可能导致金融危机。因此，不仅东亚区域金融一体化的路径安排需要汇率稳定基础，各经济体之间的

经济稳定发展以及区域贸易网络的安全与稳定也受汇率制度的影响和制约。在东亚区域内，如何完善和协调各经济体之间的汇率制度，以及能否形成统一的汇率制度安排，都是具有深远意义和深刻影响的重大战略问题。

二、重视与多边金融关系的机构合作

在全球化趋势愈演愈烈的浪潮中，任何国家或地区都积极主动地参与其中的同时，国家间经济合作或秩序安排都会或多或少与其他国家或地区之间产生相互影响和联系。同理，东亚区域开展货币金融合作，必定不能独立于多边机构的关系。"东盟+3"应该继续与该地区以外的国家官员及机构公开地讨论东亚的区域性安排问题。正如前面章节所做的分析，"东盟+3"应该继续以多边机构，尤其是基金组织为基础推进区域合作，在发展区域性融资安排的同时应该继续支持多边机构，拥护基金组织在国际经济金融问题上的主导作用，充分重视并有效利用基金组织在全球经济金融体系中的政策协调和利益权衡的中枢作用。

与此同时，东亚区域在开展区域性金融合作和融资安排协议的同时，要继续支持多边机构，包括多边机构的演变和改革。更为重要的一点是，在任何区域性融资安排扩展问题中，涉及区域性安排扩展的必要性、可行性以及扩展方式和程度都应该取决于区域性监督的发展以及便利使用等方面。从长远发展的可持续性和稳定性来看，区域性货币互换安排和融资便利不应存在被作为放松金融监管及政府为私人部门提供担保的可能。

三、"东盟+3"机制的凝聚力和权威性仍是主导力量

自"东盟+3"国家领导人于1997年举行首次会晤以来，参加"东盟+3"会议国家官员的人数和职权范围不断扩大。"东盟+3"已明显地改变了该地区的经济关系，如果"东盟+3"国家间能够克服内部存在的历史性的或者暂时性的冲突和分歧，为不断深化区域合作与改革努力奋斗，东亚区域可能会实现更大程度、更加优化的国际贸易重构、货币与金融合作等推动东亚一体化进程不断前进的伟大目标。

四、建立和谐统一的东亚汇率机制

东亚区域内国家或地区间货币汇率的基本稳定和制度统一，不仅有利于东亚区域间自由公平贸易、投资与资本流动稳健发展之需要，也会不同程度地影

响世界其他国家或经济体的经济金融稳定和经济长期均衡增长。建立统一和完善的东亚汇率机制体系,既是保障东亚区域货币金融合作顺畅进行的前提基础,也是东亚区域经济一体化进程天然蕴含的长期目标。

"二战"以后,在国际金融关系的协调和组织中,双边和多边货币安排作为一种有效而便利化的措施被广泛认可并使用。在世界范围内,包括美国在内的一些主要工业国家经常使用货币互换协议作为金融互助的主要形式,用于满足短期流动性需要和实现货币救援等目标。

五、中国金融开放为东亚金融合作提供契机

2018年以来,我国在多次国家会议中对金融开放的进一步推进提出政策要求和指导意见,中国金融开放的广度和宽度逐渐扩大。中国不但支持"走出去",还主张"迎进来",中国在国际金融市场上的活动空间和作用的发挥将更加显著。

在纪念改革开放40周年的讲话中,国家领导人指出,中国开放将主要集中在金融业、制造业服务业、保护产权特别是知识产权、扩大进口四个方面。

在2018年4月的博鳌论坛上,中国提出将大幅放宽包括金融业在内的市场准入,取消银行的外资持股比例,等等。虽然这些改革和政策的出台是面向国际化的,但是"近水楼台先得月",我国和东亚区域国家或地区之间在经济上千丝万缕的联系本来已经存在着对货币金融合作的需求,我国的金融市场也在不断壮大和提升之中。我国金融开放不断扩大的趋势无疑给东亚区域加深金融合作送来了强劲的"东风"。东亚区域货币金融前景虽然具有一定的复杂性,但前途是光明的。

第三节 中日货币互换协议的启示

2018年10月29日,中日签署货币互换协议。此次双边货币互换协议的签署距上一次2013年200亿元人民币的货币签署相隔五年,影响非常深远。

一、中日货币互换的经济基础

在东亚区域经济金融一体化的进程中，在我国"一带一路"倡议的大力实施下，我国和日本之间开展了此次货币互换协议以及在日本设立人民币清算中心的计划。不论从国际经济宏观环境来看，还是就中日两国自身发展来看，这两个跨国金融合作项目意义非凡。中国和日本是东亚区域内经济上具有举足轻重作用的国家，两国在经济实力的比较中不相上下，在经贸关系中合作互利大于矛盾竞争。在不同环节和阶段上，两国主导着东亚区域生产网络的有序进行，也在一定程度上起到了凝聚东亚国家向心力，充分、有效地调动并利用区域内资源拉动区域经济增长的核心力量。毋庸置疑，两个国家之间关系愈加协调和紧密，就越能在东亚地区发挥出主导创新发展和带动经济增长的作用。因此，从这层意义上看，中国和日本重新开启的一波高质量、大规模的金融合作，无疑是对东亚金融合作前景里程碑式的有力推动，也是对东亚区域生产贸易网络的有力保障。

除此之外，从人民币国际化的视角来看，此次两国金融合作也为扩大人民币国际清算中心、拓展并助力人民币在全球经济贸易中使用的便利化和广泛化起到了重要作用。日本是东亚区域生产网络的一个辐射核心，与区域内很多国家和地区之间建立了长期、紧密的垂直化生产关系。不论是日本企业的国际化战略投资布局，还是领先的高科技技术资源，都在一定程度上巩固了日本在东亚区域经济中心的地位。因此，日本在东亚区域内的贸易比例具有数量上的比较优势，与东亚国家和地区之间贸易规模大，贸易关系广。而中国在经历了改革开放40年间经济飞跃式的发展之后，不论是世界第二大经济体的绝对地位，还是不可比拟的贸易吞吐量，不仅在国际贸易格局中散发着迷人魅力，牢牢吸引住诸多贸易伙伴，而且在东亚区域也体现了高附加值加工市场和最终产品吸收市场的双重作用。在人民币国际化的目标进程中，抓住世界贸易网络，以其为基础逐渐开放资本账户是我们的战略路线，所以，争取实力强大的贸易大国作为人民币在国际上拓展使用范围的联系中枢，无疑具有事半功倍之效。由此可见，中日之间继续深化开展国际金融合作是互惠互利的明智选择，也是加速人民币国际化战略的重要一步。

二、推动中日货币互换的主要因素

（一）错综复杂的贸易格局

中日之间的货币金融合作之路既漫长又充满曲折。就两国之间货币互换协议而言，其实，早在2002年，两国就签署过《中日货币互换协议》，而且在2012年，中、日、韩三国更是差点就签了自贸区协议。

但由于中国、美国、日本之间错综复杂的三角关系，中、日、韩自贸区计划一直处于停滞不前的状态，中日两国之间的经贸关系和金融关系也没有实质进展。可以说，中日谈判机制在较长一段时间中处于中断状态。事隔5年，中日货币互换协议出现了大转折，终于又得以重启，当然其中也不乏美国主导的贸易摩擦不断升级这一背景导致的原因。

不能否认，推动中日货币互换成功进行的主要因素在于目前错综复杂的国际环境背景：美国特朗普主导的贸易战不断升级，国际贸易摩擦加剧。

（二）日本自身的货币风险

与此同时，日本面临的货币风险也不容忽视。一方面，日本近年来受美国经济压榨，美国毫不手软地对日本钢、铝加征进口税，还对日本进口汽车加收25%的关税。另一方面，美国要求各国在2018年11月4日前对伊朗原油进口量归零，也让日本叫苦连天。因为日本在石油进口方面的依赖性非常大，国际油价连番上涨，只能耗费更多的美元来购买石油，导致日本的美元外汇储备出多进少，再加上近期美国再加息缩表，美元指数节节攀升，日元汇率更是激烈波动，外汇储备入不敷出的状况令人担忧。

相比之下，在"一带一路"倡议的稳步推进下，我国已与石油出口大国都签署了货币互换协议，因此我国现在在进口石油中直接采用人民币进行结算，不受美元储备制约，所以石油价格上涨，对我国外汇储备冲击并不大，因此日本紧急采取与我国开展本币互换的战术规划，否则可能重蹈阿根廷汇率崩溃的覆辙。

三、中日货币互换协议的重要意义和启示

（一）货币互换的含义

所谓"双边本币互换协议"，是指中国在与已签订协议的国家进行贸易结算时，可以直接使用人民币或对方国家货币，不必再利用美元作为交易的中介

货币。互换的货币互换协议到期之后,只需要按照当时的协议汇率,互相偿还对方货币即可。

所以如果中日两国按照协议签署之日的汇率互相兑换价值2000亿元人民币(34000亿日元)的货币,那么我国和日本之间都拥有了相应数量的对方货币。这样我们两国今后的大宗贸易,在这一额度规模下,就可以用对方货币进行结算。由于目前世界主要贸易货币是美元,因此美国外的其他国家在进行双边贸易时都或多或少会受到美元汇率波动的影响,因此,在这一协议之下,我国和日本之间的企业在进行大宗贸易时都可以使用本币进行结算,比用美元结算降低了汇率风险,也比使用对方货币结算更加安全。

双边本币互换协议直接跳过了两个非美货币兑换时要先兑换成美元的中间步骤,这是一个"去美元化"的过程,减少了美元影响汇率的可能性,有利于本国金融稳定,同时也降低了汇率波动风险,减少了可能的汇兑损失。

(二) 中日两国的既得利益

签署《中日货币互换协议》,对中日两国经济发展来说,无论是当下还是长远,都有着相当大的好处。

就短期而言,我国和日本是亚洲两个最大经济体,经济互补性很强,并且两国之间贸易规模一直处于稳定增长之中,2017年中日贸易总额达到2972.8亿美元。《中日货币互换协议》的签订有利于促进两国经济发展,避免美元汇率波动的风险,进而稳固两国之间的贸易往来,并且实现中日经贸关系的长期稳定健康发展。不仅如此,随着中日关系的回暖,以我国丰富的人力资源、得天独厚的自然资源以及强大的综合国力,加之日本的先进技术、品牌效应和管理优势,中日合作的经济正向溢出效应不可小觑。

而从长期来看,中日货币互换协议具有意味深远的区域化意义。它在一定程度上可能对重启中日韩自贸区计划,对这一长时间处于停滞状态的区域经贸合作项目起到一定的推动作用,进而加速整个东亚区域经济整合进程。中、日、韩三国人口总数占世界的20%左右,经济总量占世界的21.9%、亚洲的70%,外汇储备占世界的47%,对外贸易总额和对外投资总额均占世界的20%。不难推断,如果中、日、韩三国达成并实施自贸区协议,东亚区域将出现一个人口超过15亿人、经济规模超过15万亿美元的大市场。再进一步推断,如果中、日、韩三国之间达成多边货币互换,三国在开展相互贸易中均可以利用本币进行结算,除了贸易便利化的极大提高,同作为美国"债权国"的中、日、韩三国，对于美元储备的需求也会大大降低，整个东亚区域经济金融活动的"去美元化"特征将更加明显。这对于前文中所分析的东亚区域生产网络中潜在的"最终需求外部依赖"的经济风险和脆弱性而言，是一个能起到降低甚至避免作用的有效措施和渠道。

(三) 为中、日在亚洲区域合作开发第三方市场铺垫道路

所谓中日"第三方市场"合作，是指日方能够积极参与"一带一路"倡议，在其他国家地区开展合作投资开发，在政治互信背景下，双方优势互补，形成合力对第三方实施开发建设，既有利于第三方投资建设的成功，也可减少中日双方损耗。

比如在泰国高铁项目和印度尼西亚高铁项目中，中日两国都是势均力敌的竞争对手。虽说"两虎相争，必有一伤"，但如果"强强联合"，可能会获得"1+1>2"的溢出效应。这就如同中日两国一起挖掘"一带一路"的潜在市场，一起把蛋糕做大，而不是把蛋糕毁掉。蛋糕做大了，合作者均可赚得盆满钵满。

由此而言，中日两国达成这一共识是一个突破双边范围的创举，这标志着两国关系能够在更广阔的利益层面上开展合作、寻求双赢空间。

(四) 推动中日韩自贸区建设以及东亚经济一体化进程

中、日、韩三国的经济总量极其巨大，根据2018年上半年的官方统计结果，我国经济总量12.2万亿美元，日本4.9万亿美元，韩国1.5万亿美元，中、日、韩三国合计18.6万亿美元，这一结果相当于美国和欧盟的经济体量的总和。这在一定程度上就形成了全球范围内东、西方经济实力相互抗衡的总体格局。

就东亚区域所包含的东盟10国和中、日、韩三国整体而言，中、日、韩三国人口将近16亿，东盟人口6亿，这就形成了一个22亿人口的超级大市场，这就是区域全面经济伙伴关系（RCEP）所要达成的目标结果。因此，一旦东亚区域经济一体化的目标达成，东亚区域和欧美之间目前的外部依赖关系可能逆转，形成美国和欧盟依赖东亚区域市场的态势。

也正因如此，2012年中日韩自贸区进行到第13轮谈判的时候，美国提出TPP的倡议，势在重返亚太，进而使中日韩自贸区谈判受阻。但是，随着美国宣布退出TPP，中日韩自贸区前景又出现新的契机，见图12-2。如果辐射整个东亚区域的RCEP协议能够初步形成，东亚区域经济一体化的结果将形成世界上最大的自贸区。

212　生产网络重构与货币金融合作——全球化视角下东亚地区的研究

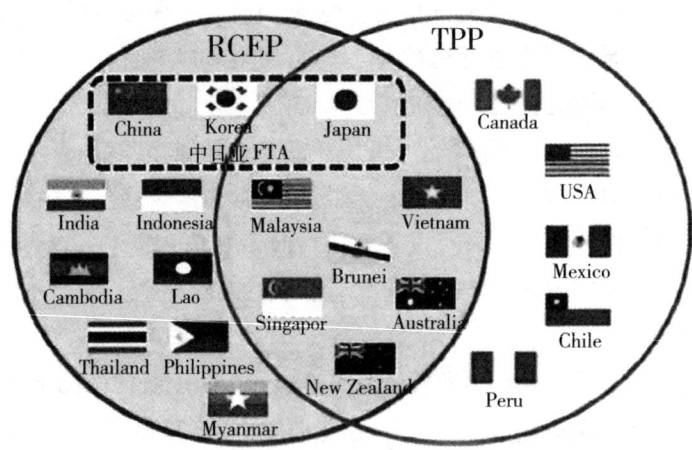

图 12-2　RCEP 和 TPP 成员国家结构关系

第十三章
中国在东亚金融合作中的角色与作用

在 19 世纪西方势力到来之前,中国在亚洲一直处于主导地位。在历经 40 年改革开放带来的经济高速增长之后,中国在全球经济格局中的绝对地位举世瞩目。从世界范围来看,中国已经成为仅次于美国的全球第二大经济体,不论是 GDP 总量还是进出口贸易总量都名列前茅;而在亚洲区域内,中国在经济上无可比拟的整体实力和持续稳定的增长速度处于领跑地位。中国在全球经济版图中以及在东亚区域内的核心聚集力熠熠生辉,毋庸置疑,也在世界范围内引起其他经济体的些许担忧和焦虑情绪。

在 1998 年亚洲金融危机时期,中国政府宣布人民币不贬值,同时采取扩张性财政政策,进行了大规模的基础设施投资,自身保持了 7.8% 的经济增速,为东亚应对危机、恢复稳定做出了积极贡献。这次国际金融危机之后,各国都在进行结构性调整,中国也不例外,在此过程中经济增速有所降低,但依然处在我们预期的范围之内。与此同时,中国经济对世界经济增长的贡献率仍然在 25% 以上。更为重要的是,中国在经济适度放缓的情况下,靠综合性政策措施,包括结构性改革保持了经济稳定增长,推动中国经济结构走向更高端,这也有利于今后实现新的增长。

第一节 中国在东亚区域内的经济合作进程

中国作为东亚区域最大的经济体,以深入开放的姿态向东亚其他经济体打开外资、外贸的大门。中国在东亚区域生产网络中,凭借着规模庞大的劳动力群体和宽广的地理半径在极大程度上参与了生产分工链条上的价值创造,与其他经济体结合而形成相互依赖的上下游分工合作关系。

不仅如此，中国还作为"最终产品消费市场"在东亚区域内发挥了强大的经济吸纳能力，为贸易中转和合作开发中必需的顺畅、连续的物流、人流和资金流提供了流转空间和科学的组织场所，这主要表现在中国多年来积极开展的边（跨）境经济合作区建设。

一、中国在东亚区域的边境经济合作区建设

边合区是我国对外开放向沿边地区深化推进的产物，也是我国深化与周边国家经贸合作的重要平台，在全国改革开放大局中具有重要地位。截至2017年底，国务院在沿边7省区市共批准了17个边合区，其中涉及东亚区域内经贸合作的项目有：

（一）东兴边境经济合作区（广西壮族自治区）

东兴边合区位于广西壮族自治区防城港市下辖东兴市城区，为全国第一批批准成立的边合区之一，核定面积4.1平方千米。东兴边合区构建了富有边境特色的工业体系，涵盖农副产品加工、资源加工、橡胶加工、红木工艺制品加工、海洋制药、机械设备制造、电子产品制造等工业门类；以商贸物流业、旅游业为重点的现代服务业得到了较大发展。

2017年，东兴边合区实现了工业总产值111.5亿元，税收收入7.6亿元，外贸进出口额225.9亿元，实有企业49个，全区从业人员3510人。

（二）凭祥边境经济合作区（广西壮族自治区）

凭祥边合区位于广西壮族自治区崇左市下辖凭祥市，于1992年批准设立，核定面积7.2平方千米，管辖面积24.7平方千米。凭祥边合区产业经济效益和带动作用日益凸显，已成为凭祥市主要红木展销、商贸物流和进出口贸易加工中心，为凭祥市有效地聚集了人流、物流和资金流，带动了凭祥市进出口加工业、商贸物流业、边境旅游业及房地产业、餐饮业的发展。

2017年，凭祥边境经济合作区实现工业总产值30.8亿元，税收收入1.5亿元，外贸进出口额223.6亿元，实有企业222个，全区从业人员16000人。

（三）河口边境经济合作区（云南省）

河口边合区位于云南省红河市河口县，核定规划总面积4.0平方千米。自1992年批准设立以来，基础设施不断夯实，口岸功能日趋完善，对外开放格局不断完善，主导产业包括边境贸易、旅游业和物流业。

2017年，河口边合区实现工业总产值107.1亿元，税收收入1.0亿元，外贸进口总额137.5亿元，实有企业809个，全区从业人员6636人。

（四）瑞丽边境经济合作区（云南省）

瑞丽边合区位于云南省瑞丽市，于1992年设立，核定面积6.8平方千米。目前已形成了进出口加工区，物流仓储、商业地产、宾馆餐饮、旅游服务、珠宝玉石、边境贸易等主导产业。珠宝玉石、红木家具、木雕工艺等特色产业初具规模，金融、电信、网络等现代化服务业快速发展。

2017年，瑞丽边合区实现工业总产值7.9亿元，税收收入3.7亿元，外贸进出口总额122.3亿元，实有企业3716个，全区从业人员10841人。

（五）临沧边境经济合作区（云南省）

临沧边合区位于云南省临沧市，于2013年批准设立，规划面积3.5平方千米（核心区），其依托边境三县和三个国家级口岸，按照"一区多园"的模式，积极推进孟定核心园区、南伞园区、永和园区建设，努力把临沧边合区建设成为发展中缅全面战略合作伙伴关系的重要载体，中缅国际大通道的重要节点，构建沿边开放新高地的重要经济功能区，建设沿边金融综合改革试验区的重要平台，云南省生态文明和绿色发展的重要示范。

2017年，临沧边合区实现工业总产值12.0亿元，税收收入0.2亿元，外贸进出口总额52.1亿元，实有企业268个，全区从业人员1206人。

（六）畹町边境经济合作区（云南省）

畹町边合区位于云南省瑞丽市，于1992年6月设立，核定面积为5平方千米。其重点发展领域：一是以大通道枢纽为支撑的商贸物流服务产业；二是以康体休闲、民族文化、历史文化为重点的旅游文化产业；三是以生物制药、食品加工、天然气能源开发利用为重点的集群产业。重点发展产业：汽车及零配件制造、生物医药及食品、旅游、现代仓储物流等。

2017年，畹町边合区实现工业总产值13.4亿元，税收收入14.3亿元，外贸进出口总额14.7亿元，实有企业177个，全区从业人员3940人。

（七）珲春边境经济合作区（吉林省）

珲春边合区位于吉林省珲春市，于1992年9月批准设立，规划面积21.8平方千米。珲春边合区先后引进了韩国特来纺织、日本小岛衣料、紫金矿业、华润燃气、雅戈尔服装等一批国内外知名企业，初步形成了以有色金融木制品加工、纺织服装加工、海产品加工为主，电子信息、医药健康、新型建材等为辅的特色产业体系。

2017 年,珲春边合区实现工业总产值 261.0 元,税收收入 5.4 亿元,外贸进出口总额 77.0 亿元,实有企业 993 个,全区从业人员 19717 人。

(八)和龙边境经济合作区(吉林省)

和龙边合区位于吉林省东南部和龙市南坪镇,于 2015 年 3 月批准设立,与朝鲜咸镜北道隔图们江相望。核心区面积 0.8 平方千米,总规划面积 10 平方千米,包括进口资源加工和出口产品加工区、仓储物流区、边境贸易区、口岸旅游区、生活服务区五个功能园区。和龙边合区以劳动密集型产业为基础,发展以服装、汽车、配件、海产品加工为主的进口资源加工和出口产品加工产业。

(九)丹东边境经济合作区(辽宁省)

丹东边合区位于辽宁省丹东市,于 1992 年批准设立。其基础设施完善,产业基础雄厚,已建成产业集聚区 18.3 平方千米,并形成了以丹东港、大宇船舶制造项目为龙头的临港经济产业集群,以仪器仪表产业基地为依托的仪器仪表产业集群,以辽宁表业集团和引进珠宝加工企业为龙头的钟表珠宝产业集群,以辽宁曙光汽车集团股份有限公司为龙头的汽车及零部件产业集群,以软件产业为主导的软件及服务外包产业集群,以本钢不锈钢冷轧项目为龙头的不锈钢产业集群。

2017 年,丹东边合区实现工业总产值 130.4 亿元,税收收入 14.9 亿元,外贸进出口总额 100.0 亿元,实有企业 3351 个,全区从业人员 41581 人。

二、跨境经济合作区——中国—东盟经济合作的创新形式

(一)跨合区总体情况

跨合区是我国与毗邻国家根据沿边地区经济发展状况和产业特点,在边境接壤地区各自划出一定区域实行共同建设、共同管理、共同受益的特殊区域。跨合区是推进"一带一路"建设的重要抓手,是与周边国家创新合作模式、加快沿边开放步伐的重要举措,在当前我国周边环境复杂、扩大开放和消除贫困任务繁重的背景下,建设好跨合区在经济、社会、政治、外交等多个层面具有重要的战略意义。

截至 2017 年底,中国已批准设立 2 个跨合区(霍尔果斯国际边境合作中心和中老磨憨—磨丁经济合作区),正在与 4 个国家(越南、蒙古国、尼泊尔、缅甸)开展建设跨合区的磋商。其中,中老磨憨—磨丁经济合作区是东亚

区域内中国与东盟国家缔结的首个跨合区经济贸易协议,将会给未来即将达成的中国与越南、中国与缅甸之间的跨合区建设提供有益经验和发展范式。同时,边(跨)合区也是继中国—东盟自贸区合作建立以来创新的另一种区域经济一体化模式,为东亚贸易一体化进程的向前发展注入了新动力。

(二)中老磨憨—磨丁经济合作区发展情况

中老磨憨—磨丁经济合作区,是中国和老挝共同建立的跨合区。2015年8月,在习近平主席和时任老挝国家主席朱马里的见证下,两国政府正式签署了《中国老挝磨憨—磨丁经济合作区共同总体方案》。2016年3月,国务院正式批复设立中老磨憨—磨丁经济合作区,中方区域规划面积4.8平方千米,老方区域面积16.4平方千米。同年11月,中老两国政府签署了《中国老挝磨憨—磨丁经济合作区共同发展总体规划(纲要)》,对合作区的双方区域未来发展进行了统筹规划,并提出了保障措施。

目前,合作区基础设施及通道建设加快推进,泛亚铁路中线玉墨段全面开工建设,预计将于2021年建成。磨憨—磨丁口岸货运专用通道中方段已完工并通过验收,老方段也在2018年8月完工。磨憨口岸已开展粮食、冰鲜产品、水生动物、中药材、整车进口准入制定口岸申报工作。海关总署已将磨憨口岸批准为进境植物制定口岸。磨憨口岸边民互市市场于2017年5月建成投入使用。磨憨口岸国际陆路快件监管中心主体工程已于2017年底建成。

此外,2013年以来,商务部先后与越南工贸部、缅甸商务部签署了建设跨合区的谅解备忘录。目前,中越、中缅正在就跨合区建设进行磋商,相关后续落实工作正在稳步推进。

三、边(跨)境经济合作区的经验特征

近年来,我国和东亚区域有关经济体加快发展经济贸易合作项目,合作区域逐渐扩大,合作内容逐渐深化,合作形式愈加具有灵活性、多样性。随着边(跨)境经济合作区的建设步伐逐渐加快,生产资源配置不断优化,营商环境日益改善,不仅直接推动了沿边地区经济发展,在互利互惠基础上促进边疆稳定和民族团结,发展我国与周边国家(地区)的经济贸易和睦邻友好关系;还起到了在东亚区域形成经济示范效应、挖掘东亚区域经济发展潜力、实现以边(跨)合区为核心的经济辐射力,在一定意义上间接发挥了服务"一带一路"建设的国家宏伟战略的积极作用。

(一) 总体实力日益增强、逐步向全球价值链高端延伸

通过统筹国内外两种资源、两个市场，有序承接发达地区产业转移，发挥了一定的产业集聚效应，并不断向产业链高端延伸，逐步形成了一批特色优势产业，总体实力逐步增强。2017 年，全国边合区的工业总产值、税收收入、进出口额分别达到 755.6 亿元、47.4 亿元、1053.6 亿元。在经贸交易合作过程中，以"园区+金融+孵化器+加速器+众创空间"为特征的集成式全产业链逐渐成为经济合作主导模式。在经贸合作园区的建设中，准入企业在行业领域中所处地位逐渐从原来的中低端产品发展为高端产品，产业附加值呈现大幅提升态势。不仅如此，在"互联网+"、工业 4.0 成为世界经济发展主题的趋势下，园区的配套设施建设也呈现为创新服务体系。

(二) 开放水平不断提升，边民增收明显

边（跨）境经济合作区的建设发展，加快了沿边开放，扩大了贸易往来，促进了当地就业，改善了人民生活水平。从对外贸易总额来看，2017 年，全国边合区的进出口额达到 1053.6 亿元，已经成为边区以及周围辐射区域开展贸易合作的核心，边（跨）境经济合作区也成为区域经济合作发展的新模式。从解决就业来看，边区吸纳就业人员规模连续实现大幅度提高。以临沧边合区为例，2017 年口岸边民互市实现贸易额 20.1 亿元，参与边民人均增收 1.3 万元，参与运输驾驶员人均增收 5.6 万元。

(三) 促进沿边经济发展，区域辐射凸显

当前，边（跨）境经济合作区已经成为沿边地区经济增长中的核心源泉和有力驱动，对带动双边相关城市以及周边区域经济发展具有重要作用，部分边合区的经济总量甚至达到所在城市的 50% 以上。例如，东兴边合区占东兴市经济总量的 90%，珲春边合区占珲春市经济总量的 60% 以上。边合区的发展不仅带动了当地的口岸、交通等基础设施建设，还优化了所在区域的投资环境，加快了当地的城镇化步伐，一些边境小镇在边合区经济发展的辐射力下逐步升级为繁荣的现代化口岸城市。

(四) 投资营商环境不断改善

边（跨）境经济合作区以提升投资环境便利化，切实服务园区为工作核心和线索，以简化行政审批手续和缩减流程、降低中小企业经营成本、提升物流服务等各类生产要素配套服务等具体方面为突破口，进一步优化了营商环境。例如，珲春边合区通过深入推动"放管服"改革，引入在线审批监管平

台,达到了边合区贸易服务便利化的良好效果。

(五) 多样化金融支持服务助力解决企业融资难题

边(跨)境经济合作区以金融护航,积极为中小企业解决融资难问题。例如,通过开展银企对接"助保金池"工作,有效解决了企业融资难题。并且,通过直接帮助垫付主要资金或者向指定账户注入风险补偿铺底资金等方式,提高企业融资效率。除此之外,园区筛选指定相关银行作为小微企业金融服务的主力金融机构开展助保贷合作业务,在提高贷款额度、降低贷款利率以及简化贷款手续等方面取得显著成效。

四、中日两国的竞争与合作

在东亚区域内,我国与日本在地理位置上一衣带水,虽然在领土面积、自然资源、资本劳动等禀赋资源上差异显著,但是就衡量经济发展水平的相关指标而言,我国和日本之间势均力敌,各有千秋。

审视东亚区域经济一体化进程的发展,不难发现我国和日本在其中所起到的重要引领和组织作用。正因为两国经济实力不相上下,所以在东亚区域经济合作中分别具有极大的凝聚力和区域辐射力。虽然从经济起步的时间看,日本自战后经济得以较快恢复,并在20世纪70年代主导了东亚区域"雁阵模式"的生产分工格局,一度成为东亚经济的领头羊。但是,我国自改革开放以来,经济发展突飞猛进,步伐不断加快,经济发展成绩斐然,不仅在世界经济格局中地位上升到前列,并且保持稳定,在东亚区域内更是展现出不可比拟的绝对优势。我国作为贸易大国,在东亚区域内的进出口总量占据我国对外贸易总贸易量的将近一半,并且成为东盟国家最大的贸易伙伴,为东亚区域经济发展提供了可供继续挖掘潜力的消费品市场。

自我国实行改革开放以来,两国在经贸往来、国际直接投资、货币金融等方面联系愈加频繁和紧密。两国之间在进出口贸易量上保持着稳定持续的增长,在以汽车、电子元器件、高科技机床等为主要项目的生产分工链条上处于相互依赖的协作关系。从经济学基本原理和国际贸易相关理论上分析,我国和日本之间存在着比较优势互补、产品内分工合作以及经济外部溢出效应的利益关联,这种利益关联既是两国经济合作的结果,反过来也在一定程度上将两国的经济发展紧密联系在一起,形成"你中有我,我中有你"的交叉关系。

不论是全球化的发展,还是区域化的建立,无不需要核心力或领导力来组织和推动趋势发展的进程，这个核心主体一般而言具有强大而稳定的经济及政治基础。因此，在分析和探讨东亚区域经济一体化以及东亚货币金融合作的问题时，对于中国和日本两个经济关系紧密、政治关系微妙的国家主体，如果两者之间在经济合作上具有比较稳固的不可分割性以及不可逆转趋势，那么在一定程度上可以有助于分析和判断东亚区域经济、金融一体化的前景及进程。

第二节　中国吸收东亚区域对华投资情况

全球价值链的形成是跨国企业的国际投资布局这一微观主体行为决策导致的结果。任何区域范围内生产网络结构的固化或者动态演化都是跨国公司全球布局的结果。在一定程度上，某一国家或经济体吸收和利用外商投资的规模以及效率决定了其参与垂直化生产分工的程度以及其在全球价值链中的地位。因此，外商投资的分布和渗透程度体现了一国在区域或者全球经济一体化中的态度和表现。

一、东亚区域成为中国外商投资的主要来源地

近年来，我国为实现改善投资环境，扩大吸收外资规模，提高外资利用效率等目标，在降低外资准入门槛、增强外商对华投资信心等渠道进行了多项改革措施。在中国的外商投资来源中，亚洲地区是中国吸引外资的主要来源地，其次是欧盟地区和北美地区。2017年，来自亚洲地区的外商对华实际投资占全部外商投资的比重高达83.3%，欧盟地区、北美地区和大洋洲地区对华实际投资占比分别是6.4%、3.3%和1.2%。不仅如此，从相对比较来看，来自亚洲其他国家的外商对华投资增长最快，显著高于欧洲、北美洲、大洋洲、非洲和大洋洲等其他区域。毋庸置疑，这一结果既对应着中国与亚洲其他经济体之间在垂直化生产分工贸易中的联系纽带，体现出东亚区域经济一体化中的积极主动性，也从侧面反映了其在东亚区域中强大的经济实力和无可比拟的凝聚力。

根据中国商务部统计，2017年，我国共吸收来自亚洲的外商投资为1091.9亿美元，企业数量为27915家，远远高于来自欧洲的88.4亿美元、2250家和北美洲的42.9亿美元、1817家，在外商投资来源地的比较中居于领

先地位（见图 13-1、图 13-2）。

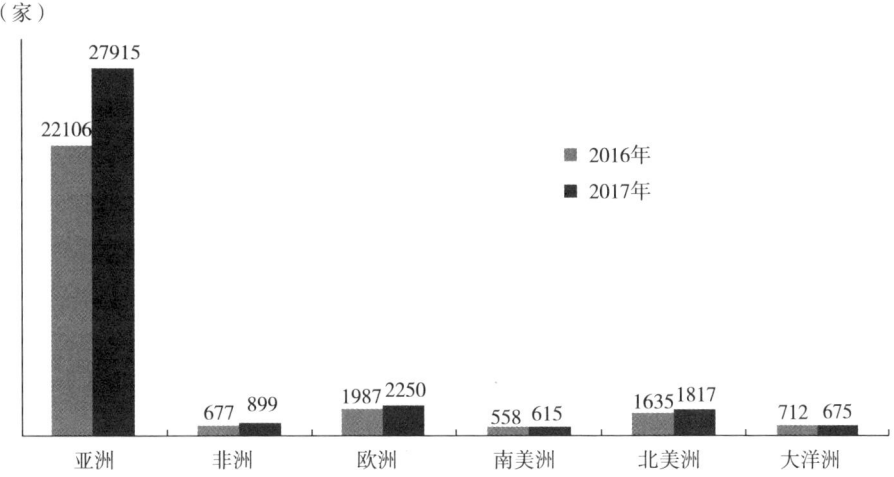

图 13-1 2017 年中国外商投资来源地比较——企业数量

资料来源：中国商务部.2018 年中国外商投资报告［EB/OL］.中国商务部网站，2018.

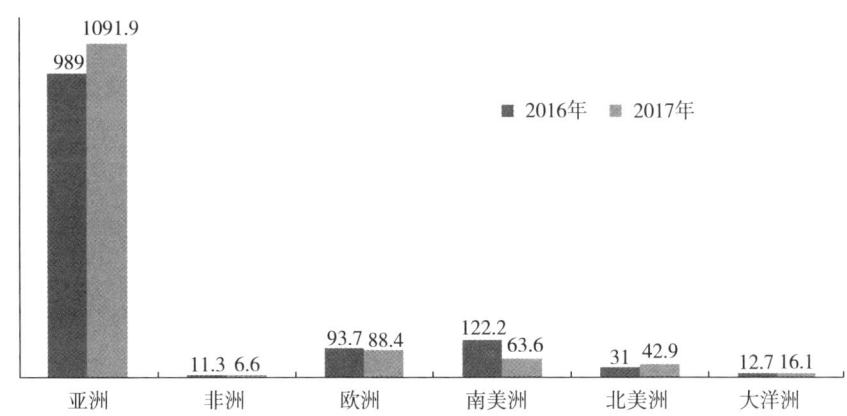

图 13-2 2017 年中国外商投资来源地比较——实际投入外资金额

资料来源：中国商务部.2018 年中国外商投资报告［EB/OL］.中国商务部网站，2018.

二、东亚区域各经济体对中国直接投资增长比较

在亚洲范围内，按照外商投资来源地进行比较，2017 年占据对华投资金额

前十名的国家或地区中,东亚的中国香港、新加坡、中国台湾、韩国和日本依次占据了前五位。具体情况分别为:中国香港(989.2亿美元)、新加坡(48.3亿美元)、中国台湾(47.3亿美元)、韩国(36.9亿美元)、日本(32.7亿美元),均高于美国和欧洲国家。可见,中国和东亚其他国家、地区之间在生产分工网络构建中形成的经济上相互依赖、生产资源流通利用的经济合作关系具有绝对优势和牢固基础,中国在参与东亚经济一体化建设中具有强大的核心凝聚力和极高的价值贡献率(见图13-3)。

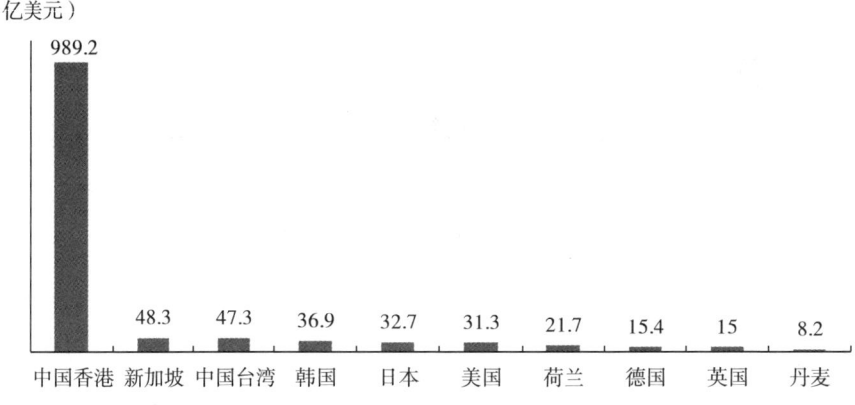

图13-3 2017年对华投资前十位资金来源地比较

资料来源:中国商务部.2018年中国外商投资报告[EB/OL].中国商务部网站,2018.

2017年东亚区域主要国家或地区中,在华投资新设企业数排名前五位的分别是中国香港、中国台湾、韩国、中国澳门和新加坡,按照实际投资金额进行比较,排在前五位的分别是中国香港、新加坡、韩国、日本和中国台湾。东盟国家在对华投资中表现弱于上述国家和地区(见表13-1)。

表13-1 2017年亚洲主要国家(地区)在华投资来源统计

	新设立企业数			实际投资金额		
	数量(家)	同比增长(%)	占全国比重(%)	金额(亿美元)	同比增长(%)	占全国比重(%)
中国香港	18066	41.7	64.7	945.1	16.0	86.6
印度尼西亚	51	50.0	0.2	00.4	-36.3	0.0
日本	590	2.4	2.1	32.6	5.3	3.0
中国澳门	843	24.7	3.0	6.4	-22.0	0.6

续表

	新设立企业数			实际投资金额		
	数量（家）	同比增长（%）	占全国比重（%）	金额（亿美元）	同比增长（%）	占全国比重（%）
马来西亚	329	36.0	1.2	1.1	-51.0	0.1
菲律宾	35	6.1	0.1	0.1	-93.6	0.0
新加坡	706	3.2	2.5	47.6	-21.2	4.4
韩国	1627	-19.4	5.8	36.7	-22.7	3.4
泰国	81	9.5	0.3	1.1	96.3	0.1
中国台湾	3464	-1.5	12.4	17.7	-9.7	1.6
合计	25792	25.2	92.4	1088.8	10.5	99.7

资料来源：商务部外资统计。

三、来自港澳台地区的投资

中国香港一直是中国内地最重要的外商投资来源地，实际投资在经历了 2016 年的短暂下滑后，于 2017 年迅速增长，在中国内地利用外资中所占比重达到历史峰值。

2017 年，中国香港在内地新设立企业 18066 家，同比增长 41.7%，占总量比重的 50.7%；实际投资金额 945.1 亿美元，同比增长 16%，占总量比重的 72.1%。

2015~2017 年，中国香港累计在内地设立企业 43965 家，实际投资金额 2623.6 亿美元（见表 13-2）。

表 13-2　中国香港在中国大陆投资统计

	新设立企业数			实际投资金额		
	数量（家）	同比增长（%）	占全国比重（%）	金额（亿美元）	同比增长（%）	占全国比重（%）
2015 年	13146	8.0	49.5	863.9	6.3	68.4
2016 年	12753	-3.0	45.7	814.7	-5.7	64.7
2017 年	18066	41.7	50.7	945.1	16.0	72.1
合计	43965	—	—	2623.6	—	—

资料来源：商务部外资统计。

2017年,中国澳门在中国内地新设立企业843家,同比增长24.7%,占全国新设立外商投资企业总数的2.4%。实际投资金额6.4亿美元,同比下降22%,占全国实际外商投资总额的比重为0.5%。

2015~2017年,中国澳门累计在内地设立企业2085家,实际投资金额23.4亿美元。

2017年,中国台湾对祖国大陆投资有所下降,在大陆新设立企业3464家,同比下降1.5%,占全国总量的9.7%;实际投资金额17.7亿美元,同比下降9.7%,占全国总量的1.4%。

2015~2017年,中国台湾累计在大陆设立企业9943家,实际投资金额52.7亿美元(见表13-3)。

表13-3 中国台湾在大陆进行外资投资情况

	新设立企业数			实际投资金额		
	数量(家)	同比增长(%)	占全国比重(%)	金额(亿美元)	同比增长(%)	占全国比重(%)
2015年	2962	27.8	11.2	15.4	-23.8	1.2
2016年	3517	18.7	12.6	19.6	27.7	1.6
2017年	3464	-1.5	9.7	17.7	-9.7	1.4
合计	9943	—	—	52.7	—	—

资料来源:商务部外资统计。

四、东盟国家对华投资

2017年,东盟国家在华新设立外商投资企业1261家,同比增长10.4%,占中国全年新设立外商投资企业总数的4.5%;实际投资金额50.8亿美元,同比下降22.2%,占中国全年实际使用外资金额总量的4.9%。

新加坡是东盟地区对华投资规模最大的国家。2017年,新加坡在华新设立外商投资企业706家,同比增长3.2%,占全国外商投资企业总数的2.0%;实际投资金额47.6亿美元,同比下降21.2%,占全国总量的3.6%。

马来西亚是东盟国家中对华投资的第二大国。2017年,马来西亚在华新设立外商投资企业329家,同比增长36%;实际投资金额1.1亿美元,同比下降51%。

2017年，泰国对华投资增长较快，新设立外商投资企业81家，同比增长9.5%；实际投资金额1.1亿美元，同比增长96.3%（见表13-4）。

表13-4 2017年东盟10国各自对中国进行的直接投资

	新设立企业数			实际投资金额		
	数量（家）	同比增长（%）	占中国利用外资比重（%）	金额（亿美元）	同比增长（%）	占中国利用外资比重（%）
印度尼西亚	51	50.0	0.14	0.4	-36.3	0.03
马来西亚	329	36.0	0.92	1.1	-51.0	0.08
菲律宾	35	6.1	0.1	0.1	-93.6	0.0
新加坡	706	3.2	1.98	47.6	-21.2	3.64
泰国	81	9.5	0.23	1.1	96.3	0.08
文莱	7	-41.7	0.02	0.3	-60.8	0.02
缅甸	27	-20.6	0.08	0.1	8400.0	0.00
柬埔寨	5	—	0.01	0.2	—	0.01
老挝	2	0	0.01	0.1	—	0.01
越南	18	-33.3	0.05	0.04	—	0.00
东盟10国合计	1261	10.4	3.54	50.8	-22.2	3.88

资料来源：商务部外资统计。

五、日本、韩国对华投资

2017年，日本在华新设立外商投资企业数590家，同比增长2.4%；实际投资金额32.6亿美元，同比增长5.3%，三年来首现正增长（见表13-5）。

表13-5 日本对中国外商直接投资

	新设立企业数			实际投资金额		
	数量（家）	同比增长（%）	占中国利用外资比重（%）	金额（亿美元）	同比增长（%）	占中国利用外资比重（%）
2015年	643	-1.5	2.4	32.0	-26.1	2.5
2016年	576	-10.4	2.1	31.0	-3.1	2.5

续表

	新设立企业数			实际投资金额		
	数量（家）	同比增长（%）	占中国利用外资比重（%）	金额（亿美元）	同比增长（%）	占中国利用外资比重（%）
2017年	590	2.4	1.7	32.6	5.3	2.5
合计	1809	—	—	95.5	—	—

资料来源：商务部外资统计。

2017年，韩国在华新设立外商投资企业数1627家，同比下降19.4%；实际投资金额36.7亿美元，同比下降22.7%。自2015年后，韩国对华投资在中国实际使用外资总额中的占比逐渐超越日本，虽然2017年下降幅度明显，但韩国对华投资总额依然排在亚洲国家和地区中第三位（见表13-6）。

表13-6　韩国对中国外商直接投资

	新设立企业数			实际投资金额		
	数量（家）	同比增长（%）	占中国利用外资比重（%）	金额（亿美元）	同比增长（%）	占中国利用外资比重（%）
2015年	1958	25.7	7.4	40.3	1.7	3.2
2016年	2018	3.1	7.2	47.5	17.8	3.8
2017年	1627	-19.4	4.6	36.7	-22.7	2.8
合计	5603	—	—	124.6	—	—

资料来源：商务部外资统计。

第三节　中国在世界经济变局中的表现和决策

距离2008年全球金融危机依然过去十年，欧美经济体正在逐渐走出危机带来的阴霾，但是全球价值链的结构在这一过程中正悄然发生变化。

2017年全球整体贸易环境特征可以概括为：贸易保护主义抬头，逆全球化趋势加强。目前来看，虽然中美之间战略博弈的加剧影响了中国结构性改革的步伐和路径，使一些改革政策的落实速度以及措施效果有所下降，但对于东亚区域经济一体化的发展进程，中美贸易战在一定程度上给东亚生产网络重塑和经济合作创造了条件，带来了契机。

一、中国经济发展基础和增长潜力

总体而言，中国经济在目前发展过程中表现出来的三个特征可以概括为：第一，消费已经成为中国经济增长的主要动力，消费占 GDP 比重超过 50%，消费增长对 GDP 增长的贡献率已经达到 2/3，这将为东亚国家创造更多需求和市场。中国旅游者在东亚也非常活跃，带动了东亚国家经济发展。第二，中国已经成为世界第二大投资国。2010 年后中国对东盟新增投资占中国对外投资总量的 60% 以上，中国已经成为东盟国家重要的投资来源国。第三，中国在提升本国比较优势、增加科技含量过程中，一部分低成本的制造业向东南亚地区转移，同时帮助东亚国家一起整合资源与生产，提升东亚整体产业链的水平，带动东亚经济体向全球产业链的中高端转移。

中国正处于人民币不断扩大使用范围以及逐渐开放资本账户的过程中，人民币国际化的进程与东亚区域货币金融合作的进程之间在时间和空间上具有一定的重叠性和关联性。对中国而言，东亚区域货币金融合作的模式和前景似乎有着更为深远的启示和意义。中国应该以何种方式参与到东亚区域金融合作中？人民币国际化与东亚区域货币合作的相互关系如何？东亚区域货币金融合作能否成为人民币国际化进程中的有效推动力？

不可否认，正在经历供给侧结构改革和新常态下的中国经济处于经济增速放缓的阶段，经济增长幅度似乎不再惊人，看似疲弱的经济状态是否会对东亚经济的拉动作用就此减弱呢？中国作为世界第二大经济体，确实已有很强的外溢性。中国既作为中间投入品和消费品的供应商，同时也进口大量原材料，也是重要的消费市场和重要的增长引擎。

从区域合作对于减轻区域内不同经济体之间的经济冲突和政治冲突来看，区域合作可以为中国的崛起营造一个良好的环境。由此可以预测，与中国加入 WTO 被视作有助于推动中国政治经济改革的作用相类似，东亚区域开展金融合作将为中国向国际机构履行承诺添砖加瓦。

总之，中国经济规模越来越大，中国结构变化越来越丰富多彩，尽管中国经济增速有所放缓，但对东亚的正外溢影响是以往不可比拟的。

二、新一轮对外开放的经济推动力

目前中国经济正在进行新一轮对外开放。习近平主席对我国经济进一步持续稳健发展的主张是坚持"新一轮开放，将帮助中国走出'修昔底德陷阱'，对市场的正面推动将远大于放水。真正的自信在于走正确的路。"

习近平主席在 2018 年 4 月 10 日举行的博鳌亚洲论坛的演讲中强调，"中国人民将继续扩大开放、加强合作，坚定不移奉行互利共赢的开放战略"，"实行高水平的贸易和投资自由化便利化政策，探索建设中国特色自由贸易港"。

除此之外，2018 年 7 月 31 日我国中央政治局会议明确了"稳外贸、稳外资、稳投资""保护在华外资企业合法权益""推进改革开放，继续研究推出一批管用见效的重大改革举措""要落实扩大开放、大幅放宽市场准入的重大举措，推动共建'一带一路'向纵深发展"。

这些国家战略政策无不显示着我国今后在全球化趋势中顺势而为，进一步扩大贸易范围和拓展贸易深度的决心与目标。因此，我国在东亚经济一体化进程中的角色和作用必定是主导者以及市场提供者。

另外，人民币汇率的大幅波动似乎给中国经济带来了负面的预期，但其实就汇率形成机制的框架而言，人民币汇率在经历了 2015 年汇改以及在 2017 年引入"逆周期因子"的修正机制后，其价值稳定基础和价格波动区间已然处于可控范围。客观而言，人民币目前既承受着一定贬值压力，但也具有坚强的有力支撑。概括来看，人民币汇率面临的四大压力：中美货币政策分化，中美贸易摩擦升级，金融周期顶部风险，经济增速换挡阵痛；人民币汇率面临的四大支撑：经济韧性强，通胀温和，系统性风险得以防范控制，人民币国际化程度增强。由此可见，我国强大的经济实力和增长潜力是长期汇率的有力支撑，短期波动虽然有时会出现意外，但是在国家的较量中更重要的筹码是经济基础和长期持续性。

三、中美贸易摩擦为东亚区域深化合作带来的机会

2017 年以来中国面临的贸易摩擦困境以及愈演愈烈的中美贸易战，都会对中国产生重要的影响。中美关系的发展趋势将使中国经济增长轨迹以及科技创新速度面临很多风险和挑战，也在一定程度上对东亚区域生产分工价值链和经济贸易格局带来结构重塑的不确定性。

根据相关国际收支调节理论以及汇率决定理论，美中贸易摩擦这一实体经济范畴内的变量冲击，将通过微观企业经营绩效、股票价格传导、国际收支调节、利率汇率传导机制等渠道，对相关经济体带来直接或间接的金融风险。

从短期来看，我国应对美方步步进逼的主要策略做出适当的暂时让步，从而为实施长期改革（比如健全法律框架、深化教育改革和提高研发能力）赢得时间。中国的应对措施可能还包括开放与非美国公司和市场之间的贸易和投资渠道。美国无法阻止中国工业向高附加值攀升的趋势，但中国对高端制造业的推动力在多大程度上依赖于财政激励措施尚未可知。

就中国自身而言，经济发展战略的核心将围绕进一步致力于打造自身高科技技术（并调整当前的"中国制造2025"规划），从而减少对美国的依赖。中国的产业结构升级策略以及优化调整进程将重点转向有助于增强中国经济韧性的行业和领域，例如新经济行业和研发领域。在这一目标转向之下，中国则会加强与其他贸易伙伴国的联系（尤其是东亚周边国家），进而影响东亚区域生产网络的重塑以及基于供应链的贸易价值链的结构调整。

来自微观企业的证据表明，中国制造商可能会将生产线转移到海外，而美国公司可能会寻求其他采购渠道。短期而言，这可能会对两国供应链造成重大冲击。但从长远来看，中国可将更多的资本设备和半成品销往越南、泰国和马来西亚等国，这足以抵消供应链短期受扰的负面影响。同时，这也有助于中国加强与其他亚洲国家的经济往来和外交关系，进一步推动由中国引领的《区域全面经济伙伴关系协定》和"一带一路"倡议等宏伟计划。

中国的一项中期目标很可能是与美国以外的贸易伙伴加强合作。尽管效果不会立竿见影，但已有先例可循：中国出售的"中国制造"美国产品已经超过美国原装进口产品。自加入世贸组织以来，美国对华直接投资已突破900亿美元。如果美国退出中国市场，欧盟、日本和韩国可以随时填补这一空缺，尤其是如果中国将政策倒向这些国家，并放宽它们对中国消费的市场准入；作为交换，中国也可能转向这些贸易伙伴国采购高科技资本品。

四、中国在全球化必然性发展趋势下的战略选择

近年来，国际上出现了逆全球化思潮，一些国家走向单边主义和贸易投资保护主义道路。针对这种违背国际生产力发展趋势的观念和行为，中国高举开放的大旗，坚定地维护经济全球化和全球多边体制。

2016年，中国成功举办 G20 杭州峰会，制定了《G20 全球投资指导原则》，明确反对跨境投资保护主义，倡导营建开放、非歧视、透明和可预见的投资环境，强调投资政策应加强对投资和投资者保护，确保政策制定透明度，促进可持续发展以及投资者企业责任履行，弥补了国际投资治理领域缺乏全球性政策指引的空白。2013 年，习近平总书记提出"一带一路"倡议，得到国际社会广泛认可和响应。2017 年，中国成功举办"一带一路"国际合作高峰论坛。"一带一路"倡议坚持共商、共建、共享的理念，促进"一带一路"沿线国家政策沟通、设施联通、贸易畅通、资金融通、民心相通，打造开放型合作平台，维护和发展开放型世界经济，创造有利于开放发展的环境，推动构建公正、合理、透明的国际经贸投资规则体系，促进生产要素有序流动、资源高效配置、市场深度融合，改善全球治理，推动建设人类命运共同体，让世界分享中国改革开放和发展的红利。2018 年 4 月，习近平主席在博鳌亚洲论坛主旨演讲中宣示了中国坚持扩大开放的坚定决心，"中国开放的大门不会关闭，只会越开越大"！宣布了大幅度放宽市场准入、创造更有吸引力的投资环境、加强知识产权保护、主动扩大进口的对外开放重大举措。6 月 10 日，国务院发布了《关于积极有效利用外资推动经济高质量发展若干措施的通知》，明确各部门职责，确定措施落实时间表，致力于实行高水平投资自由化便利化政策，对标国际先进水平，营造更加公平透明便利、更有吸引力的投资环境，保持我国全球外商投资主要目的地地位，进一步促进外商投资稳定增长，实现以高水平开放推动经济高质量发展。2018 年 6 月底，国务院发布新版《外商投资准入特别管理措施（负面清单）（2018 年版）》和《自由贸易试验区外商投资准入特别管理措施（负面清单）（2018 年版）》，进一步扩大了外商投资市场准入范围。

新时代扩大开放再出发，中国致力于发展更高层次的开放型经济，积极利用外资，推动形成全面开放新格局。

第四节　中国的"一带一路"倡议为东亚区域注入新活力

中国政府在 2013 年提出"丝绸之路经济带"以及"海上丝绸之路"（简称"一带一路"），受到了国内外的高度重视。"一带一路"不仅表明了中国的经济发展战略，还在更大意义上体现了中国大举开拓对外合作的决心。在世界经济格局发生调整变化之时，中国"一带一路"的提出将对世界经济的增长提供新的契机，中国在世界经济中的地位也将进一步提升。

就目前国际经济形势而言，欧美国家经济受金融危机冲击的影响仍未完全褪去，在世界主要发达经济体普遍实行一轮又一轮量化宽松政策的宏观环境下，世界整体经济受到严重拖累，增长缓慢。与之形成鲜明对比的是，以中国为代表的新兴发展中经济体却迅速崛起，并且表现出强大而稳固的经济发展潜力。在这一趋势下，世界经济增长中心已经从西方转移到东亚区域。但是，美、日、欧等世界发达经济体虽然经济增长出现一定停滞，但是其绝对经济实力却并没有因此而减弱，它们在短期内主导和影响世界经济的能力并不会发生变化，对新国际经济规则等世界经济事务的控制仍掌握在它们手中。美国高调推行的TTP以及TTIP战略，无不昭示着它们企图继续主导国际经济合作的意图。它们用高端开放的新国际贸易规则对发展中经济体开展经济合作造成一定的阻碍和威胁。欧美消费需求的下降以及新贸易结构规则的调整为中国经济发展带来双重压力，而"一带一路"倡议构想将成为中国经济新的增长点，并为中国的对外经济合作另辟蹊径。

对于东亚区域经济合作前景而言，"一带一路"建设将巩固中国与东盟国家之间的合作基础，以加强"互联互通"投资建设为纽带，共同致力发展深化经济合作的基础设施建设，进一步打造同东盟国家的睦邻友好关系。2013年，中国—东盟总贸易额已经超过4000亿美元，占中国外贸总额的10%，而且近几年来一直保持高速增长的趋势。中国企业对东盟各国的非金融类投资持续上升，发展潜力巨大。"一带一路"的辐射作用将扩大中国在东亚区域内外的影响力，进而对东亚区域经济一体化进程提供新的推动力。

第十四章
主要结论与相关政策建议

第一节 本书主要结论

本书从全球价值链（GVC）分工视角出发，对东亚区域的经济整合中的潜在风险进行了较为系统的研究。本书首先从全球价值链的相关理论入手阐述了本书的理论基础，其中分为三条主线，分别为全球价值链理论的形成和发展、全球价值链分工关于经济整合的相关理论以及全球价值链的风险理论。在全球价值链理论的形成和发展中，除了分析全球价值链理论历经价值链理论以及全球商品链理论的演变过程，还重点强调了附加值贸易理论，其中包括对贸易附加值统计方式的相关介绍以及以 Koopman（2010）为代表的 GVC 附加值分解过程的分析。对于全球价值链关于经济整合的相关理论，我们围绕全球价值链对分工结构的影响机制，从宏观层面、微观层面以及中观层面分别阐述了上下游分工结构理论、二维生产分割理论以及空间集聚与分散理论。在全球价值链的风险理论部分，结合本书拟对东亚区域经济整合中潜在风险的研究内容，我们重点分析了企业供应链风险、鞭长效应以及嵌入性依赖等三种风险，并为后续对东亚区域潜在风险传导机制进行分析提供理论铺垫。

在此基础上，本书从东亚区域经济实力的上升、东亚区域生产分工结构的演变及原因、东亚区域贸易一体化的现实特征以及东亚区域贸易模式重构四方面较为详细地分析了全球价值链分工下东亚区域经济生产分工网络的发展概况。本书利用相关数据说明了东亚区域在全球经济地位中的上升以及对全球经济增长的拉动作用，以此作为东亚区域经济实力上升的表现。本书通过分析东亚区域生产分工结构从"雁阵形"到"三角贸易型"以及"新三角贸易型"的结构转变，总结出全球价值链分工通过两种途径影响东亚区域生产分工网络的发展。一是在"生产分割"基础上，"集聚"与"分散"的交替作用促进了东亚生产网络的形成与发展。二是在广泛参与全球价值链分工的过程中，东亚区域各经济体之间结成更加紧密的上下游生产关系，经济关联性也随之加强。此外，本书收集了大量相关贸易数据进行整理计算，选取区域内贸易比重来衡量贸易一体化程度，并从区域整体和各经济体两个层次证实了东亚区域的贸易一体化水平正在不断加深。作为东亚区域生产分工网络的一个重要内容，本书还对2000~2012年东亚区域贸易分工模式重构进行了比较分析，并分别从中间产品和最终产品、进口和出口两个层次展现了东亚区域各经济体之间贸易依存关系的变化，得到以下四个主要分析结果：一是日本、韩国和中国台湾向中国出口中间产品的比例越来越大。二是无论从中间品贸易还是从最终品贸易来看，中国与日本之间的经贸往来没有实现对称发展。三是其他东亚区域经济体向东盟地区出口中间产品的比例普遍增加，东盟（ASEAN）地区参与东亚生产分工的程度有所增大。四是中国与东盟之间的关系愈加紧密，中国为东盟提供最终消费品市场的主力趋势明显。这些有益结论既在一定程度上验证了全球价值链影响区域分工结构的相关理论，又证明了全球价值链分工对东亚区域经济整合的促进作用。

随后，本书从东亚区域经济整合过程中存在的现实问题出发，结合第二章中阐述的全球价值链风险理论，将东亚区域经济整合中的潜在风险划分为三类风险，即价值链中断风险、最终需求冲击风险以及价值链分工地位锁定风险，并对这三种风险的具体含义、对东亚区域经济整合产生的具体影响以及各自传导机制进行了深入剖析。其中，价值链中断风险是某一生产环节受到供给冲击后对整个生产价值链带来的中断性干扰。其传导机制可以概括为两点：一是上下游依赖关系中的多米诺骨牌效应，二是"不可替代"生产环节的空间集聚。并且，我们利用"3·11"日本大地震事件说明了价值链中断风险对东亚区域的影响。最终需求冲击风险是指最终需求冲击的影响会经过蔓延和扩散波及整个供应链。其传导机制主要表现在东亚区域最终需求的"外部依赖"特性以及东亚区域的中间品贸易网络两个方面。类似地，我们利用2008年全球金融危机导致东亚区域贸易严重下滑的具体事例说明了最终需求冲击风险对东亚区域的危害。价值链分工地位锁定风险则是指发展中国家由于无法实现沿价值链升级而逐渐丧失竞争力以致制约长期经济增长和东亚区域经济整合。其传导机制可以归纳为由于技术溢出效应、劳动生产率效应以及规模经济效应受到阻碍从而导致无法提高国际竞争力。对这三种风险传导机制的系统梳理，使本章的相关政策建议更具有针对性，也更加有理可依。

在此基础上，本书对这三种风险分别进行了实证检验，根据每种风险各自的传导机制和具体表现，选择的实证分析方法也不相同。对前两种潜在风险主要从传导机制以及具体影响两个方面进行实证检验，而对于第三种价值链分工地位风险，由于分工地位就代表了全球价值链中不同主体的附加值获利能力，即可视为具体影响，因此我们只对东亚区域制造业在全球价值链中的分工地位进行了实证分析和细致考察，借此对东亚区域是否存在这种风险进行判断。综合来看，本书实证部分的主要结论有以下几点。

第一，在对价值链中断风险的实证检验中，我们在 GVC 分解原理基础上构建了"后向关联度"指标对上下游依赖关系这一传导途径进行衡量。在利用 WTO-OECD 中的 TiVA 数据进行计算后得到两个主要结果：一是东亚区域整体和各经济体对区域内部的上下游依赖关系普遍大于对区域外部的依赖关系，并且这种差异在扩大，东亚区域在生产网络中形成了更加紧密的内部联系。二是东亚区域内部各经济体之间的上下游依赖程度在逐渐加深。由此可见，在东亚区域各经济体之间依赖关系不断加强的趋势背景下，价值链中断风险一旦发生，对东亚区域的经济冲击将更加严重。随后，在利用一阶自回归模型对东亚区域的总出口进行拟合估计之后得到东亚区域总出口的波动值之后，我们检验了东亚区域中间品贸易强度与这种出口波动之间的关联性，得到了从 2002 年开始，东亚区域总出口的波动性与东亚区域中间品贸易集中度之间具有正相关扩大趋势的结论，后者在一定程度上成为价值链中断风险传播和扩大的基础。与此同时，为了更清晰地说明价值链中断风险对东亚区域造成的经济冲击，本书进一步选取东亚区域较为发达的电子设备制造行业和汽车制造行业利用与前文类似的方法进行实证分析，从行业层面验证了价值链中断风险对东亚区域的影响，并且说明了越是在"不可替代"生产环节出现空间集聚的行业，越容易受价值链中断风险的冲击。

第二，在对最终需求冲击风险的检验中，我们首先构造了"最终需求贡献度"指标对东亚区域的"外部依赖"程度进行衡量，并同样利用了 WTO-OECD 中的 TiVA 数据对东亚区域内部和外部的最终需求依赖关系进行了深入剖析。根据计算结果，我们得到东亚区域最终品出口对欧美国家确实曾经存在一定程度的"外部依赖",但是这种依赖程度正在不断降低的结论。除此之外,在东亚区域内部,ASEAN 8 对中国最终需求的依赖程度出现小幅上升,NIEs 3 对日本的最终需求的依赖程度逐渐增加,这一结论为我们在政策建议部分提出东亚区域贸易模式由"外部依赖"向"内需主导"转型提供了有利依据。在介绍垂直化引力模型基础上,我们得到第三国最终品需求对双边中间品进口的影响作用,并以此为基础构建回归方程对东亚区域内双边贸易以及双边中间品贸易进行面板回归,得到了对欧美国家的最终品出口的正向影响系数,并且得到这种影响对东亚区域中间品贸易更大的结论,进而验证了最终需求冲击风险主要通过中间品生产网络的传导途径。

第三,在对价值链分工地位锁定风险的实证分析中,本书在 Koopman (2010) GVC 分解方法的基础上构建了 GVC 分工地位指数,从整体制造业和行业两个层面对东亚区域各经济体的 GVC 分工地位进行了系统考察。通过整体层面的考察,本书首先得到了东亚区域 GVC 分工地位的基本特点:日本处于世界领先水平,中国和印度尼西亚紧随其后,"亚洲四小龙"和其余东盟国家的分工地位普遍较低。随后,本书根据要素密集度将行业层面的考察分为了劳动密集型产业和资本、技术密集度产业两大板块,通过具体计算得到以下几个主要结论:其一,印度尼西亚和中国在劳动密集型行业的 GVC 分工地位较高,日本在资本、技术密集度较高的行业 GVC 分工地位较高。其二,东盟国家各行业在东亚区域的 GVC 地位排名中普遍低下。结合具体分工地位指数来看,中国、印度尼西亚与"亚洲四小龙"在资本、技术密集度较高的行业 GVC 分工地位较为接近,但是与日本的差距还相当远。并且从 GVC 分工地位指数的变化趋势看,它们普遍面临着分工地位锁定风险。

第四,以东亚区域开展货币金融合作的经济基础为目标,本书的另一主干部分又对东亚国家汇率机制、金融市场发展特征以及区域内外的金融分别进行了较为详尽的分析,以此作为东亚货币金融合作的现实依据说明实现区域货币金融合作的重要性和意义。联系本书理论综述部分对于国际货币金融理论的总结归纳,在这一部分,将东亚区域作为考察对象,进行了理论的实践推演以及可行性分析,并在此基础上,对东亚区域未来货币金融合作的模式和前景进行分析和展望。同时,结合我国自身的经济发展以及在东亚区域中的经济地位和中心作用,在面临国际错综复杂环境的背景下,在国际贸易摩擦愈演愈烈的紧张局势下,我国采取内部经济调整和外部国际合作策略并行。对内进行供给侧结构调整,对外继续深化改革开放，我国良好的经济基本面以及与东亚区域其他国家及地区不断加强的经贸合作、金融合作都是东亚区域经济一体化前景的光明启示。

根据以上研究结论，我们主要针对东亚区域生产分工网络的巩固和发展以及东亚区域货币金融合作的继续推进提出相关政策建议。

第二节 推动东亚区域生产分工网络的调整与重塑

全球价值链覆盖范围的扩大和延伸虽然降低了风险发生的可视性，却大大增加了上下游生产环节遭受风险的可能性（Park 等，2013）。如前文所述，虽然价值链中断风险的来源不可控，但是其在生产网络中的传导过程存在一定的机制和特点。针对前文对东亚区域经济整合中价值链中断带来的潜在风险的分析，可以看出要防范这种价值链中断风险，关键应该打破某些生产环节"不可替代"的现状。正是由于某些生产环节形成过度地理集聚导致的"不可替代"效应，才形成一些下游生产环节对上游中间投入品的过度依赖，从而使价值链中断风险的传导路径更加明显。

价值链中断风险对东亚区域经济整合带来的启示可以归纳为以下两点。首先，对于价值链分工系统中的各个生产环节，脑力劳动者或者人力资源的空间集聚都非常重要，应该通过提高生活福利待遇等措施在全球范围内吸引多领域的高级人才以实现在原有生产环节竞争优势的巩固，更有利于实现生产环节地位的提升。其次，如果价值链中某些关键生产环节的形成具有内生性[①]，从而导致垂直一体化生产分工网络存在系统脆弱性，那么价值链各分工环节的所有参与主体应致力于向水平化分工合作关系转变。因此，如果东亚区域生产网络中某些产品的关键中间生产环节由几家供给者集中控制，这些产品的价值链条应该被给予空间分散驱动力。

在东亚区域，日本拥有发达技术和创新科技，即使韩国和中国台湾的制造业竞争力在迅速上升，赶超态势十分突出，但日本仍然处于领先地位，掌握着

---

① 这里的内生性是指这些关键生产环节通过空间集聚和分散力量相互交织而形成的产业布局上的自选择效应。

东亚生产网络中先进生产技术以及核心零部件的供给，并且，由于东亚区域其他经济体（尤其是发展中国家）的下游生产环节可能是日本跨国公司的 FDI 战略安排，使得前者对中间投入品供应商的选择缺乏灵活性和多样性。一旦上游生产环节出现突发性生产中断，下游企业很难实现替换中间投入品供应商而陷入价值链中断风险。

一般而言，生产环节包含的附加值越高，需要的技术以及劳动力技能水平越高，其生产出来的中间产品的"可替代性"越来越小，因此，生产环节的各参与者不应该只将目标制定在对全球价值链的广泛参与上，而应该通过全球价值链带来的技术渗透以及"干中学"效应提升产业的技术结构，向更高附加值的生产环节转变。

与此同时，处于下游生产环节的国家或者地区通过追求技术进步和自主创新，利用本土资源逐渐研发出替代那些"唯一性"进口中间投入品的产品，不仅满足供应商多样化选择的风险防范策略，还能促进本国或本地区的产业升级，提升自身在全球价值链分工中的竞争力。

第三节　发挥中国在东亚区域贸易转型中的作用

长期以来，东亚区域外部对东亚区域生产网络输出的最终产品需求成为了拉动整个东亚地区经济增长的强大引擎，但是反过来也成为东亚区域贸易合作模式的一种"外部依赖"特征。正如前面的分析中提到的，东亚区域贸易模式对欧美等发达经济体的"外部依赖"存在一种脆弱性，不仅导致东亚区域经济体极易受外部冲击的影响，而且由"外部依赖"掩盖之下的"东亚美元本位"也在一定程度上阻碍了东亚区域货币一体化进程。

2008 年的全球金融危机已经暴露出东亚区域贸易合作模式"外部依赖"特征的弊端，欧美等发达经济体由此次危机引发的经济急剧下滑导致了对东亚区域最终产品需求的减少，进而给东亚区域经济带来了不小的冲击。东亚经济要保持稳定、持续增长，必须要转变东亚贸易分工模式，摆脱对欧美等发达经济体的最终产品市场的依赖。因此，东亚区域贸易合作模式面临着从"外部依赖"向"内需主导"的转变。一旦东亚地区能够从内部培养出最终产品的市场提供者，东亚区域生产网络内部可以形成独立完整的贸易结构，东亚经济能够摒弃外部冲击带来的脆弱性因素，进而实现平稳持续性增长。

另外，随着东亚生产分工网络的发展趋于饱和，未来一段时期区域内中间产品的贸易增长空间已经逐渐减小。所以，中间产品贸易对东亚区域长期经济增长的拉动作用稍显乏力，而最终产品贸易在东亚区域内部还存在着广大的开拓空间，东亚区域内最终产品贸易规模有待扩大。

中国作为东亚区域的贸易大国，其引领东亚经济发展的核心地位有目共睹，中国目前已经成为东亚地区贸易规模最大的经济体，在东亚区域贸易合作模式转型过程中必将发挥重要作用。2008年，东亚区域向中国出口的最终产品规模为1026.87亿美元，向日本出口为1074.51亿美元，而2010年，中国的这一规模则达到1366.23亿美元，超过了同期日本的1269.1亿美元①，中国第一次取代日本成为东亚区域内最大的最终产品市场提供者。此外，通过第三章对东亚区域贸易模式重构的分析，我们也得到中国承担东亚区域贸易模式转型中心地位的相关趋势。

第一，日本、韩国和中国台湾向中国出口中间产品的比例越来越大。中国参与东亚区域生产网络分工的规模呈扩大趋势，在一定程度上导致了中国自身经济实力的壮大及其在东亚地区经济地位的提升。

第二，无论从中间品贸易还是从最终品贸易来看，中国与日本之间的经贸往来没有实现对称发展。这表明日本在东亚生产网络中的领导地位已经出现减退，而且随着韩国和中国台湾等新兴经济体的技术追赶，日本在东亚区域的经济影响力将面临更大挑战。

第三，其他东亚区域经济体向东盟地区出口中间产品的比例普遍增加，东盟（ASEAN）地区参与东亚生产分工的程度有所增大。东盟将成为东亚地区生产网络的制造中心乃至新"世界工厂"的趋势开始逐渐显现。

第四，中国与东盟之间的关系愈加紧密，中国为东盟提供最终消费品市场的主力趋势明显。这不仅将加强中国自身在东亚地区不可比拟的经济地位，也将带动东亚经济实现更为稳定的增长。

可见，中国已经在一定程度上凸显出作为"内需主导"下东亚区域贸易合作模式的主要角色，但是其对于东亚区域内尤其是对东盟地区最终产品的消

---

① RIETI-TID 数据库。

费能力将成为代表东亚区域贸易合作模式转型的主要决定因素。

第四节　重视人力资源和科技创新促进东亚区域的价值链升级

东亚区域在全球经济中的地位不言而喻，在一定程度上，全球价值链分工背景下的东亚区域贸易模式是支撑东亚区域经济快速增长的主要原因。长期以来，东亚区域相继实施的外向型经济发展战略促使区域内诸多经济体迅速融入全球生产网络的分工活动中。对外直接投资和中间品贸易活动成为这一趋势的主要表现，并成为东亚区域特别是区域内新兴经济体经济增长的主要路径与渠道。加入全球价值链分工为东亚区域带来了更多的经济发展机会，全球价值链的覆盖和延伸也在一定意义上加速了东亚区域经济一体化的进程，但是，不容忽视的是，东亚区域主要新兴经济体凭借低廉的劳动力成本优势参与全球价值链分工直接导致了其生产活动普遍集中在劳动密集型生产环节和少量资本密集型生产环节，创造的价值附加值水平较低。一旦产业发展趋于饱和、劳动力成本优势逐渐消失，这些经济体原有的经济增长模式势必成为东亚区域经济增长前景中的不利因素。

东亚区域要转变进入全球价值链的发展策略，不能仅仅把参与更多价值链分工活动作为最终目标，而是通过全球价值链带来的技术渗透以及"干中学"效应提升产业的技术结构，进而向更高附加值的生产环节转变。诚然，全球价值链分工改变了东亚区域的贸易结构以及出口技术复杂度，一些发展中国家通过参与全球价值链分工实现了从出口低端劳动密集型产品到出口汽车、移动通信设备等高附加值产品的"蛙跳"式发展，但是，在追踪附加值来源之后不难发现，这些发展中国家出口的高附加值产品包含大量发达国家的技术，发展中国家从事高技术产品组装的工人生产率很可能和制衣等低附加值产品的工人生产率相同，其出口中包含的价值增值非常有限。

可见，广泛参与全球价值链分工并不意味着所处生产环节的附加值水平必然会提升。要实现向高附加值生产环节的攀升，需要人力资源、基础设施以及制度环境等多种因素条件共同发展，而其中人力资源的培育尤为重要。人力资源代表了一种比较优势，在很大程度上决定了一个经济体承接生产环节的技术含量水平。只有重视人力资源的积累以及技术水平的提高,才能有更多机会参与到高附加值生产环节的分工活动中,进而改变自身有可能被锁定在价值链低端环节的危险局面。在新古典经济增长理论中,长期经济增长的源泉在于技术进步,即生产率的提高。根本而言,技术进步需要依靠科技创新以及人力资源和知识资本的积累和提升。鼓励创新的途径有以下几点。

第一,政府要能够为研发创新活动创造一种有利环境。其中包括知识产权保护、教育环境的构建、加强资本市场流动性以及加大投资环境开放等监管政策。只有这样,人才、资本和研发活动才能在更大程度上并行开展,从而促进创新。

第二,激发私营部门积极性。国际经验和相关研究表明,私营企业或机构在研发创新方面有着更为强烈的意愿和活跃的倾向,但是私营部门相比于国家机构或者大型企业而言往往势单力薄,处于一定的弱势地位。因此,政府部门应该制定相关政策向私营部门倾斜,通过税收优惠或者金融支持鼓励它们发挥创新引擎的核心作用。

第三,政府应发挥自身在基础科学领域研究中的优势。一般而言,基础研究带来的经济效益较小,对于营利性研究机构来说,正在商业回报上缺乏吸引力,因此社会力量不足以支持这些学科的研究,但是这些基础性学科对于一些新兴领域或者能直接产生较大经济效益的领域能起到支持作用或者促进作用,因此,政府部门对基础研究的支持,可能会有利于私营部门的后续应用和研发,从而起到催化剂的作用。

第四,提供交流平台促进产学研之间的联系。毋庸置疑,无论在大学和企业之间,还是在科研人才和创业人才之间,相关研究人员的集中和交流可以对科技创新的发现、研究成果的开发和商业应用带来事半功倍的效果,而且,加强这种联系也有利于海外人才的引进。此外,在信息化的互联网时代,将先进的硬件设施和软实力相结合进而建立安全的数字平台,也将对科技创新起到极大的促进作用。

第五节 积极向全球价值链主导的新型贸易规则转变

自20世纪90年代以来,垂直专业化国际分工逐渐发展到新阶段,产品内分工形式开始在全球生产网络中广泛渗透并成为主流趋势。尤其在进入 21 世纪之后，随着交通通信技术的迅速发展，国际贸易交易成本①大大降低；同时，国际贸易制度性壁垒的不断减少，双边以及多边自由贸易协定的相继签署也大大提高了国际贸易的自由化和便利化程度。在这些有利因素的共同促进下，生产分割和贸易扩张在世界经济格局的调整变革中发挥着重要作用，主导着全球价值链②（Global Value Chains，GVC）的逐渐形成与快速发展。目前，全球价值链已经在世界经济发展中占有重要地位，欧美等发达国家作为全球价值链中获得高附加值利益的经济体，在新型贸易规则的制定中以促进全球价值链纵深发展的方向作为指导原则。在全球价值链覆盖范围不断扩大的东亚区域，在未来经济合作的谈判中也应该积极向全球价值链主导的新型贸易规则靠近。

一、新型贸易规则发展的必然性趋势

全球价值链体现了产品生产在时间层面和空间层面的双重分割，即产品在最终被生产出来之前，不仅在时间层面被分割成若干个生产阶段，而且这些不同生产阶段被分散在若干个国家（或地区）分别完成。在参与全球价值链分工的过程中，各个国家（或地区）依靠自身比较优势处在价值链的不同阶段中，相互结成一定的上下游生产合作关系以及经济依存关系。毋庸置疑，全球价值链已经成为紧密联结世界各国（或地区）经济发展的桥梁和纽带。总体而言，全球价值链是实体经济实现全球化的重要途径，而究其本质，全球价值链在横向扩张和纵向延伸的过程中，促进了世界范围内生产率的普遍提高，并以此推动世界经济不断向上增长。

全球价值链发展所导致的国际贸易与投资格局的变化引发了对国际贸易与投资进行全球治理改革的要求，寻求建立适合现代国际贸易和投资发展特点与趋势的新规则、新制度的呼声不断高涨。新贸易规则的制定以全球价值链为导

---

① 这里的国际贸易交易成本主要指广义上的物流成本和管理成本等。
② 除"全球价值链"之外，很多学者在对这一领域的研究中也使用了不同的概念描述。例如"垂直专业化"（Vertical Specialization）（Hummels 等，1998），"全球生产共享"（Global Production Sharing）（Ng 和 Yeats，2001），"外包"（Outsourcing）（Hanson 等，2001），"国际生产网络"或者"全球生产网络"（Global Production Network）（Ernst 和 Kim，2004；Henderson 等，2002），"多国生产网络"（Multinational Production Networks）（Athukorala，2003），或者"跨境生产网络"（Cross-Border Production Networks）（Ando 和 Kimura，2005）等。

向，更关注产品制造的全过程。因此，新贸易规则保障的将不再像传统贸易规则那样，涵盖的对象只是贸易本身，新贸易规则将把贸易、投资和服务视为一个整体，通过保障三者之间关系更加融合，进一步促进全球价值链的纵深发展。其中，服务贸易将是新贸易规则重点关注的问题。在全球价值链分工主导下，大力发展服务业创新、提高科学技术水平以加强信息共享、努力消除制造产业贸易壁垒以便实现供应链无缝对接，都是制定新贸易规则的重要指导原则。

就目前来看，新贸易规则的推动是欧美等经济发达国家发起并大力推动的，而美国的亚太化战略也将新贸易规则作为极力推行的目标。虽然从根本上而言，新贸易规则下最大的受益方是全球价值链中掌握高附加值利益的美国、日本以及欧盟等发达经济体，它们推行新贸易规则的根本目的就是要从微观生产层面降低成本、强化对国际生产网络的控制，进而继续保持领先竞争力，但是，对发展中国家而言，虽然它们在全球价值链中只是参与了附加值较低的生产环节，获取经济利益的效率远远低于发达国家，但是全球价值链对于它们有更加重要的意义。例如，构建长期生产能力，通过知识与技术扩散原理促进产业升级等，都成为发展中经济体对全球价值链及新贸易规则的利益诉求。因此，发展新贸易规则在全球价值链主导的新型贸易中具有一定的必然趋势。

二、RCEP 谈判需要积极向新贸易规则靠近

在全球价值链覆盖的生产网络中，东亚区域[①]生产网络的发展最为迅速、结构最为发达，虽然世界其他区域生产分工网络的发展也很成功，如北美自贸区（North American Free Trade Agreement，NAFTA）以及欧盟（European Union，EU），但它们还远没有达到东亚区域生产分工网络的发达程度。全球价值链的迅速发展促进了东亚区域的经济整合，后者几乎成为前者的最大受益者。随着经济实力的不断加强，东亚区域在世界经济增长中的影响力日益凸显，但是反观东亚区域的贸易规则或者制度化组织，却并没有与时俱进地与全球化价值链主导的新国际贸易规则接轨。在新经济格局下，东亚区域的经济合作需要在区域全面经济伙伴关系（RCEP）的主导下继续推进，但 RCEP 成员经济体在已签署并实施的自由贸易协定涵盖的内容中并未包括太多新议题与新规则。

---

① 本书所指的东亚区域主要包括东盟（ASEAN）、中国、日本、韩国、中国香港和中国澳门。

在完善和促进全球价值链建设的国际贸易制定规则的新议题中，竞争政策、投资、环境、知识产权、制度机制、电子商务、研发、信息传播、金融服务以及社会事务等方面成为关注重点。RCEP 成员涉及的自由贸易协定安排涵盖的项目大多只涉及竞争政策、投资、环境、知识产权以及金融服务等领域，而这些属于服务业的领域已经给 RCEP 的谈判带来了极大压力。

根据《RCEP 谈判指导原则和目标》来看，RCEP 计划达成的贸易自由化程度比东亚区域现已实施的 FTA 自由化程度都要高，但是，就现存的这些自由贸易协定（FTA）而言，它们之间的贸易自由化程度本来就差异很大，RCEP 的这一高瞻远瞩的目标更是给各国在不同领域加大了深化开放的压力。除此之外，RCEP 的达成还面临着成员国之间继续互相开放市场的需要。例如，中国与印度、中国与日本、日本与韩国以及印度与澳大利亚及新西兰等成员国之间的关系需要进一步开放，但是，中、日、韩三国之间在领土归属、中日战争中韩战争等政治事件问题中存在的纷争由来已久，达成彻底和解绝非易事，这些都影响了它们之间在自由贸易协议中的进一步谈判，进而对 RCEP 的建成造成较大的困难，而且，服务业开放使中国面临较大压力。从服务业开放程度来看，中国尚低于日本、韩国、澳大利亚和新西兰等国家。若 RCEP 在此领域以开放程度最高的国家作为制定标准，中国将面临更大的压力。例如，将 RCEP 中已对东盟进行服务业开放的国家进行比较，中国对东盟开放了 33 个分部门，韩国对东盟开放了 85 个分部门，澳大利亚对东盟开放了 85 个分部门，新西兰则对东盟开放了高达 116 个分部门。由此，中国面临的服务业开放压力不言而喻。

因此，全球价值链主导的新贸易规则由发达国家倡导，在很大程度上也符合发展中国家的利益诉求，东亚区域在对经济合作中相关贸易规则的制定中应积极迎合新贸易规则并努力向其靠近，进而促进区域生产网络实现更加深化和发达的发展，但是，就 RCEP 所覆盖的贸易议题而言，要实现上述目标仍将面临巨大挑战。

参考文献

[1] 陈廷根. 东亚经济一体化的困境与出路 [J]. 东南亚研究, 2012 (2): 18-24.

[2] 丁宋涛, 刘厚俊. 垂直分工演变、价值链重构与"低端锁定"突破——基于全球价值链治理的视角 [J]. 审计与经济研究, 2013 (5): 105-112.

[3] 樊茂清, 黄薇. 基于全球价值链分解的中国贸易产业结构演进研究 [J]. 世界经济, 2014 (2): 50-68.

[4] 富景筠. 一体化次序视角下的东亚合作 [J]. 世界经济与政治, 2012 (6): 32-50.

[5] 江瑞平, 竺彩华. 现代世界经济论纲 [M]. 北京: 经济科学出版社, 2012.

[6] 李皖南. 东亚一体化发展路径分析 [N]. 中国社会科学院院报, 2007-06-21 (3).

[7] 李士忠. 全球价值链与发展中国家产业集群外生风险 [J]. 现代经济, 2008, 7 (12): 135-137.

[8] 李晓, 付竞卉. 中国作为东亚市场提供者的现状与前景 [J]. 吉林大学社会科学学报, 2010, 50 (12): 17-28.

[9] 林桂军, 汤碧, 沈秋君. 东亚区域生产网络发展与东亚区域经济合作的深化 [J]. 国际贸易问题, 2012 (11): 3-18.

[10] 刘锦英, 聂鸣. 产业集群的创新动力及其形成机制分析 [J]. 经济经纬, 2006 (3): 40-43.

[11] 刘世锦, 余斌, 陈昌盛. 金融危机后世界经济格局调整与变化趋势 [J]. 中国发展观察, 2014 (2): 1-6.

[12] 刘重力, 赵颖. 东亚区域在全球价值链分工中的依赖关系 [J]. 南开经济研究, 2014 (5): 115-129.

[13] 卢锋. 产品内分工 [J]. 经济学季刊, 2004 (10): 55-82.

[14] 聂鸣, 刘锦英. 地方产业集群嵌入全球价值链的方式及升级前景研究书评 [J]. 研究与发展管理, 2006, 18 (6): 108-115.

[15] 欧定余, 陈维涛. 东亚区域生产网络分工下的"FDI-贸易关联" [J]. 财经问题研究, 2012 (1): 107-111.

[16] 彭支伟, 佟家栋, 白雪飞. 地区分工、外部冲击与东亚经济合作 [J]. 世界经济, 2010 (6): 25-44.

[17] 唐海燕, 张会清. 产品内国际分工与发展中国家的价值链提升 [J]. 经济研究, 2009 (9): 81-93.

[18] 万玲英. 试论东亚区域合作及其前景 [J]. 国际问题研究, 2010 (3): 22-28.

[19] 王晨钟, 施炳展. 基于改进的引力模型解析我国外贸发展的动因变化 [J]. 世界经济研究, 2012 (3): 53-58.

[20] 王岚. 全球价值链分工背景下的附加值贸易: 框架、测度和应用 [J]. 经济评论, 2013 (3): 36-50.

[21] 喻常森. 中国—日本—东盟三角关系结构变化与东亚一体化前景 [J]. 东南亚研究, 2008 (5): 63-68.

[22] 喻春娇, 王雪飞. 东亚生产网络分工提高了我国制造业的出口竞争力吗? [J]. 国际贸易问题, 2012 (5): 53-63.

[23] 张小蒂, 孙景蔚. 基于垂直专业化分工的中国产业国际竞争力分析 [J]. 世界经济, 2006 (5): 12-21.

[24] 张辉. 全球价值链动力机制与产业发展战略 [J]. 中国工业经济, 2006, 214 (1): 40-48.

[25] 张坤. 东亚新贸易模式的形成与转型——基于中国地位及作用的考察 [J]. 世界经济研究, 2013 (10): 75-80.

[26] 张磊, 徐琳. 全球价值链分工下国际贸易统计研究 [J]. 世界经济研究, 2013 (2): 48-53.

[27] 赵江林. 外部约束与东亚经济结构转型 [J]. 亚太经济, 2010 (4): 6-23.

[28] 郑昭阳, 陈漓高. 东亚国家外贸关系竞争与合作的比较分析 [J]. 世界经济研究, 2003 (2): 75-80.

［29］周升起，兰先珍，付华. 中国制造业在全球价值链国际分工地位再考察［J］. 国际贸易问题，2014（2）：1-10.

［30］竺彩华. 东亚经济合作何去何从？——从中美日经济实力消长谈起［J］. 外交评论，2012（1）：56-68.

［31］朱民. 世界经济结构的深刻变化和新兴经济的新挑战［J］. 金融发展评论，2012（1）：1-13.

［32］Acemoglu, D., Carvalho, V. M. and Ozdaglar, A. The network origins of aggregate fluctuations［J］. Econometrica, 2012（80）：1977-2016.

［33］Akamatsu, K. Waga kuni yomo kogyohin no boueki susei［J］. Shogyo Keizai Ronso, 1935（13）：129-212.

［34］Altomonte, C., et al. Global value chains during the Great Trade Collapse: A bullwhip effect?［J］. CEP Discussion Papers, No. 1131, 2012.

［35］Anderson, J. The theoretical foundation for the gravity equation［J］. American Economic Review, 1979（69）：106-116.

［36］Anderson, J. and Wincoop, E. V. Gravity with gravitas: A solution to the border puzzle［J］. American Economic Review, 2003, 93（1）：170-192.

［37］Ando, M. and Kimura, F. The formation of international production and distribution networks in East Asia, In: Ito, T., Rose, A. K.（Eds）, International Trade in East Asia［M］. Chicago: University of Chicago Press, 2005.

［38］Antras, P. Property rights and the international organization of production［J］. The American Economic Review, 2005, 95（2）：25-32.

［39］Asian Development Bank, Asia Economic Monitor-July 2009［R］. Asian Development Bank, 2009-07.

［40］Athukorala, P. -C. Product fragmentation and trade patterns in East Asia［J］. Asian Economic Papers, 2005, 4（3）：1-27.

［41］Athukorala, P. - C. and Yamashita, N. Production fragmentation and trade integration: East Asia in a global context［J］. The North American Journal of Economics and Finance, 2006（17）：233-256.

［42］Athukorala, P. and A. Kohpaiboon, Intra-regional trade in East Asia: The decoupling fallacy, crisis and policy challenges［R］. Asian Development Bank Working Paper, No. 177, 2009.

[43] Athukorala, P. -C. and Menon, J. Global production sharing, trade patterns, and determinants of trade flows in East Asia [R]. Asian Development Bank Working Paper, 2010 (41).

[44] Athukorala, P. C., Asian Trade Flows: Trends, Patterns and Projectons [R]. World Bank Working Paper, 2011 (5).

[45] Arndt, S. W. and Kierzkowski, H. Fragmentation: New Production Patterns in the World Economy [M]. Oxford: Oxford University Press, 2001.

[46] Audet, Denis. Globalization in the clothing industry [Z]. Paris: Organization for Economic Cooperation and Development, 1996.

[47] Balassa, B. Towards a theory of economic integration [J]. Kyklos, 1961, 14 (1): 1-17.

[48] Balassa, B. Trade Liberalization among Industrial Countries [M]. New York: McGraw-Hill, 1967.

[49] Baldwin, R. Globalization: The great unbundling [Z]. Finland: Prime Minister's Office Economic Council, 2006 (9).

[50] Baldwin, R. and Taglioni, D. Gravity for dummies and dummies for gravity equations [R]. NBER Working Papers, 2007 (12516).

[51] Baldwin, R. and Taglioni, D., 21st century regionalism: Filling the gap between 21st century trade and 20th century trade governance [J]. CEPR Policy Insight, 2011 (56).

[52] Bazan, L. Y. and Navas-Aleman, L. The underground revolution in the Sinos Valley: A comparison of upgrading in global and national value chains [M]. Cheltenham: Edward Elgar, 2004.

[53] Campa, J. and Goldberg, L. The evolving external orientation of manufacturing industries: Evidence from four countries [J]. Federal Reserve Bank of New York Economic Policy Review, 1997 (4): 79-99.

[54] Canova, F. and Dellas, H. Trade interdependence and the international business cycle [J]. Journal of International Economics, 1993, 34 (1): 23-47.

[55] Carlo, A., et al. Global value chains during the Great Trade Collapse: A bullwhip effect? [R]. European Central Bank Working Papers Series, 2012 (1412).

[56] Cheng, L. K. and Kierzkowski, H. Global production and trade in east

asia [M]. MA: Kluwer Academic Publishers, 2001.

[57] Chopra, S. and Sodhi, M. Managing risk to avoid supply - chain breakdown [J]. MIT Sloan Management Review, 2004, 46 (1): 53-61.

[58] Christopher, M. and Peck, H. Building the resilient supply chain [J]. International Journal of Logistics Management, 2004, 15 (2): 64-73.

[59] Chunding Li, John Whalley. How close is Asia to already being a trade bloc? [R]. NBER Working Paper, 2014 (8).

[60] Dean, J. M., Fung, K. C. and Wang Zhi. How vertically specialized are Chinese trade? [R]. BOFIT Discussion Paper, No. 31, 2008 (12).

[61] Dean, Judith, Mary, L. and Jesse, M. Decomposing China-Japan-U.S. trade: Vertical specialization, ownership and organizational form [J]. Journal of Asian Economics, 2009, 20 (6): 596-610.

[62] Deardorff, A. V. Fragmentation in simple trade models [J]. The North American Journal of Economics and Finance, 2001 (12): 121-137.

[63] Dees, S. and Vansteenkiste, I. The transmission of US cyclical developments to the rest of the world [R]. ECB Working Paper, 2007 (798).

[64] Dilip, K. D. The role of China in Asia's evolution to global economic prominence [J]. Asia and the Pacific Policy Studies, 2013 (12): 1-14.

[65] Dilip K. D. China and the Asian Economies: Mutual acceptance, economic interaction and interactive dynamics [J]. Journal of Contemporary China, 2013 (22): 1089-1105.

[66] Ernst, D. and L. Kim. Global production networks, knowledge diffusion and local capability formation [J]. Research Policy, 2002 (31): 1417-1429.

[67] Feenstra, R. C. and Hanson, G. H. Globalization, outsourcing and wage inequality [J]. American Economic Review, 1996, 86 (2): 240-245.

[68] Feenstra, R. C. Integration of trade and disintegration of production in the global economy [J]. The Journal of Economic Perspectives, 1998, 12 (4): 31-50.

[69] Feenstra, R. C. and Hanson, G. H. Ownership and control in outsourcing to China: Estimating the property-rights theory of the firm [R]. NBER Working Paper, 2003 (10198).

[70] Ferrarini, B. Mapping vertical trade [R]. ADB Economics Working

Paper Series, 2011 (263).

[71] Ferrantino, M. J. and Taglioni, D. Global value chain in the current trade slowdown [R]. World Bank Economic Premise, 2014 (137).

[72] Fidrmuc, J. and Korhonen, L. The impact of the global financial crisis on business cycles in Asian emerging economies [R]. CESifo Working Paper, 2009 (2710).

[73] Frankel, J. A. and Rose, A. K. The endogenity of the optimum currency area criteria [J]. The Economic Journal, 1998, 108 (449): 1009-1025.

[74] Fujita Masahisa and Hamaguchi Nobuaki. Japan and economic integration in East Asia: Post-disaster scenario [R]. RIETI Discussion Paper Series, 2011 (79).

[75] Gereffi, G. Industrial upgrading in the apparel commodity chain: What can Mexico learn from east asia [C]. Paper presented at International Conference of Business Transformations and Social Change in East Asia, 1991.

[76] Gereffi, G. International trade and industrial upgrading in the apparel commodity chains [J]. Journal of International Economics, 1999 (48): 37-70.

[77] Gereffi, G., Humphrey, J. and Sturgeon, T. The governance of global value chains [J]. Forthcoming in Review of International Political Economy, 2003, 11 (4): 5-11.

[78] Ghoshal, S. Global strategy: An organizing framework [J]. Strategic Management Journal, 1987, 8 (5): 425-440.

[79] Gobillon, L., Selod, H. and Zenou, Y. The mechanisms of spatial mismatch [J]. Urban Studies, 1997 (44): 2401-2427.

[80] Goldberg, S., Davis, S. and Pegalis, A. Y2K Risk Management [M]. New York: Wiley, 1999.

[81] Grossman, G. M. and Helpman, E. Innovation and Growth in the Global Economy [M]. Cambridge, MA: MIT Press, 1991.

[82] Grossman, G. M. and Helpman, E. Outsourcing in a global economy [J]. Review of Economic Studies, 2005 (72): 135-159.

[83] Grossman, G. and Ross-Hansberg, E. Trading tasks: A simple theory of off-shoring [J]. American Economic Revies, 2008 (98): 1978-1997.

[84] Grossman, G. and Ross-Hansberg, E. Task trade between similar countries [R]. World Bank Working Papers, 2011 (5819).

[85] Harris, J. R. and Todaro, M. P. Migration, unemployment and development: A two-sector analysis [J]. American Economic Review, 1970 (60): 126-142.

[86] Henderson, J., Dicken, P. and Coe, N. Global production networks and the analysis of economic development [J]. Review of International Political Economy, 2002 (9): 436-464.

[87] Helpman, E. and Krugman, P. Market Structure and Foreign Trade [M]. MIT Press, 1985.

[88] Helpman, E., Melitz, M. and Rubinstein, Y. Estimating trade flows: Trading partners and trading volumes [J]. Quarterly Journal of Economics, 2008 (123): 441-487.

[89] Humhrey, J. and Schmitz, H. Governance and upgrading: Linking industrial cluster and global value chain research [D]. Brighton: Institute of Development Studies, 2000.

[90] Humphrey, J. and Schmitz, H. Local Enterprises in the Global Economy: Issues of Governance and Upgrading [M]. Cheltenham: Elgar, 2004.

[91] Hummels, D., Rapoport, D. and Yi, K. M. Vertical specialization and the changing nature of world trade [J]. Federal Reserve Bank of New York Economic Policy Review, 1998 (6): 79-99.

[92] Hummels, D., Ishii J. and Yi, K. - M. The nature and growth of vertical specialization in world trade [J]. Journal of International Economics, 2001 (54): 75-96.

[93] Jaewan C. and Ho-Kyung B. Trade patterns and determinants of international specialization structure between ASEAN and China [J]. KIEP World Economy Update, 2014 (31).

[94] Jong-Hwan Ko and Werner P. Decoupling and sources of structural transformation of East Asian economies: An international input-output decomposition analysis [J]. Journal of East Asian Economic Integration, 2014 (18): 55-81.

[95] Johnson, R. C. and Noguera, G. Accounting for intermediates: Production

sharing and trade in value added [J]. Journal of International Economics, 2009 (86): 224-236.

[96] Johnson, R. C. and Noguera, G. Fragmentation and trade in value added over four decades [R]. NBER Working Paper, 2012 (18186).

[97] Jones, R. W. and Kierzkowski, H. The Role of Services in Production and International Trade: A Theoretical Framework [M]. Oxford: Basil Blackwell, 1990.

[98] Juttner, U. Supply chain risk management: Understanding the business requirements from a practitioner perspective [J]. International Journal of Logistics Management, 2003, 16 (1): 120-141.

[99] Kaplinsky, R. Spreading the gains from globalizations: What can be learned from value chain analysis? [J]. Journal of Development Studies, 2000, 37 (2): 117-146.

[100] Kimura, F. and Ando, M. Two-dimensional fragmentation in East Asia: Conceptual framework and empirics [J]. International Review of Economics and Finance, 2005 (14): 317-348.

[101] Kimura, F. International production and distribution networks in East Asia: Eighteen facts, mechanics and policy implications [J]. Asian Economic Policy Review, 2006 (1): 326-344.

[102] Kimura, F., Takahashi, Y. and Hayakawa, K. Fragmentation and parts and components trade: Comparison between East Asia and Europe [J]. North American Journal of Economic and Finance, 2007 (18): 23-41.

[103] Kleindorfer, P. R. and Saad, G. H. Managing disruptions risk in supply chains [J]. Production and Operations Management, 2005, 14 (1): 53-68.

[104] Kogut, B. Designing global strategies: Comparative and competitive value-added chains [J]. Sloan Management Review, 1985, 26 (4): 15-28.

[105] Koopman R., Wang Z. and Wei, S. How much of Chinese exports is really made in China? [R]. NBER Working Paper, 2008 (14109).

[106] Koopman, R., William, P. Wang Zhi and Shang Jin Wei, Give credit where credit is due: Tracing value added in global production chains [R]. NBER Working Paper, 2010 (16426).

[107] Krugman, P. and Venables, A. Globalization and the inequality of na-

tions [J]. Quarterly Journal of Economics, 1995, 110 (4): 857-880.

[108] Krugman, P. and Venables, A. Integration, specialization and adjustment [J]. European Economic Review, 1996 (40): 959-967.

[109] Kuroiwa Ikuo and Hiroshi Kuwamori, Shock transmission mechanism of the economic crisis in East Asia: An application of international input-output analysis [R]. IDE-JETRO Discussion Papers, 2010 (220).

[110] Kwan, C. H. Yen bloc: Toward Economic Integration in Asia [M]. Washington DC: Brookings Institution Press, 2001.

[111] Lall, S., Weiss, J. and Oikawa, H. China's competitive threat to Latin America: An analysis for 1990-2002 [J]. Taylor & Francis Journals, 2005, 33 (2): 163-194.

[112] Lee, H. L. Padmanabhan, V. and Whang, S. The bullwhip effect in supply chain [J]. MIT Sloan Management Review, 1997 (38): 93-102.

[113] Levin, D. K. Production chain [J]. Review of Economic Dynamics, 2012 (15): 271-282.

[114] Linneman, H. An econometric study of international trade flows [M]. Amsterdam, North-Holland, 1966.

[115] Mason-Jones, R. and Towill, D. Shrinking the supply chain uncertainty cycle [J]. Control, 1998, 8 (15): 17-22.

[116] Manuj, I. and Mentzer, T. Global supply chain risks management strategies [J]. International Journal of Physical Distribution and Logistics Management, 2008, 38 (3): 199-223.

[117] Messner, D. Regions in the World Economic Triangle [M]. Cheltenham: Edward Elgar, 2004.

[118] Miller, K. A Framework for integrated risk management in international business [J]. Journal of International Business Studies, 1991, 23 (2): 311-331.

[119] Mitsuyo Ando. Fragmentation and vertical intra-industry trade in East Asia [J]. The North American Journal of Economics and Finance, 2006 (17): 257-281.

[120] Michael J. Ferrantino and daria taglioni, global value chains in the current trade slowdown [R]. World Bank Economic Premise, No. 137, 2014 (3).

[121] Nakgyoon Choi and Young Gui Kim. East Asian value chains and economic effects of free trade agreements [R]. KIEP Research Paper, World Economic Update, 2014: 14-25.

[122] Nathalie A., Fung K. C. and Hitomi, I. Foreign direct investment, intra-regional trade and production sharing in East Asia [R]. RIETI Discussion Paper Series, 2007 (64).

[123] Ng, F. and Yeats, A. Production sharing in East Asia: Who does what for whom, and why? [J]// L. K. Cheng and H. Kierzkowski (Eds.), Global production and trade in East Asia [M]. Boston: Kluwer Academic Publishers, 2001.

[124] Ng, F. and Yeats, A. Major trade trends in East Asia: What are their implications for regional cooperation and growth? [R]. World Bank Policy Research Working Paper, 2003 (3084).

[125] Norrman, A. and Lindroth, R. Categorization of supply chain risk and risk manage [M]. Brindley: Ashgate Publishing Limited, 2004.

[126] Obashi, A. Resiliency of production networks in Asia: Evidence from the Asian crisis [R]. ERIA Discussion Paper Series, 2009 (21).

[127] Obashi, A. Stability of production networks in East Asia: Duration and survival of trade [J]. Japan and the World Economy, 2010 (22): 21-30.

[128] Porter, M. E. Competitive Advantage [M]. New York: Free Press, 1985.

[129] Poyhonen, P. A tentative model for the volume of trade between countries [J]. Weltwirtschaftliches Archiv, 1963 (90): 93-99.

[130] Pradumna B. Rana. Economic integration in East Asia: Trends, prospects, and a possible roadmap [R]. ADB Working Paper, 2006 (6).

[131] Prager, J. C. and Thisse, J. F. Economic Geography and the unequal Development of Regions [M]. London: Routledge, 2012.

[132] Pula, G. and Peltonen, T. A. Has emerging Asia decoupled? An analysis of production and trade linkages using the Asian international Input-Output table [R]. Europe Central Bank Working Paper, 2009 (993).

[133] Pradumna, R. B. Economic integration in East Asia: Trends, prospects and a Possible Roadmap [R]. Asian Development Bank Working Paper, 2006 (2).

[134] Ritchie, B. and Brindley, C. Supply chain risk management and per-

formance: A guiding framework for future development [J]. International Journal of Operations and Production Management, 2007, 27 (3): 303-322.

[135] Koopman, R., William, P., Zhi, W. and Shang, J. W. Give credit where credit is due: Tracing value added in global production chains [R]. NBER Working Paper, 2010 (16426).

[136] Soyoung Kim, Jong-Wha Lee, and Cyn-Young Park. Emerging Asia: Decoupling or recoupling [R]. Asian Development Bank Working Paper, 2009 (31).

[137] Tang, C. and Tomlin, B. The power of flexibility for mitigating supply chain risks [J]. International Journal of Production Economics, 2008, 116 (1): 12-27.

[138] Thorbecke, W. and Hao, K. P. The Sophistication of East Asian exports [R]. RIETI Discussion Paper Series, 2013 (92).

[139] Tse, Y. K. and Tan, K. H. Managing product quality risk and visibility in multi-layer supply chain [J]. International Journal of Production Economics, 2012, 139 (1): 49-57.

[140] UNCTAD. World investment report- FDI from developing and transition economies: Implications for development [R]. New York and Geneva, United Nations Conference on Trade and Development, 2006.

[141] UNCTAD. World investment report - global value chains: Investment and trade for development [R]. Geneva, United Nations Conference on Trade and Development, 2013.

[142] Yeats and Nobuaki Yamashita. Just how big is global production sharing? [J]. International Fragmentation of Production, 2010 (16): 63-109.

[143] Yi, K. M. Can vertical specialization explain the growth of world trade? [J]. Journal of Political Economy, 2003 (111): 52-102.

[144] Yong, F. K. and Kneller, R. China's export expansion: A threat to its Asian neighbors? [C]. Paper presented at the conference on Trade, Investment and Production Networks in Asia at the University of Nottingham, Kuala Lumpur Campus, Malaysia, 2012 (2): 15-16.

[145] Yung, C. P. The global financial crises: Decoupling of East Asia—Myth or

reality? [R]. Asian Development Bank Working Papers, 2011 (289).

[146] Yung, C. P. and Chi Y. S. Renminbi internationalization: Prospects and implications for economic integration in East Asia [J]. Asian Economic Papers, 2011, 10 (3): 42-72.

[147] Zavacka, V. The bullwhip effect and the great trade collapse [R]. European Bank for Reconstruction and Development Working Paper, 2012 (148).

[148] Zhi, W., William, P. and Shang, J. W. Value Chains in East Asian production networks—An International Input-Output Model Based Analysis [R]. NBER Working Paper, 2009 (10).